U0527335

本书受浙江省高校重大人文社科攻关计划项目"乡村振兴背景下助农主播叙事机制与策略研究"（项目编号：2023QN125）、浙江省哲学社会科学规划常规课题"智慧技术适老化视域下老年人数字融入路径研究"（项目编号：25NDJC178YB）、杭州职业技术学院高层次人才科研启动项目资助。

支撑论文

[1] Tingting Chen, Xinqiao Fan, Jun Fan, Wei Chen, Jiayu He. The Impact of Narrative Role on Consumers' Purchase Intentions in the Agricultural Product Live Stream: A Study Based on the Theory of Perspective Taking[J]. Sage Open. 2024. 1-15.（SSCI 1 区，排名 1/5，影响因子 2）

[2] Tingting Chen, Xinqiao Fan, Jiayu He, Jun Fan, Wei Chen. When "I" or "S/He" uses the product: The Impact of Narrative Perspective on Consumers' Brand Attitudes in Storytelling Ads[J]. Frontiers in Psychology. 2024. 1-20.（SSCI 2 区，排名 1/5，影响因子 2）

[3] Liu W, Shi J, Wang H, Chen T*, Li Q, Han Z, Yuan J. A Location-Updating Based Self-Healing Group Key Management Scheme for VANETs[J]. International Journal of Information Security, 2025, 24(1):1-15.（SCI 2 区，排名 4/7，通讯作者，影响因子 1.988）

乡村振兴背景下
助农主播叙事机制研究

陈婷婷　袁江军◇著

RESEARCH ON THE NARRATIVE MECHANISM IN THE
AGRICULTURAL PRODUCT LIVE STREAM

浙江大学出版社
·杭州·

图书在版编目（CIP）数据

乡村振兴背景下助农主播叙事机制研究 / 陈婷婷，袁江军著. -- 杭州：浙江大学出版社，2025.2.
ISBN 978-7-308-25797-8

Ⅰ. F724.72

中国国家版本馆CIP数据核字第20257VW625号

乡村振兴背景下助农主播叙事机制研究

陈婷婷　袁江军　著

责任编辑	马一萍
责任校对	陈逸行
封面设计	雷建军
出版发行	浙江大学出版社
	（杭州市天目山路148号　邮政编码310007）
	（网址：http://www.zjupress.com）
排　　版	杭州好友排版工作室
印　　刷	广东虎彩云印刷有限公司绍兴分公司
开　　本	710mm×1000mm　1/16
印　　张	16.5
字　　数	237千
版 印 次	2025年2月第1版　2025年2月第1次印刷
书　　号	ISBN 978-7-308-25797-8
定　　价	88.00元

版权所有　侵权必究　印装差错　负责调换

浙江大学出版社市场运营中心联系方式：(0571) 88925591；http://zjdxcbs.tmall.com

目 录

1 导 论 ……………………………………………………………… 1
   1.1 研究背景与意义 ……………………………………………… 1
   1.2 研究内容与方法 ……………………………………………… 17
   1.3 文献综述与理论基础 ………………………………………… 25

2 基于扎根理论的主播叙事对消费者购买意愿影响机制的研究 ……… 50
   2.1 研究设计与数据获取 ………………………………………… 50
   2.2 数据收集与分析 ……………………………………………… 54
   2.3 理论梳理 ……………………………………………………… 67

3 模型构建与假设提出 …………………………………………………… 70
   3.1 相关变量阐释 ………………………………………………… 70
   3.2 主播叙事身份对消费者购买意愿的影响假设 ……………… 73
   3.3 主播叙事策略对消费者购买意愿的影响假设 ……………… 79

4 主播叙事身份对消费者购买意愿影响机制的实验研究 …………… 86
   4.1 实验一:叙事身份对消费者购买意愿影响的直接效应检验 … 87

  4.2 实验二:共情和主播认同的中介作用关系假设检验 ………… 90
  4.3 实验三:空间距离调节作用关系假设检验 ……………………… 93
  4.4 实验四:产品涉入度调节作用关系假设检验 …………………… 99

5 主播叙事策略对消费者购买意愿影响机制的实验研究 ………… 107
  5.1 实验五:叙事策略对消费者购买意愿影响的直接效应检验
     ……………………………………………………………………… 107
  5.2 实验六:共情和主播认同的中介作用关系假设检验………… 111

6 助农直播带货主播话术设计 …………………………………………… 115
  6.1 直播话术概述 …………………………………………………… 116
  6.2 准备工作 ………………………………………………………… 121
  6.3 话述设计 ………………………………………………………… 134
  6.4 话述实践 ………………………………………………………… 140
  6.5 结　论 …………………………………………………………… 184

7 研究结论与对策建议 …………………………………………………… 188
  7.1 研究结论 ………………………………………………………… 188
  7.2 对策建议 ………………………………………………………… 191

参考文献 ……………………………………………………………………… 205

附　录 ………………………………………………………………………… 233

后　记 ………………………………………………………………………… 260

1 导　论

1.1 研究背景与意义

1.1.1 现实背景

(1)乡村振兴受到政府高度关注的政策背景

我国政府一直非常关注农村经济的发展,并提出了一系列政策措施,以推动农村电商和助农直播的发展。2019年,国务院办公厅印发了《多渠道拓宽贫困地区农产品营销渠道实施方案》(以下简称《实施方案》)。《实施方案》提出,落实多渠道拓宽贫困地区农产品营销渠道任务,要以习近平新时代中国特色社会主义思想为指导,按照中央统筹、省负总责、市县抓落实的工作机制,聚焦多渠道,聚焦贫困地区,开展多种形式的农产品产销对接活动。同时,《实施方案》明确了多渠道拓宽贫困地区农产品营销渠道工作的主要目标:贫困地区农产品营销渠道不断拓宽,农产品产销对接更加紧密、稳定,农村物流配送体系和农产品冷链物流设施逐步完善,对贫困地区产业发展的带动作用得到增强,服务脱贫攻坚的能力和水平进一步提升。

2020年,农业农村部印发了《关于实施"互联网＋"农产品出村进城工程的指导意见》。"互联网+"农产品出村进城工程是党中央、国务院为解决农产品"卖难"问题、实现优质优价带动农民增收作出的重大决策部署,不仅是数字农业农村建设的重要内容,也是实现农业农村现代化和乡村振兴的一项重大举措。

2022年,中央一号文件鼓励各地拓展农业多种功能、挖掘乡村多元价值,重点发展农产品加工、乡村休闲旅游、农村电商等产业。

2023年,中央一号文件提出,深入实施"数商兴农"和"互联网+"农产品出村进城工程,鼓励发展农产品电商直采、定制生产等模式。2023年,商务部办公厅等9部门印发了《县域商业三年行动计划(2023—2025年)》,其中提到大力发展农村直播电商。深化电子商务进农村综合示范,利用县级电子商务公共服务中心的场地和设备等资源,打造一批县域电商直播基地、"村播学院"。整合各类资源,增强电商技能实训、品牌培育、包装设计、宣传推广、电商代运营等服务能力。鼓励有条件的县级电子商务公共服务中心拓展O2O体验店、云展会、网货中心、跨境电商等衍生增值服务,推动县域电商形成抱团合力,实现可持续发展。

2024年,商务部等9部门联合印发了《关于推动农村电商高质量发展的实施意见》(以下简称《意见》)。《意见》指出,发展农村电商是创新商业模式、建设农村现代流通体系的重要举措,是转变农业发展方式、带动农民增收的有效抓手,是促进农村消费、满足人民对美好生活的向往的有力支撑。《意见》提出,要升级改造县级电商公共服务中心(电商产业园区),增强直播电商服务功能;吸引直播电商平台、专业服务机构等入驻,完善选品展示、内容制作、数据分析、直播场景等设施设备;围绕特色优势产业,提供电商实训、品牌培育、代运营等"一站式"服务;联合企业、院校加强直播团队孵化,打造一批功能完善、特色突出、带动力强的直播电商基地。2024年,中央一号文件聚焦推进乡村全面振兴,以学习运用"千万工程"经验为引领,对当前及今后一个时期"三农"工作进行了系统部署,在确保国家粮食安全、提升乡村产业发展水平等方面提出了一批有含金量的政策。2024年1月5日,国家发展改革委、国家数据局印发了《数字经济促进共同富裕实施方案》(以下简称《方案》),其中提出,深入发展"数商兴农",实施"互联网＋"农产品出村进城工程,开展直播电商助农行动。《方案》旨在推动数字技术和实体经济的深度融合,不断做强做优做大我国数字经济,通过数字化手段促进解决发展不平衡不充分的问题,推进全体人民共享数字时代的发展红利,助力在高质量发展中实现共同富裕。

这些政策为助农直播的发展提供了政策支持和指导,促进了乡村经济的发展,带动了农产品的销售和农民增收,为助农直播提供了良好的政策环境。

实施乡村振兴战略,需要不断拓展农民增收渠道,让亿万农民走向共同富裕道路。新冠疫情背景下,农村地区农产品滞销问题日益显露。销售优质、绿色的农产品不仅可以给农村地区的农户带来可观的收入,也可以满足消费者的需要。以往从农产品产地到终端消费者之间存在着信息不对称的问题,农户有好产品但销售难,消费者想买却买不到。我国农村地区大多较偏远,农产品交易存在交通物流不便和销售渠道稀缺等问题,农产品常常积压在原产地,农户难以靠售卖农产品实现增收;而受限于生鲜类农产品运输保存困难等问题,消费者很难通过线上渠道买到称心如意的优质农产品,有时即使在线下渠道花高价也难买到高品质、无公害的农产品。因此,应着力开发一条渠道,解决农户和消费者之间供需的矛盾。

(2)粮食浪费问题日益严峻的社会背景

粮食浪费是全球面临的严峻问题,每年大约有1/3的食物被浪费掉,相当于每年损失约13亿吨粮食。这不仅是巨大的经济损失,也对环境和社会各方面造成了严重后果。

被浪费的食物中有很大一部分是可以食用的,却由于各种原因被丢弃。例如,在生产过程中,由于天气、病虫害等原因,一些外观不佳的农产品会被丢弃。此外,由于缺乏有效的销售渠道和技术支持,农民不得不放弃一些品质稍逊的产品。在运输和储存过程中,储存条件不佳或运输延误,也会导致食物变质或腐烂。例如,缺乏冷藏设施或长途运输中温度控制不当,会使许多新鲜农产品在到达消费者手中之前就已经变质了。

在零售和消费环节,由于过度包装、消费者购买过多或储存不当,也会造成大量的食物被浪费。超市和零售商为了追求美观而过度包装食品,导致包装成本增加且容易被消费者忽视。此外,消费者常常受到促销活动的诱惑而购买超出实际需要的食品,最终导致部分食品因过期而被丢弃。家庭中也经常出现因为不了解正确的储存方法而导致食品变质的问题。

粮食浪费对环境的影响不容忽视。食物在分解过程中会产生大量的甲烷,这是一种比二氧化碳更强大的温室气体,甲烷的排放加剧了全球气候变化的速度。此外,粮食浪费还会占用宝贵的土地和水资源,加剧环境压力。据统计,全球每年因粮食浪费而损失的土地面积相当于法国的国土面积。粮食浪费也会对社会产生负面影响。在全球范围内,仍有数亿人口处于饥饿状态,而与此同时,大量的食物却被浪费掉了。这种资源的不平等分配不仅加剧了贫困问题,还引发了道德和社会正义的问题。在一些国家和地区,食物浪费现象尤其严重,而另一些国家和地区的居民却面临着食物短缺的困境。

助农直播的出现为解决粮食浪费问题提供了新的途径。通过减少中间环节、提供新的营销方式,助农直播有效地减少了食物浪费的可能,为环境保护和社会可持续发展作出了积极贡献。助农直播平台直接连接农民与消费者,农民可以直接向消费者展示产品,消除了传统供应链中的多个环节,降低了食品在流转过程中的损耗,同时也降低了食品变质的风险。通过直播,农民可以展示农产品的真实状态,即使是那些外观略有瑕疵但依然可食用的产品也能找到市场。这种方式不仅有助于减少浪费,还能让消费者了解到农产品的真实价值。助农直播平台让消费者能够轻松地购买到新鲜、健康的农产品,消费者可以根据实际需求订购适量的产品,避免因购买过多而造成浪费。此外,助农直播还有助于提升消费者的环保意识,鼓励大家珍惜食物资源,共同为减少粮食浪费作出贡献。

(3)通信技术不断发展和农村数字基建不断普及的技术背景

基于通信技术不断发展和农村数字基建逐渐普及的技术背景,助农直播得以蓬勃兴起。我国拥有全球最大的信息通信网络,移动网络速度在全球名列前茅。近年来,随着5G商用的发展,我国在5G基站的数量、标准数量和应用创新方面均处于全球领先地位,5G基站的数量更是占据了全球首位。这一系列的技术进步为农村地区带来了前所未有的发展机遇。

随着农村网络的普及,数字基础设施也逐渐进入了农村地区。如今,越来越多的农村地区接入了高速稳定的互联网,为数字农村的发展提供了有力的保障。这一转变不仅改善了农村居民的生活质量,也为农村经济发展注入了新的活力。例如,许多偏远地区的农户可以通过网络直播平台直接向城市消费者展示自家种植的农产品,这打破了传统销售渠道的限制,实现了农产品的直销,大大提升了农民的收益。

此外,数字基础设施的进步还促进了农村地区与外界的连接。随着光纤宽带和移动通信网络的覆盖,农村居民可以更加便捷地获取信息和服务。这不仅有助于农产品的销售,还能传播农业知识、增强农民的科技应用能力、推动农业的现代化进程。通过网络直播平台,农民可以直接与消费者互动、解答疑问、分享农产品的真实情况,这增强了消费者的信任感,进一步促进了农产品的销售。中国互联网信息中心(CNNIC)发布的第53次《中国互联网络发展状况统计报告》(以下简称《报告》)显示,截至2023年12月,农村地区互联网普及率为66.5%,较2022年12月上升4.6个百分点。截至2023年12月,农村网民规模达3.26亿人,占网民整体的29.8%,较2022年12月增加1788万人;城镇网民规模达7.66亿人,占网民整体的70.2%,城乡数字鸿沟加速弥合(见图1-1)。农村地区通信基础设施建设逐步加强,"十三五"期间我国农村建设了5万个4G基站并且光纤通信比例超过99%。互联网使用的成本也逐步下降,实现了与城镇"同网同速"。

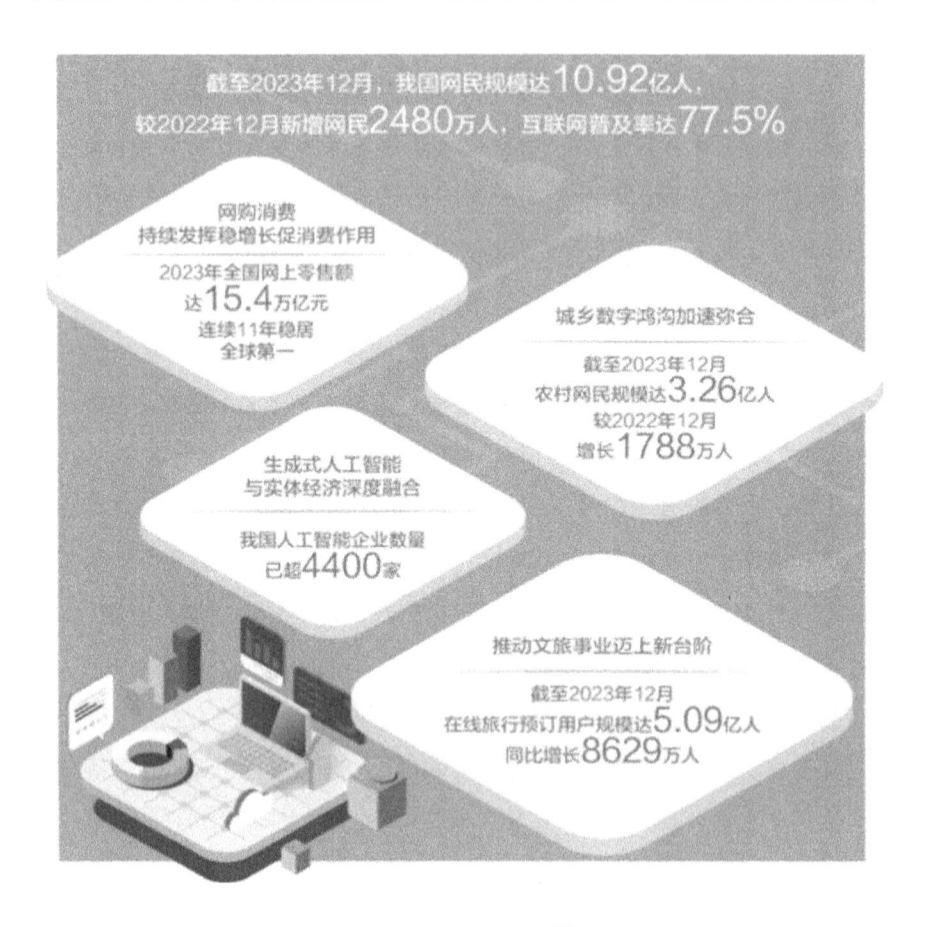

图 1-1　中国网民规模

数据来源:第53次《中国互联网络发展状况统计报告》(CNNIC)

(4)电商直播快速兴起的行业背景

《报告》显示,2021年6月至2023年6月,中国直播电商用户规模增长迅速,已达到5.3亿人(见图1-2)。《报告》的统计结果显示,目前网络直播用户类型主要分布在电商类直播、游戏直播、秀场直播、体育直播和演唱会直播中。其中电商直播用户量增长最快,截至2023年12月,电商直播类目的直播用户规模占所有网络购物用户规模的59.5%。如图1-3所示,根据艾瑞咨询研究院发布的《2023年中国直播电商行业研究报告》,中国直播电商规模于2023年达到4.9万亿元,同比增速接近35.2%。该报告显示,2021年、2022年和2023年中国直播电商规模的增长率分别为121.1%、32.9%和35.2%。

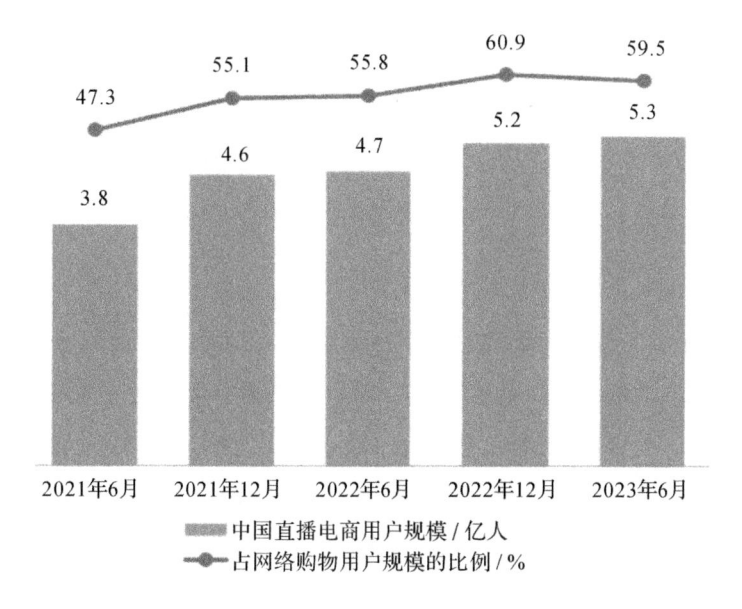

图 1-2　2021—2023年直播电商用户规模及其
占网络购物用户规模的比例

数据来源:2023年《中国互联网络发展状况统计报告》(CNNIC)

直播的快速增长使得直播行业产业链图谱逐渐完整。中国直播电商产业链涵盖品牌商、核心服务提供者、直播电商服务商等。目前中国直播电商产业链在各个品类均已发展得相对完整,这一定程度上证明电商直播的发展趋势喜人。在核心服务提供者当中,核心直播电商服务商、货架式电商平台、达人主播、社交平台等都完成了对消费者的核心服务的供给。直播电商

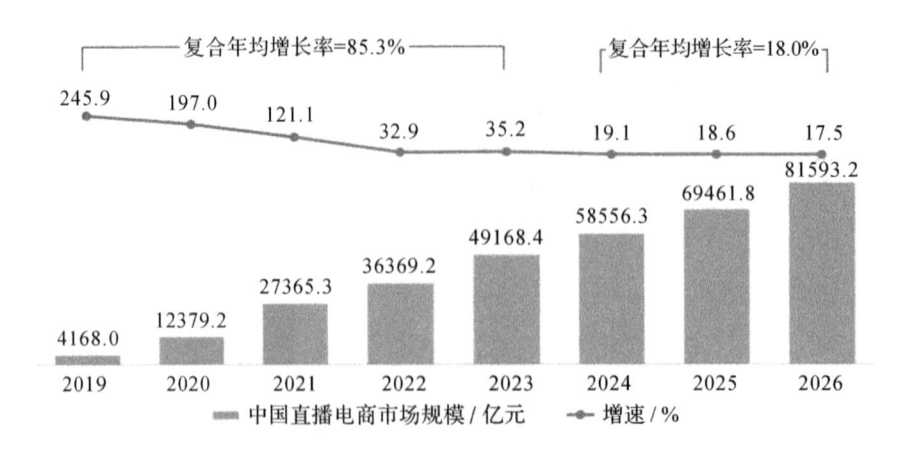

图 1-3　2019—2026 年中国直播电商市场规模

数据来源：艾瑞咨询研究院的《2023 年中国直播电商行业研究报告》(CNNIC)

服务商从数据、营销、技术、支付、物流等多个方面展开服务。

正是基于乡村振兴和共同富裕的政策背景、通信技术和数字基建普及的技术背景、电商直播不断发展的行业背景，助农直播带货成为助力农村地区农副产品走出"深闺"的新渠道。一系列互联网数字化技术走向农村，连接了村里和村外的世界，农户尝试利用助农直播的方式线上销售农产品与服务。利用直播展示农产品，减少了中间环节，增加了农民的收入。助农直播为乡村振兴提供了新角度、新思路。头部主播李佳琦为云南、青海、山西、新疆等地区销售了几百万件助农商品，并与央视主持人朱广权联手打造了"小朱配琦"组合，在"谢谢您，为湖北拼单"的直播专场中，创造了 1.2 亿观众在线观看的成绩。在两人的巧妙配合下，湖北凤爪、小龙虾等农产品全部被抢空。雷佳音、岳云鹏、贾乃亮和胡可等艺人也走进助农直播间，利用自身影响力为农民直播带货。不仅有艺人推销助农产品，也有许多地方领导亲自上阵为当地农产品代言，当起了助农主播，"县长直播"一度成为风潮。例如，2020 年 6 月 24 日至 7 月 8 日，山东广播电视台联合快手平台组织的"百城县长直播助农"山东专场活动获得了消费者的热烈反响，超 4000 万网民围观。

助农直播如火如荼地进行着,已经成为推动乡村振兴的有力手段,解决了农产品销售困难等问题,但一些问题陆续出现却影响了助农直播的发展,例如头部效应明显、主播素质整体偏低、物流建设落后且成本偏高、网络营销效果不佳、农产品附加值低,助农直播平台消费者流失率增加、活跃消费者较少、产品盈利能力较低等现象十分普遍。

第一,头部效应明显,除少数超级主播外,绝大部分的助农主播较难产生高销售额。直播中的头部效应指的是高影响力的平台和超级主播结合的模式,其对群众号召力强,覆盖范围广,构成了助农产品绝大部分的销售额。但这类主播并不以直播助农产品为主,绝大部分的选品都是非助农产品,这类主播难以成为助农直播的主力。腰部是以基层干部,例如县长、当地村支部书记等为代表的主播组织的直播,他们对产品更为了解,且自带公信力,因此也能获得相对不错的助农成果。而作为助农直播的尾部,虽然主播数量庞大,但这些主播大多以"农民主播"或者普通小网红主播为主,由于影响力有限,这类主播目前的销售情况与头部主播相差甚远。第二,主播素质整体偏低,主要是由于助农直播的主播绝大多数都是普通农户和中小网红,他们中的绝大多数人受教育程度偏低,沟通技巧较薄弱,直播文案也较为简略,知识储备也较少。第三,助农产品在品牌和产地的宣传推广上的短板造成了网络营销效果不佳和农产品附加价值低。第四,物流建设和物流成本方面,乡村普遍存在物流配送体系搭建不完善、物流费用偏高的问题,农产品"走不出去"进一步限制了助农直播的发展。由于物流保障服务不完善、生鲜产品售后困难等问题,许多消费者在购买农产品之后发现产品质量难以保证,转而继续从线下进行购买,最终导致消费者不断流失。第五,由于农产品如大米、土豆等本身产品属性的原因,消费者并不会像观看其他直播一样过分活跃。第六,农产品本身价格不高,且远距离的物流运输成本过高导致产品盈利能力相对较低。

究其原因,助农直播中主播叙事方式是一个非常重要的影响因素。叙事贯穿了直播的全过程,是网络直播中不可忽略的重要组成部分。因此,在助农直播场景下,如何采取科学、合理的叙事方式来打动消费者并引发其积极购买助农产品的意愿,是助农直播平台和主播面临的重要现实问题。

1.1.2 理论背景

助农直播场景的研究已引起了学界的广泛关注,但存在起步较晚、研究数量较少等问题。直播的发展和盛行引起了学界的关注,大量的学者基于直播的研究场景开展了研究,但绝大部分的研究都集中在购物直播(Sun et al.,2019;邵翔,2020)、游戏直播(Chen & Lin,2018;范钧等,2021)、秀场直播(Wohn et al.,2018)当中,探究的主要是观看动机和体验(Hilvert-Bruce et al.,2018;Hu et al.,2017)、信息源特征(孟陆等,2020;韩箫亦,2020)、打赏意愿(Wohn et al.,2018;范钧等,2021)、购买意愿(Wongkitrungrueng & Assarut,2018;邵翔,2020)。虽然已有大量学者开展了与直播相关的研究,但助农直播不同于普通的直播,不能与普通直播的营销模型完全匹配,其带有一定的公益属性,并且主要的直播产品是来自农村地区的农副产品,因此亟须对助农直播场景展开研究。查阅助农直播的相关文献发现,其研究大多集中在近两年,相较于其余直播场景的研究起步较晚。已有助农直播相关研究主要集中在商业模式(叶秀敏,2019;李晓夏、赵秀凤,2020)和购买意愿的影响因素(黄丽媛,2020;周盈等,2021)等方面。虽然这些研究的出现在一定程度上弥补了先前助农直播研究相对较少的问题,但仍然需要更多的学者投入精力,以弥补现有理论较少的缺陷。综上,笔者认为对助农直播场景的研究有待进一步深入。

在助农直播场景研究中,研究者缺乏对于购买意愿的内在特征的关注,并且存在对外在环境因素和用户内在差异因素的研究尚不深入等问题。彭宇泓等(2021)的研究指出,影响电商直播消费者行为的因素主要有三类:外在环境因素,例如氛围线索(龚潇潇等,2019)、技术可供性(邵翔,2020)、信息源特征(孟陆等,2020;刘凤军等,2020;荀源,2021)等;内在特征,例如主播属性(韩箫亦,2020)、沟通风格相似性(吴娜等,2021);用户内在差异,例如消费者信息诉求(黄丽媛,2020)、消费者感知价值(刘思思等,2021)、关系纽带和顾客承诺(彭宇泓等,2021)等。可见,研究者们对于电商直播场景的消费者购买意愿进行了较为深入且全面的研究。对于助农直播情境的消费者购买意愿研究主要集中在:外在环境因素,例如信息源特征(荀源,2021)、叙事策略(郭婉如,2021)、社会影响和社交互动(周盈等,2021);用户内在差异,例如信息诉求(黄丽媛,2020)、消费者感知(刘思思,2021)等方面。对比可见,助农直播场景的相关研究缺乏对于内在特征因素的关注,并且对外在环境因素和消费者内在差异因素的研究尚不深入。对于这些研究进行整理可知,研究对于营销策略的界定相对较少,对于购买意愿的影响机制问题还需进行深入的探讨。主播叙述贯穿于直播的整个过程,如何科学、合理地进行叙述是助农直播进行营销策略制定的核心内容之一。诸多研究结果也表明,叙事是制定营销策略的重要手段(Lien & Chen,2013;Kim et al.,2017)。由此,本书从叙事方式的角度对助农直播中消费者购买意愿的影响机制进行深入探索。

叙事说服效果的影响因素得到了广泛讨论,但叙事身份和叙事策略发挥说服作用的机制仍需明确。叙事可以影响受众对真实世界的信念和态度(Appel & Richter,2007;Diekman et al.,2000;Strange & Leung,1999)。这一现象被称为"叙事说服",并吸引了多个学科的研究兴趣,如健康传播(Green,2006)、娱乐教育(Morgan et al.,2009;Moyer & Nabi,2010)和栽培研究(Busselle & Bilandzic,2008)。已有研究显示,影响叙事说服效果的因素主要包括受众性别(Gupta & Lord,1998)、读者对故事的专注程度或进入故事世界的程度(Green & Brock,2000;Moyer,2008)、叙述体验(Green,2004;Green & Brock,2000)、故事形式(Lien & Chen,2013)、叙事视角(Graaf et al.,2012;Kim & Shapiro,2016)、人物相似性(Hoeken et al.,2016)、产品类型(Kim et al.,2017)、故事讲述角度(徐岚等,2020)、叙事策略(郭婉如,2021)等。然而,叙事在叙事身份和叙事策略两个角度发挥说服作用的确切机制还尚未明确确立。

叙事说服研究缺乏对于叙事身份的关注,仅关注故事讲述主体差异而忽略了故事讲述者的身份差异。当前研究仅从故事主体(Van Laer et al.,2013)、作者身份(Gosline et al.,2017)、故事讲述者与故事主体之间的一致性(徐岚等,2020)方面探讨叙事的说服效果。由此可见,这些研究大多都是从故事主体、故事讲述者和故事主体的关系的角度出发。与以往研究不同的是,在助农直播这一情境当中,故事主体的差异较小,主播讲述的主要是农户的故事,存在差异的主要是主播的身份,即主播是艺人、主持人、网红、官员、农户。综合先前的研究可以发现,鲜有研究关注故事的叙述者的身份。助农直播叙事身份是一个基本的叙述特征,它决定了剧情传播者的身份,很大程度上会影响叙事的说服效果。但以往的研究并未为该观点提供有效的实证证据,因此开展相关研究有助于填补相关领域的研究空白。以往针对叙事身份的相关研究较少涉及直播,且存在影响机制不明确、适用情境受限等问题。虽然已有研究发现不同叙事身份对广告说服效果具有显著影响,但其具体影响机制目前尚不完全明确,同时也可能存在其他附加信息的干扰(Graaf et al.,2012;Hoeken et al.,2016;Kim et al.,2019)。此外,当前研究缺乏对于助农直播的研究情境的独特特点的提炼,对于如何运用主播的叙事身份影响叙事传播效果的探讨不够深入。

叙事策略研究缺少对直播中故事讲述内容的关注,过多关注故事的形象策略和情节策略。郭婉如(2021)的叙事研究侧重于研究农民故事的形象策略和情节策略,进而探讨叙事的说服效果。与其他研究不同的是,本研究主要是从叙事内容的角度探讨叙事的说服效果,其影响机制不同于形象策略和情节策略。值得注意的是,不论是"示弱"还是"示强"的叙事策略都能促进叙事说服,这两种叙事策略被广泛运用在营销实践当中,但其说服机制尚不明确。在生活中,被帮助的个体常常是以"示弱"的形象出现,用劣势者故事吸引他人,以获得人们的同情和支持。2022年北京冬奥会的报道展现了许多运动员劣势的一面,例如:马耳他代表团唯一的运动员珍妮斯·斯皮泰里(Jenise Spiteri)为了省下钱用来训练,住在车里;加拿大选手马克斯·帕罗特(Max Parrot)确诊霍奇金淋巴瘤但逆袭成为冬奥会金牌获得者。这些案例表明了"示弱"的故事被广泛运用,以激励人们。也有一些企业或品牌以"示强"的形式告知消费者"优势"所在,以期获得消费者的认可和支持。一些研究表明,这种叙事策略是有效的。此前的研究发现,人们希望将自己与胜利者联系在一起,而与失败者保持距离,这被称作"沾光效应"(Cialdini et al.,1976;Cialdini & Richardson,1980;Cialdini & De Nicholas,1989)。在这种效应中,消费者会策略性地将自己和优势品牌相联系。例如,学生在足球比赛胜利后穿着印有学校标志的品牌服装的可能性更大,而不是失败的时候(Cialdini et al.,1976)。从消费者需求的角度来看,拥有丰富资源的企业向消费者发出信号,他们更有能力提供高质量的产品,而资源较少的企业则没有能力提供最好的产品。同时,人们倾向于支持那些不希望在优势竞争对手面前取得成功但仍在努力的人,这被称为"劣势者效应"(Simon,1954)。这种现象是违反直觉的,因为其逻辑与预期相反,支持一个失败者可能会让消费者看起来也是失败者(McGinnis & Gentry 2009;Paharia et al.,2011)。在现今的营销场景中,弱势故事盛行可能是由身份机制(Paharia et al.,2011)或是情绪反应(McGinnis & Gentry,2009)驱动。以往研究利用社会认同理论解释个体倾向于与成功群体交往的原因是,群体的成就是个体自尊的重要来源(Tajfel & Turner,1986)。社会认同理论表明,当涉及个体、强势者、旁观者时,与强势者交往会增强个体自尊(Cialdini et al.,1976;Snyder et al.,1986)。最近的研究则表明,弱势群体的支持也受到身份机制的驱动,例如,强烈认同自己为弱势群体的消费者对弱势群体品牌的积极反应更强(McGinnis & Gentry 2009;Paharia et al.,2011)。综上,基于叙事身份和叙事策略的说服机制尚不清晰的背景,对于助农直播情境中叙事的说服机制的进一步探索,将有利于明确其具体影响机制。

叙事的说服效果的边界条件需要进一步明确,存在影响机制不明确和使用情境受限等问题。已有研究发现,叙事说服存在一定的边界条件(Graaf et al.,2012;Hoeken et al.,2016;Kim et al.,2019)。只有当故事的主角被视为组内成员而不是组外成员时,叙事才会有更好的说服效果(Kaufman & Libby,2012);当受众处于分析式思维状态时,第三人称叙事比第一人称叙事有更好的说服效果(Kim & Shapiro,2016);Lien、Chen(2013)和Kim等(2017)在对广告进行研究时发现产品涉入度和产品类型会影响广告的叙事说服效果;沈正舜和李怀斌(2019)的研究指出品牌来源国会影响叙事的说服效果,当品牌来自发达国家时,优胜者的品牌叙述的说服效果优于劣势者;徐岚等(2020)的研究对于故事主体相似性和受众对品牌的关注点进行了探究,发现其会通过影响故事的真实性和自我想象流畅性的关系,从而对叙事的说服效果产生影响。虽然已有研究已经对叙事说服理论成立的边界条件进行了一定的探索,但还存在影响机制不明确和使用情境受限等问题,因此进一步明确叙事说服效果的边界条件显得尤为重要。

1.1.3 研究意义

(1)理论意义

在有关网络直播购物的研究中,学者们的研究主要集中在游戏直播、秀场直播、购物直播等直播场景当中,多是从影响消费者持续参与意愿、传播意愿、购买意愿等行为倾向的角度探讨问题。而具体到助农直播场景下,主播叙事方式对消费者行为倾向的研究少之又少,本研究将主播叙事方式问题引入了助农直播情境进行讨论,对丰富网络营销领域的相关理论具有重要意义。

一是针对目前助农直播兴盛的现象及其存在的现实问题,对消费者购买助农产品意愿这一影响直播效果的关键问题进行了较为深入的理论探索和实证研究,一定程度上弥补了现有理论的不足,进一步拓展了网络营销领域的研究。

二是厘清了助农直播场景下叙事方式的维度,丰富了助农直播中的叙事研究。本研究基于扎根研究法的结果,从故事讲述者和讲述内容的角度将叙事方式划分为叙事身份和叙事策略,并将叙事身份划分为旁观者叙事身份和当局者叙事身份,将叙事策略划分为示弱叙事策略和示强叙事策略,借鉴观点采择理论和劣势者效应理论,深入探讨叙事方式对消费者助农产品购买意愿的差异化影响,进一步细化了助农直播场景下主播叙事和消费者行为的关系。

三是将心理学中的观点采择理论和社会学中的劣势者效应理论应用于市场营销领域和助农直播场景,并参照 CAPS 理论(认知—情感系统理论)从认知和情感两个角度出发,深入分析共情和主播认同的中介作用,较为全面地厘清了叙事身份和叙事策略对消费者购买意愿的具体影响机制。本书进一步拓展了观点采择理论和劣势者效应理论的应用范畴,对后续助农直播相关研究有一定的借鉴意义,并推动了相关理论的研究。

四是探索观点采择理论和劣势者效应理论的边界效应,本研究发现在空间距离和产品涉入度的调节作用下,基于观点采择理论和劣势者效应理论而产生的叙事的说服效果不同。这进一步拓展了该理论的应用边界,为后续的相关理论的研究提供了参考和依据。

(2)实践意义

从"小朱配琦""县长助农直播""阿里公益助农直播"等活动的成功举办来看,作为消费者参与消费扶贫的主要形式,助农直播对乡村振兴和共同富裕目标的实现有积极的促进作用,如低门槛、低成本、限制少、长期有效、调动偏远地区农民积极性、把握农村地区资源优势等。因此,本研究以扎根理论的质性研究方法和基于实验的量化方法相结合的方式,就助农直播中主播叙事方式对消费者购买意愿的影响机制进行了研究,不仅对实现乡村振兴和共同富裕有重要意义,也有助于提升消费者参与助农直播的热情,更有助于直播平台实现对消费者和主播的精准服务。

一是助农直播是一种实现乡村振兴的有效途径,对助农直播的探索对于实现共同富裕目标具有重大意义。助农直播是一种有效的乡村振兴手段,具有门槛和成本较低、时间和地域限制较小、形式和组织方式较灵活、内容更加丰富等特点。助农直播是一种稳定且长期有效的乡村振兴方式,避免了以往一些乡村振兴手段"昙花一现"和"治标不治本"的缺陷。助农直播能调动农村地区农民的积极性,帮助农村地区在本身的资源优势的基础上,实现农民增收。直播平台可以通过增设直播培训课程、给予农户一定流量保证等,鼓励农产品产地的农户参与直播。

二是对助农直播情境的有效探索,有助于提升消费者参与助农这类亲社会项目的热情。以往消费者参与助农项目有种种障碍,例如门槛较高、渠道较少、花费时间精力较多、受时空限制等。以往的助农方式大多以线下的方式进行,例如某学校食堂承包了某偏远地区的滞销土豆,这种线下助农方式有受区域局限、资源局限、渠道局限和人员局限的特点。在助农直播中,消费者通过在线购买助农产品和服务,这种购买方式打破了种种局限,让助农项目变得简便易行,创建了人人都可参与的助农社会氛围。在调动消费者参与助农的积极性的同时,架起农户与消费者之间的桥梁,有利于解决农户和消费者之间的供需矛盾,让农户的优质农副产品通过直播出村进城、走入消费者家中,消费者在家就能买到高品质的绿色农产品。

三是有助于提升直播平台的精准服务。助农直播的主播普遍存在素质不高、直播运营经验缺乏等问题,因此平台可以增加相关培训,增强主播的直播运营能力,例如开设专门针对助农主播的培训课程,以增强主播的沟通技巧,主播也可以参照本研究的结果采取相应的措施以增强助农直播效果,例如采取适当的叙事身份和叙事策略销售农产品,结合平台数据(如用户所在区域信息)对用户进行分析以达到精准营销的效果,运用多种方式以影响消费者对产品的涉入度(如抽奖、弹幕)。平台通过对主播的叙事身份和叙事策略的指导,影响消费者情感和认知体验,进而提升营销效果。

四是推动信息的传递和教育。助农直播不仅仅是销售产品,还具有传播农业知识和信息的作用。通过助农直播,农民可以与农业专家、技术人员等在线互动,学习最新的种植技术、施肥方法、病虫害防治知识等。这种交流有助于提高农户的生产技能和农业知识水平,促进农产品的品质提升和产量增加。同时,助农直播内容可以向观众传递有关食品安全、环境保护、农村发展等方面的知识,提升社会公众对乡村和农业的认识和关心,有助于构建和谐社会。

五是促进农产品的品牌建设和宣传。助农直播为农产品的品牌建设提供了新的机遇。通过直播,农产品的生产场景、品牌故事、生产工艺、特色优势等可以形象直观地展示给观众。丰富多样的内容形式、精彩的讲解、真实的展示、更强的互动体验等,可以深入人心地展示产品的品质和独特之处,提升消费者对产品的认知度和对品牌的忠诚度。通过传播品牌的核心理念、文化内涵以及不懈的宣传推广,助农直播有助于打造有影响力和竞争力的农产品品牌,进而提升相关产品的市场知名度和美誉度。

1.2 研究内容与方法

1.2.1 研究内容

直播是在互联网新技术发展的基础上出现的一种新型销售方式,目前已经成为网络营销领域的研究热点。助农直播是直播销售的一个分支,近年来也受到了学者的关注。基于此,本研究就助农直播中主播叙事方式对消费者购买意愿的影响进行探讨,从而帮助主播和平台科学合理地设计叙事方式,提高助农销售成绩。本研究利用扎根理论就助农直播中主播叙事方式对消费者购买意愿的影响进行了探索性研究。在探索性研究的基础上,本研究构建了理论模型和相应的关系假设,并通过实证方式,深入探讨助农直播中主播叙事方式对消费者购买意愿的影响的作用路径。最后,本书基于研究结论,提出了助农直播网络营销的管理策略(见图1-4)。

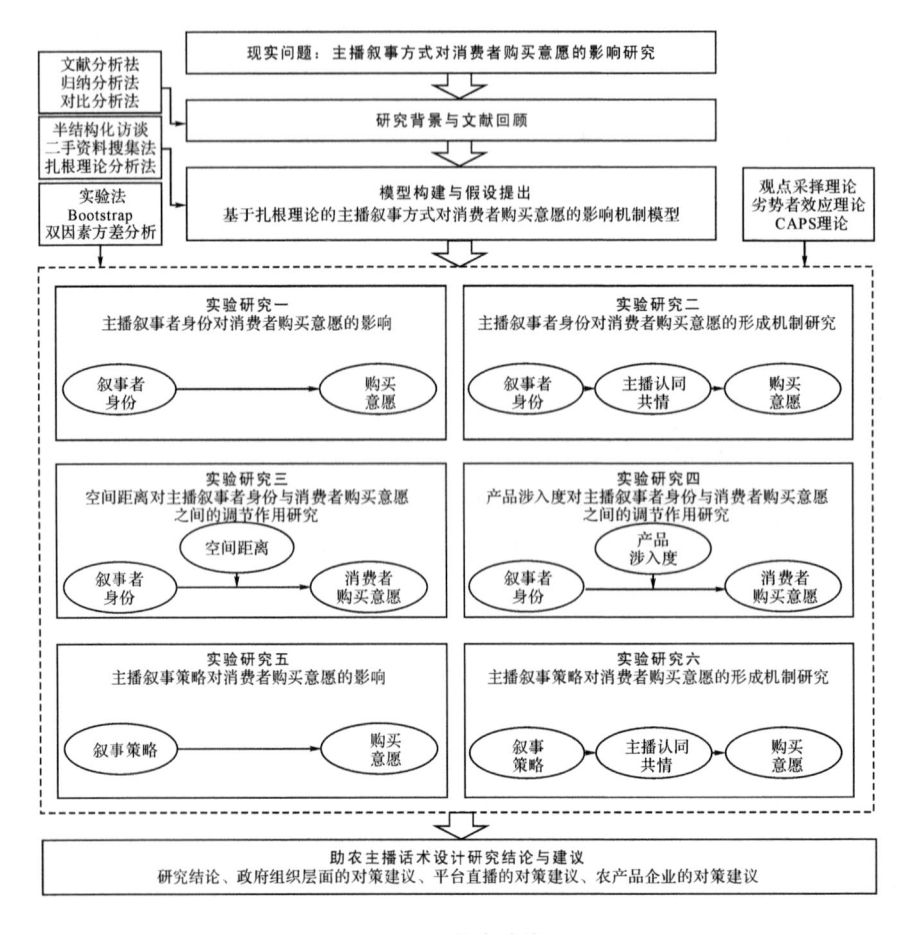

图 1-4　技术路线

第 1 章主要是基于现实背景提出研究问题"助农直播主播的叙事身份和叙事策略对消费者购买意愿的影响",从理论上对现有的研究缺陷进行了简单的阐述,从而提出了本书的研究目的及意义,并对本书所采用的研究方法进行了介绍。文献综述与理论基础部分,对直播、叙事、共情、空间距离、产品涉入度等相关研究进行了述评,提出本研究所采用的几个理论,例如观点采择理论、劣势者效应理论、CAPS 理论等,并对理论研究进展等内容进行概述。

第 2 章是基于扎根理论的主播叙事对消费者购买意愿影响机制进行研究。采取 Strauss 的程序化扎根研究方法就主播叙事对消费者购买意愿的影响机制进行探索式研究。具体的研究方法是:采用半结构化个人深度访谈获取访谈数据资料,并结合文档资料构成本研究的数据资料;将搜集到的数据资料进行开放式编码、主轴编码和选择性编码;在进行饱和度检验之后,再结合 CAPS 理论构建出本研究的理论模型框架。

第 3 章在第 2 章的基础上,将访谈资料与相关理论相结合,界定主播的叙事身份、叙事策略、主播认同、共情、空间距离、产品涉入度等概念的内涵和维度,并对理论模型中的变量关系进行具体分析。然后,在根据扎根理论分析变量关系的基础上,构建出叙事方式的内在机制和行为意愿的关系的假设模型并解释其内在作用机制。

第 4 章主要的工作是就主播的叙事身份对消费者购买意愿的影响进行研究设计并利用实验方法检验假设。这章共设计了 4 个实验。首先对于实验材料进行设计,其次对实验材料进行操控。在操控完成之后开始正式实验。采取多种方式提高实验问卷填答的质量。为了避免产品熟悉度和品牌等因素对实验结果有影响,在 4 个实验中采用了 4 种不同的助农产品,实验一至实验四均采用常见的助农产品为实验材料,分别是笋干、百合、蜂蜜和茶叶,并模糊产品品牌。最后对所搜集的数据进行分析以验证假设 H1 至假设 H5。实验一采用独立样本 T 检验的方法探究主播的叙事身份对消费者购买意愿的影响；实验二利用独立样本 T 检验的方式验证实验一的结果，以保证实验结果的稳健性，并利用 Bootstrap 的模型 4 检验共情和主播认同在叙事身份对消费者购买意愿的影响关系中的中介作用；实验三利用双因素方差分析检验空间距离的调节作用，并利用 Bootstrap 的模型 7 检验有调节的中介作用；实验四同实验三一样，利用双因素方差分析检验产品涉入度的调节作用，并利用 Bootstrap 的模型 7 检验有调节的中介作用。最后小结部分对假设检验的结果进行讨论分析。

第 5 章的主要工作是就主播叙事策略对消费者购买意愿的影响进行研究设计并利用实验方法检验假设。研究设计方法类似于第 4 章，主播叙事策略采用口播的方式进行操控。类似地，这章一共设计了 2 个实验，实验五至实验六分别采用了 2 种助农产品（笋干、百合）作为实验材料。在对实验所搜集的数据进行分析后，验证假设 H6 至假设 H10。实验五采用独立样本 T 检验的方法探究主播叙事策略对消费者购买意愿的影响。

第 6 章对助农直播带货的主播话术设计进行分析，从直播话术概述、准备工作、话术设计、话术实践等多角度进行阐述。

第 7 章对以上研究结果进行了分析和总结，得出本书的研究结论和对策建议。

1.2.2　研究方法

基于研究需要，本着定性分析与定量分析相结合的原则开展研究。在研究当中采取文献分析法、二手资料搜集法、扎根理论法、访谈法、实验法以获取科学准确的研究数据，进而得出准确的结果。

（1）文献分析法和逻辑推演法

当进行管理学领域的研究时，研究者通常使用多种方法来收集和分析数据。两种常见的方法是文献分析法和逻辑推演法。

文献分析法是指研究者通过搜集、整理和分析相关领域的书籍、期刊、研究报告、案例分析等文献资料,获取关于研究主题的先前研究成果和观点。通过分析文献,研究者能够了解该研究领域的研究现状、发展趋势和争议焦点,有助于研究者深入了解所研究问题的内涵和背景,建立研究的理论框架和研究假设,或者找到支持自己研究观点的论据。

逻辑推演法是一种"因果关系推理"的方法。研究者通过逻辑推演,根据已知的事实和理论,进行辨析分析、归纳概括,从而推断出新的结论或者预测。逻辑推演法常常被运用于构建和发展管理理论。例如,在制定策略或决策时,可以使用逻辑推演法来推演各种可能的结果和后果。

文献分析法和逻辑推演法在管理研究中都扮演着重要的角色。它们可以帮助研究者梳理研究框架、构建理论模型、提出研究假设以及解释和推论研究结果。需要注意的是,文献分析法和逻辑推演法都可能受到主观和个人偏好等因素的影响,因此研究者在使用这些方法时需要保持理性和客观,以确保研究结论的严谨性和可信度。

为了了解学界在此领域的研究动态,笔者对直播的定义、分类、助农直播等相关研究以及叙事的定义、叙事和故事的关系、叙事的说服效果等研究内容进行了仔细阅读并加以梳理。并结合研究情境搜集相关的理论,通过对CAPS理论、观点采择理论和劣势者效应理论的梳理和述评,明确了本书的研究思路并为研究内容提供了理论支撑。

(2)跨学科的研究方法

跨学科的研究方法是指在管理学领域中,结合多个学科领域的理论和方法进行研究,以获取更为深入和全面的理解。管理学领域的研究往往与心理学、经济学、社会学、统计学、计算机科学等多个学科相关联,因此跨学科研究方法应用广泛。

在跨学科的研究方法中,研究者会综合利用不同学科领域的理论、概念和研究方法,例如将心理学中有关决策制定的认知心理学理论与管理决策研究相结合,或者运用统计学的方法来分析管理实践中的数据,还可以将社会学中的组织理论与管理组织行为进行交叉研究。通过这种交叉结合,研究者可以更加全面地理解和解释复杂的管理现象。

对于营销领域的研究问题"助农直播中主播叙事方式对消费者购买意愿的影响研究",借用心理学和社会学的理论,采用统计学中的分析方法与分析工具验证主播叙事方式对消费者购买意愿的影响问题。来自心理学的 CAPS 理论被用于解释共情和主播认同的中介作用;来自心理学的观点采择理论被用以解释消费者从主播的身份的角度,对主播所讲述的助农故事进行想象和体验的心理过程;来自社会学的劣势者效应理论被用以解释主播采取不同的叙事策略会影响消费者的行为意愿。

(3)访谈法

访谈法是管理研究中常用的质性研究方法之一,通过与研究对象进行面对面的交流,以获取他们的观点、经验、态度和行为的详细信息。访谈法通常包括结构化、半结构化和非结构化三种形式。

结构化访谈是一种高度标准化的方法,由研究者提前准备好一系列固定的问题并为其排列好顺序,然后按照这个顺序逐一提问,旨在获取标准化的信息和数据。这种访谈的优点在于可以确保所有受访者都能回答相同的问题,便于后续的数据分析和比较。然而,这种形式的访谈也可能限制受访者的表达空间,使得研究者难以捕捉到受访者的独特见解。

半结构化访谈介于结构化和非结构化之间,研究者事先准备一份问题指南,但在实际访谈中可以根据对方的回答进行灵活调整,以深入挖掘研究者感兴趣的问题。这种形式的访谈允许研究者在一定程度上引导对话的方向,同时也为受访者提供了更自由的表达空间。半结构化访谈既能确保访谈有一定的方向性,又能捕捉到受访者的个人经验和见解,非常适合于探索性的研究。

非结构化访谈是最为灵活的一种访谈形式,研究者以一些开放性的问题作为起点,整个访谈过程十分自由,主要根据被访者的回答进行深入探索。这种访谈方式允许受访者自由地表达自己的想法和感受,特别适合于深入理解复杂的情境和个人经历。非结构化访谈的优势在于能够获取丰富和细致的信息,有助于揭示个体深层次的想法和感受。不过,这种形式的访谈也要求研究者具备较强的引导和归纳能力,以确保访谈的有效性和目的性。

本研究采取半结构化访谈的方式对研究问题进行探索,这主要是由于助农直播是一个新兴的研究领域,现有研究对其的探索尚不深入。如果用现有的变量对其进行研究可能造成研究的创新性不足,因此本研究采取半结构化访谈的方式开展探索性研究。

(4)扎根理论法

扎根理论法是管理研究中常见的一种质性研究方法,旨在对某一现象进行深入的理解和解释。该方法最初由美国社会学家伦纳德·施特劳斯(Anselm Strauass)和巴尼·格拉泽(Barney Glaser)于1967年提出,其主要特点是通过对一定范围内的大量细节数据进行系统性的分析和解释,揭示事物的内在本质和深刻的逻辑关系。

使用扎根理论法进行研究时,研究者通常会采用开放性的研究方法,如深度访谈、观察和文本分析等,以获取具体的案例和数据。然后对这些数据进行系统性的编码、分类和分析,逐步形成理论模型,并通过不断比较、扩展和修改,最终建立起一个完整的理论框架。

扎根理论法的优势在于它可以深入挖掘现象背后的内在逻辑和关系,有助于对管理实践和组织行为进行更为深刻的理解。然而,由于该方法对研究者的思维能力和理论敏感度要求较高,研究过程往往比较烦琐和漫长,且结果一般难以量化和概括。

在直播的研究中,对于助农直播场景的研究相对较少,对于主播叙事方式的概念及维度,学界尚未有清晰的定义,而对助农直播场景的有力探索对于乡村振兴和共同富裕、消费者助农积极性、直播平台精准服务等方面均有重要的现实意义。如果仅利用定量研究方法探索这一研究问题可能会导致研究变量无法创新、研究结果脱离实际等问题。为了解决这些问题,笔者利用扎根理论法获取助农直播场景的第一手资料,利用半结构化访谈和文档资料分析主播叙事方式并对消费者购买状态进行分析。这将有助于探究主播叙事方式对消费者内在状态和行为意愿的影响机制。围绕确定的研究问题查找文档资料并采取个人深度访谈法对于以往有过助农直播购物经历的消费者进行个人深度访谈,对原始访谈资料进行整理。运用程序化扎根理论方法对原始访谈资料进行编码分析,具体编码步骤为开放式编码、主轴编码和选择性编码。在编码的基础上形成本研究的理论模型。

(5)实验研究法

实验研究法是管理研究领域中常用的一种科学方法,它通过对研究对象施加控制或操纵,获取因果关系并验证假设。在管理研究中,实验研究法被广泛用于探讨组织行为、领导力、决策制定、市场营销等诸多管理现象。

在实验研究法中,研究者首先需要基于现有的理论和文献提出一个或多个假设,这些假设描述了变量之间的预期关系。为了确保研究的一致性和可重复性,研究者需要明确界定研究中的关键变量,包括自变量、因变量以及其他可能影响结果的变量。通过随机分配被试参与者到不同的实验条件中,可以最大限度地减少偏差,确保实验组和对照组在统计学上是等同的。研究者还需要精心设计实验过程,以控制可能干扰研究结果的额外变量。这包括设定实验条件、监控实验环境以及标准化实验程序等。通过对实验结果的统计分析,研究者可以验证假设是否成立,并探究变量间的因果关系。

总的来说,实验研究法是管理研究中一种重要的科学方法,它能够帮助研究者深入挖掘管理现象背后的因果关系,提供实证支持和理论验证。同时,研究者在实验设计中要注意控制变量,保持实验的内外部有效性,以确保研究结果的可靠性。

实验研究的目的是对研究模型和假设进行进一步验证。在控制其他因素的影响下,通过多次实验以检验实验结果的稳定性。在本研究中实验流程主要是准备实验材料、操控实验、正式实验、分析数据。本研究的实验采取的是半实验半问卷的形式,主要操作方式是通过将视频导入第三方无广告的视频平台,再将视频植入问卷,要求被试者看完实验视频之后完成实验问卷的填写。搜集数据后,通过基本的统计分析确定量表信度,最后运用SPSS 21分析软件,通过独立样本 T 检验、回归分析、Bootstrap 等分析方法验证研究假设。

1.3 文献综述与理论基础

1.3.1 文献综述

(1)直播相关研究

直播是采用一种或多种通信技术,将图像和声音即时发送到其他位置,是一种实时记录和传播的网络流媒体技术(Chen & Lin,2018)。早期的直播主要是电视直播,特点是内容的生产者与专业机构合作制作直播视频,主要是内容的生产者向用户单向传递信息。随着流媒体技术的发展,直播打破了原本信息单向输出的方式,用户与主播可以在直播过程中双向沟通,用户既是内容的生产者也是内容的接受者(付业勤,2017)。目前,众多社交商务网站结合直播的形式,形成了"直播+电商"的直播购物模式(邵翔,2020)。"直播+电商"的购物方式是电子商务的一个子集,其中社交商务可以提供社交互动以提升在线购物体验(Liang & Turban,2011)。购物直播的特点是消费者可以实时与卖家互动,从而获得沉浸式、引人入胜的购物体验性(Wongkitrungrueng & Assarut,2018)。

智能化和移动化的新技术的发展为网络直播的崛起奠定了基础。网络直播经历了以电视购物直播、PC(个人电脑)端秀场直播、PC端和移动端电竞赛事直播、移动端多元化直播和虚拟现实直播为代表的五个时期。结合赵冬玲(2018)和韩箫亦(2020)的研究,本研究认为直播的发展可以划分为五个阶段(见表1-1)。第一阶段是以珠江频道等为代表的电视台购物直播,这个阶段的特点是用户普遍依赖电视观看直播,此时的直播是单向输出。第二阶段由于智能手机尚未普及,绝大多数的用户主要是依靠PC端浏览视频。该阶段的特征是各大视频网站平台的流量战,仍是以PC端直播为主,代表直播为9158和六间房等的PC端秀场直播。该阶段的直播主要以聊天室的形式展示且是附加于社交软件上的一种功能。第三阶段是以斗鱼、虎牙等游戏直播为主导的移动直播时代。随着通信技术的发展,人们浏览视频的方式也逐步从PC端转为移动端。这个阶段频繁举办电竞赛事直播,像"龙珠""熊猫直播"等直播平台都是靠挖掘人气主播抢占赛事资源,竞技类游戏以DOTA、英雄联盟等为主。第四阶段是以淘宝直播、花椒直播、抖音直播为代表的泛娱乐、泛生活直播时代。此时直播进入了更多垂直细分领域,与各行各业相结合,直播场景更加多元化,商业模式也在不断扩

表1-1 直播发展阶段及其特点

发展阶段	工具	特点	示例
第一阶段	电视台	单向输出,很难与用户产生互动	珠江频道
第二阶段	PC端	附加于社交软件上的功能,以聊天室的形式存在	9158、六间房
第三阶段	手机等移动端	大部分比赛都是以电竞为主,比如DOTA、英雄联盟等	龙珠、熊猫直播
第四阶段	手机等移动端	泛娱乐、泛生活;场景更加多元化,商业模式也在不断扩展	淘宝直播、花椒直播、抖音直播
第五阶段	虚拟现实技术	虚拟现实技术相结合的虚拟现实直播时代	柳夜熙

资料来源:作者根据已有文献整理得出

宽。第五阶段是与虚拟现实技术相结合,以柳夜熙等虚拟形象为代表的虚拟现实直播时代。但这个阶段的直播不论是在开发还是在使用上成本都较高,且深受技术创新的影响,因此尚未普及。

在直播分类的研究上,众多学者从不同的角度对直播进行了分类。如表1-2所示,漆亚林和郝源(2018)从移动直播平台特征的角度对三类媒体直播平台进行了划分,主要将其划分为传统媒体类、新兴媒体类、新媒介类。传统媒体类以人民直播、新华直播为代表;新兴媒体类主要有三类,分别是腾讯、百度等企业的直播平台,斗鱼、虎牙等直播App,以及爱奇艺、bilibili等网站直播;新媒介类主要是Twitter、Youtube、Facebook等推出的直播服务。赵冬玲(2018)从直播平台的角度对直播进行了分类,并将直播划分为真人秀直播、游戏类直播、购物类直播。真人秀直播的主要内容是个人生活直播、艺人娱乐、美女直播;游戏类直播的主要内容是游戏赛事、女性直播、娱乐休闲;购物类直播主要直播内容包括网红直播、商品发布、购物推荐等。孟陆等(2020)从主播的角度对直播进行了研究,按照直播内容特征的不同将网红直播划分为娱乐型直播、技能型直播、带货型直播。娱乐型直播的主要特征是主播通过唱歌、跳舞等方式感染受众,技能型直播的主播通过展现自身的一技之长,例如打电竞比赛、网络授课等方式吸引受众,带货型主播主要是依靠自身专业的分析和经验,展示和讲解商品细节,从而激发消费者的购买欲望。

表1-2 直播主要类型及其划分角度

作者	划分角度	划分类型
漆亚林、郝源(2018)	平台的角度	传统媒体类直播、新兴媒体类直播、新媒介类直播
赵冬玲(2018)	平台的角度	真人秀直播、游戏类直播、购物类直播
孟陆等(2020)	主播的角度	娱乐型直播、技能型直播、带货型直播
范钧等(2021)	互动类型角度	任务导向型直播、关系导向型直播

在主播认同的研究方面,从身份认同视角来看,主播认同就是对主播的身份认同。身份认同是一种想象性的体验,在这种体验中,个体放弃了对自己的身份意识,并通过他人的观点来体验世界(Cohen,2001;范钧等,2021)。Oatley(1994,1999)将这种体验概念化为受众接受角色的目标和计划。受众模拟或想象发生在人物身上的事件,并体验相似的情感(Oatley,1994;Zillmann,2006)。换句话说,受众会想象成为一个角色是什么样的,并且会产生成为角色的错觉(Cohen,2001;Tan,1994)。Cohen(2001)指出,身份认同是一种由叙述引起的心理状态,主要包括两个明显特征:一是共享角色的情感、观点和目标;二是自我意识的丧失。Klimmt等(2010)在Cohen(2001)的基础上,进一步解释了媒体受众的身份认同概念,并将其界定为媒体受众因受特定角色人物的吸引力诱导而暂时性改变其自我构念。谢雅萍(2016)对创业环境中的身份认同进行了探讨,认为认同是指读者理解创业者的角色含义,结合自己的认识模式,结合自己的创业特点,选择合适的创业角色并做出与创业角色身份相符的行为。身份认同发生后,媒体受众会通过特定角色人物的视角体验事件,并内化角色的目标和感情(Hoeken & Sinkeldam,2014;Zheng et al.,2020)。

认同是叙事说服的机制之一(Green,2006;Slater & Rouner,2002)。身份认同会形成与人物的联系,而角色的经验和主张可能会改变受众的信念(Green,2006)。当受众在他们的想象中模拟或想象发生在角色身上的事件时,他们会理解并体验所描述的事件是什么样的,因此他们的态度可能会与这种替代体验更加一致(Mar & Oatley,2008)。类似地,Bandura(1986、2002)的社会认知理论认为,对榜样的认同有助于观察学习,个体会通过观察榜样获得新的思维和行为方式。尽管这一理论并不局限于叙事或媒体,但媒体中的人物也可以作为观察学习的榜样(Bandura,2002)。借鉴身份认同概念,本书将主播认同界定为网络直播受众暂时失去自我意识,接受主播的角色目标、观点和情感。

身份认同与消费的关系引起了学界的注意。已有研究指出,消费是认同行为和符号、手段、前因,等等。王宁(2001)认为消费是认同的行为和符号,人们消费的实质是创造、维持或改变认同。姚建平(2006)指出消费行为被认为是身份认同的重要手段。田晓玲(2021)对品牌拟人化的研究认为认同是消费意愿的前因,并指出消费者认同能促进消费者的购买意愿。范钧等(2021)指出,在直播当中主播的认同会引发消费者对内容的打赏消费。笔者认为,助农直播场景下对主播的身份认同是消费者购买意愿的前因,并在主播叙事方式对消费者购买意愿的影响中起中介作用。

在直播与消费者行为意向方面,本书对于影响的内在机制、调节变量等进行了归纳(见图1-5)。结合彭宇泓(2021)的研究,直播情境当中影响消费者行为意向的因素主要有外在环境因素、内在特征因素和用户内在差异因素。外在环境因素对消费者行为意向的影响主要体现在氛围线索(龚潇潇等,2019)、技术可供性(邵翔,2020)、信息源特征(孟陆等,2020;刘凤军等,2020;荀源,2021)、叙事策略(郭婉如,2021)等方面;内在特征因素主要体现在主播属性(韩箫亦,2020)、网红特质(陈海权等,2020)、沟通风格相似性(吴娜等,2021)等方面;用户内在因素差异主要集中在消费者信息诉求(黄丽媛,2020)、消费者感知价值(Wongkitrungrueng & Assarut,2018;刘思思等,2021)、关系纽带和顾客承诺(彭宇泓等,2021)等方面。

影响消费者购买意愿的内在机制有沉浸(喻昕等,2017;邵翔,2020;吴娜等,2021),心流体验(龚潇潇等,2019),兴奋感、价值感和信任感(韩箫亦,2020),临场感(邵翔,2020,孟陆等,2020),认同感(孟陆等,2020),准社会互动(顾丽琴、高永玲,2020;吴娜等,2021),主播认同和情感能量(范钧等,2021),感知实用性购物价值和感知享乐性购物价值(刘凤军等,2020),等等。

在调节作用方面,研究主要集中在自我构建和消费者主播关系强度(谢莹等,2019)、产品暴露类型(顾丽琴、高永玲,2020)、认知闭合需要(吴娜等,

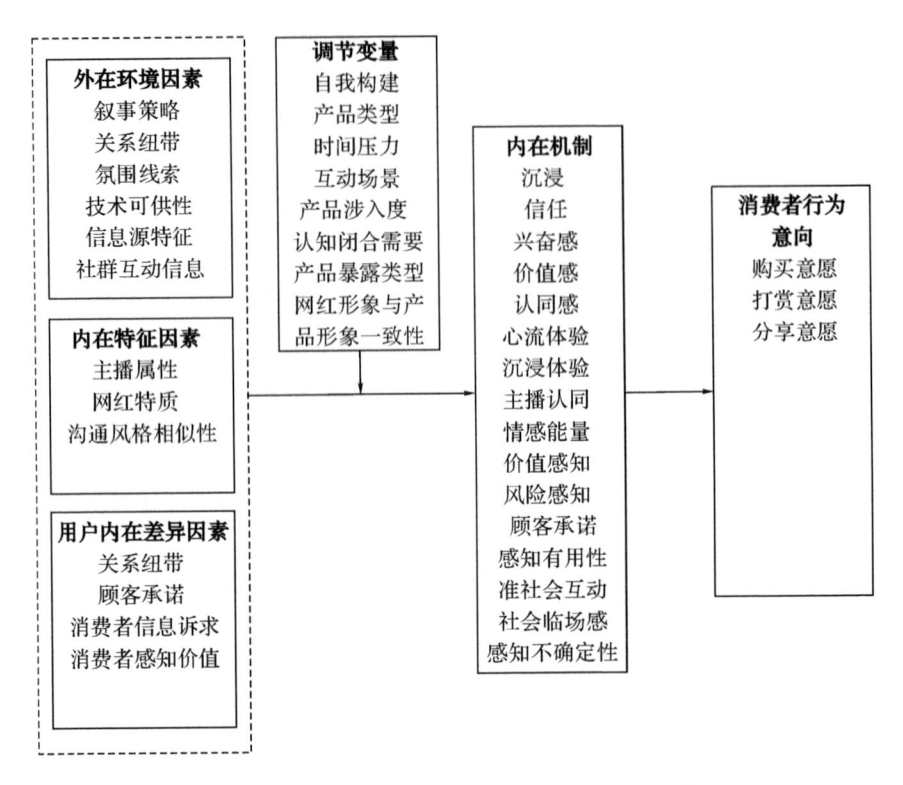

图 1-5 直播情境下消费者行为意向的形成机制

资料来源:笔者在彭宇泓(2021)的研究基础上进行整理

2021)、产品涉入度(邵翔,2020)、互动场景(范钧等,2021)、网红形象与产品形象一致性(刘凤军等,2020)等方面。

助农直播是指通过网络或电视直播平台等渠道推销和销售农副产品以达到帮助农村和农民完成产业升级的一种手段(李晓夏、赵秀凤,2020)。助农直播是一种致富的新手段,引起了政府、企业和个人的重视。《2020年网络扶贫工作要点》指出,网络扶贫是乡村振兴的重点。这个工作要点成为助农直播的政策助力。同时,各级政府领导干部都踊跃参与扶贫助农直播,通过自主推销的方式,展现了当地的农产品和农村特色,打开了农村特色产品销售的新渠道。在企业方面,各大电商直播平台也开展了助农直播业务或活动,例如淘宝的阿里公益助农官方号、京东超市助农、拼多多"家乡好货"助农直播,等等。一些企业家也将目光投到了助农直播当中,例如新东方创始人俞敏洪 2021 年开启"东方臻选"助农直播,开播 2 小时,农产品销售金额达 500 多万元。在个人方面,越来越多的平台主播和农户开始搞助农直播,例如李佳琦、烈儿宝贝、猫妹妹等。

虽然助农直播在现实场景中受到了多方关注,但由于它目前还属于新兴产物,现有的助农直播研究成果较少,且以分析其商业模式为主,实证研究相对较少。叶秀敏(2019)指出助农直播为"直播+扶贫+产业"的模式,他在研究中分析其对于缓解农产品滞销的作用。李晓夏和赵秀凤(2020)的研究对助农直播模式进行了系统、全面的分析,梳理了助农直播新模式的内涵、发展逻辑、价值分析和未来发展路径。在实证研究方面,以往的学者从信息诉求、主播行为、信息源特性、消费者感知价值、叙事策略等方面开展了研究。黄丽媛(2020)的研究以助农直播为场景,从信息诉求的角度探究了公益助农直播的说服效果,并指出主观感性信息比客观理性信息更容易引发积极的说服效果。周盈等(2021)就直播助农模式下主播行为对消费者购买意愿的影响展开了研究,研究结果表明主播的社会影响、社交互动等会影响消费者的购买意愿。荀源(2021)就助农直播中的信息源特征对于消费者冲动性购买意愿展开了研究。刘思思(2021)探究了助农直播中消费者感知价值对传播意向的影响。郭婉如(2021)以芒果云超市为例,对助农直播中农民故事的叙事策略开展了研究。

(2)叙事相关研究

社会语言学家 Labov(1967)认为叙事是按照事件发生的顺序对事件的顺序进行的描述。在 Labov 的研究的基础上,还有一部分学者对叙事的定义作了补充,指出叙事是消费者根据其先前的知识、注意力、个性、人口统计数据和其他重要信息来解释的故事(Fishbein & Yzer,2003)。Van Laer 等(2014)将"叙事"定义为故事接受者对故事的消费,通过这种方式,受众能阅读并理解故事。这是由于当消费者解释故事时,解释构成了一种消费行为,通过这种行为,故事被转换成叙事。叙事中含有在特征或感知上是人或类人的"人物"(Chatman,1978;Jacobs,2002),并且受众会产生共情(Sarbin,1995)。早期一些学者也指出叙事具有特定的结构(Labov,1972)、人物(Propp,1968)和体裁(Smith,2005)。结构包括定位和评价等部分,人物可以是英雄或普通人物,体裁是具有类似形式或内容的叙事类别。元素、人物和体裁只是叙事中许多结构中的一部分(Bal,2009)。刘若华(2020)的研究指出,叙事包含两个方面,分别是讲了什么故事和用什么方式讲故事。

理解故事对于厘清叙事的研究十分必要(见表1-3)。先前学者对于故事的定义尚不统一,笔者在李爱梅等(2017)的基础上对故事定义进行了补充和梳理。研究者们从故事的表达方式(Boje,1995;Bruner,2012)、故事和叙事(Padgett & Allen,1997;Hopkinson & Hogarth-Scott,2001;Shankar et al.,2001)、故事和事件(Simmons,2001;Maxwell & Dickman,2007;Bennett,2016)、不同应用场景中的故事(Swap et al.,2001)、故事与生活(McKee,2003;Whyte & Classen,2012)、故事与沟通(Granitz & Forman,2015)和故事与体验(李爱梅等,2017;徐岚等,2020)等角度解释了故事的含义。从故事和表达方式、叙事和故事、故事和事件等角度定义故事的方式得到了学者的广泛讨论与关注。故事和表达方式的角度的主要观点是故事是向他人表达的一种工具;叙事和故事的角度的主要观点是叙事是故事的表达方式;故事和事件的角度的主要观点是故事是事件的记录。还有一部分学者从故事与体验的角度诠释故事的定义,李爱梅等(2017)认为,故事是讲述人建构现实或想象事件的经验与手段。这是因为讲故事的人在向消费者传达故事时,消费者会根据记忆和经验来了解这个故事(Abelson & Schank,1995;徐岚等,2020)。

表 1-3 故事的相关概念界定

作者	故事描述	定义
Boje(1995)	故事与表达方式	故事是用口头或书面形式把过去或将来的经历传达给别人的一种手段
Padget、Allen(1997)	故事与叙事	叙事是用文字、口头、视觉的形式来描述一个故事的方法
Hopkinson、Hogarth-Scott(2001)	故事与叙事	故事是对事件、神话和叙事的报道
Shankar et al.(2001)	故事与叙事	叙事是故事、叙述、传说或描述
Simmons(2001)	故事与事件	故事是对某一事件或一连串事件的叙述与记载,是对事实的一种包装,使事实在整体上更有意义,更加情感化
Swap et al.(2001)	组织沟通中的故事	故事是详细描述过去的管理行为、员工互动或其他组织内部或外部非正式交流的事件
Vincent(2002)	故事与叙事	叙述就是讲述者用自己的视角讲述一个故事
Fishbein、Yzer(2003)	故事与叙事	叙事是消费者根据其先前的知识、注意力、个性、人口统计数据和其他重要信息来解释的故事
McKee(2003)	故事与生活	故事就是要表现生活是怎样的,为什么生活会发生变化
Escalas(2004)	故事组织方式	故事是按照实践活动、发展顺序或者因果关系等逻辑对相关要素进行组织
Maxwell、Dickman(2007)	故事与事实	故事是被情绪包裹起来的,它可以影响我们对事物的认知,并因此产生不同的反应
Whyte、Classen(2012)	故事与生活	故事是我们对生活的建构,我们可以利用故事向他人解释我们的行为

续表

作者	故事描述	定义
Bruner(2012)	故事与表达方式	故事是一种通过语言或文字来创造含义的体系,它将事件的发展按时间顺序排列,设置特定的人物、冲突和转折,以促进事件的发展
Granitz、Forman(2015)	故事与沟通	故事是一种讲述人和听众交流的方法
Bennett(2016)	故事与事件	叙述和事件叙述关于一件事情或一系列事情是怎样由起始状态发展到后期的或导致某一结果的
李爱梅等(2017)	故事与体验	故事是讲述人建立真实或虚构的事情的体验和工具
徐岚等(2020)	故事与体验	品牌所讲的包括商品或品牌资讯的消费者故事,这些故事与消费者的品牌体验有关,而消费者则是为了获得经验而阅读

资料来源:作者根据已有文献整理得出

越来越多的学者发现,故事是一种非常重要的交流手段,其在品牌营销实践中非常活跃(Boje,1995;Granitz & Forman,2015)。鉴于故事的重要作用,众多企业利用品牌起源和发展、代言人的故事和消费者的故事向消费者传递品牌含义或理念(Polyorat et al.,2007;Chronis,2015;徐岚等,2020)。品牌故事是一种非常行之有效的沟通手段,能使品牌更好的被理解(Mattila,2000)。故事能激起消费者的共鸣,企业还能依靠品牌故事创造独特的竞争优势(Boje,1995)。不仅越来越多的企业在市场推广中使用了大量的故事,直播中主播也运用故事讲述的方式吸引消费者(童杰,2021;郭婉如,2021)。童杰(2021)指出,在讲解比赛时应尝试增强比赛讲解的故事性可以增强比赛的趣味性,让观众感到精彩、专业和值得回味。郭婉如

(2021)以芒果云超市直播讲述的农民故事为例表明其可以塑造积极的农民形象。

基于不同的划分标准,故事被划分为多种类别。Whyte 和 Classen(2012)对故事的类型进行了分类,包括幻想、组织正义、组织传奇、戏剧性、负面、幽默、明显、聪明、浪漫、英雄/史诗、讽刺和悲剧。类似的,Straker(2008)将故事分类按题材划分为战争、幻想、领导力、失败、转型、神话、警示、英雄、起源、恐怖故事和希望故事。Denning(2001)将组织中的故事分为跳板故事和反面故事。其中跳板故事是让观众以一个简单的故事作为例子来理解复杂故事,从而实现理解的飞跃;反面故事是一个与之相反的故事。Gosline 等(2017)从故事创作者身份的角度(品牌或消费者)对故事进行了划分。沈正舜、李怀斌(2019)和 Paharia 等(2011)从品牌传记的内容的角度将品牌传记的故事叙述划分为劣势者传记和优胜者传记。徐岚等(2020)从品牌故事的讲述对象的角度将品牌故事划分为品牌讲述品牌自身故事和品牌讲述消费者自身故事。

故事与叙事之间的关系长久以来都是学者们争议的焦点(李爱梅等,2017)。这两个概念时常同时出现,虽有联系却也存在差别。研究者主要有两大阵营:一部分学者认为叙事和故事是包含关系,故事属于叙事的一部分,叙事时故事讲述者带着观点讲述故事(Vincent,2002);也有一部分学者不对二者进行严格区分,认为叙事与故事差别不大,基本可以等同(Smith,1980;Shankar et al.,2001;刘子曦,2018)。学者们从更具体的角度,例如表现方式、包含关系、内容、故事的创造者和接受者等角度阐明二者的区别。Padgett 和 Allen(1997)指出,叙事是故事的表现方式(例如书面、可视化的方式等);Shankar 等(2001)指出,叙事包含故事,还包含论证、传说、描述;Vincent(2002)指出,故事是叙事的部分内容,叙事指的是讲述故事;Van Laer 等(2014)从故事的创造者和接受者的角度区分故事与叙事,指出故事是故事讲述者创造的产品,而叙事是故事接受者对该产品的消费。刘子曦

(2018)认为叙事是叙述方式所达成的一种产物,这一产物是对发生之事的重述。

在叙事的说服机制方面,叙事的说服效果的影响机制与广告说服领域不同,广告说服领域中最广泛运用的理论是精细加工可能性模型(ELM),而叙事传输是影响叙事说服效果的有效途径(严进、杨珊珊,2013)。其中ELM模型认为影响说服效果主要通过两条路径,分别是中心路径和边缘路径,依据不同的分析能力个体会选择合适的加工路径,最终形成态度(Petty & Cacioppo,1986)。在叙事故事中,个体会忘记真实世界而进入到故事世界,体验故事的主人公的经历和感受。Green和Brock(2000)指出在体验完故事之后,个体也会倾向于保持和故事主人公一样的态度,从而对其行为产生影响。

叙述传输是一个特殊的心理过程,是注意力、想象、情感等的整合与集中的过程,在这个过程之中注意力与资源都将集中于叙述的事件上(Green & Brock,2000)。严进和杨珊珊(2013)指出,叙述传输是一种以叙述方式来改变"读者"的态度,并使"读者"接受的一种机制。叙事传输包含三种基本元素:以任何形式呈现(文本材料、听觉材料、视觉材料)的故事信息;抛开自己所在的真实世界,进入到故事世界的体验;故事世界的体验能增强说服力(Phillips & Edward,2010)。Van Laer等(2014)的研究也指出叙事传输有三个重要特征。第一,叙事传输要求消费者处理故事,即接受和解释故事的行为。第二,受众可以通过共情来传输。共情意味着受众试图理解故事人物的经历,即以同样的方式了解和感受世界。因此,共情提供了受众脱离真实世界并进入故事世界的解释,即叙事运输。第三,当被传输时,故事接受者失去了生理意义上的真实感。根据这些特征,我们从两个方面定义叙事传递:一是消费者对故事人物的共情程度;二是故事情节激活他或她的想象力,从而使他或她在接受故事时体验到真实感。叙事传输所实现的转变是说服故事受众。叙事传输说服受众的后果是让受众产生情感反应

(Escalas,2004)和认知反应(Van Laer et al.,2014)。

基于叙事身份,热奈特(1989)、王振兴(2014)、Kim(2019)、郑丽(2019)、郭婉如(2021)等学者对叙事身份进行了研究并作了划分。这些学者主要是基于情节人物、文化群体、叙事视角、利益是否相关等方面对身份进行了划分(见表1-4)。热奈特(1989)将叙事者划分为四类,分别为:旁观者、作者、主人公与无所不知的作者。其中旁观者即叙述者作为情节人物,从外部分析并讲述主人公故事;作者则不作为情节人物,从外部讲述故事,讲述与自己无关的故事;主人公,从内部分析事件讲述自己作为情节人物的故事,在讲述过程中都是叙述以自己为主角的事件;无所不知的作者是采用分析家式的角度且不作为情节人物来进行故事的叙述,例如专家、分析家,等等(李静芝,2009)。王振兴(2014)在研究中依据文化群体划分了"局内人"和"局外人"(见表1-5),其中"局内人"指的是那些与研究对象属于一个文化群体的人,相对的,"局外人"是指某一文化群体之外的人,因为他们没有类似的生活经历和经验,而这些人则是从外界观察和聆听来理解他们的行为和思想。Kim(2019)指出,叙事视角与叙事身份密切相关,第三人称视角通常是旁观者视角,这是由于角色的观点都是通过不确定的第三人称传递的。郑丽(2019)在对不公平事件的研究中,基于不公平事件是否与自己利益相关将身份划分为当事人和旁观者,其中当事人与利益相关,旁观者与利益无关。郭婉如(2021)的研究围绕农产品直播中叙述的农民故事,从叙事视角的角度,将身份划分为内视角叙事、外视角叙事、全知视角叙事。内视角故事指的是从故事的亲历者或者旁观者的角度对自身的感受进行叙述,展示人物的内在心理活动,通常以第一人称的方式在直播中讲述自己的故事;外视角指的是叙事者从外围观察的角度记录故事,该视角类似于摄像机,能直观地展示事实与画面,描述相对客观;全知视角叙事不会被观察角度所限制,一般以第三人称出现,是被运用最广泛的一种方式。

表 1-4　身份的划分依据及其划分维度

作者	划分依据	划分维度
热奈特(1989)	情节人物	旁观者、作者、主人公与无所不知的作者
王振兴(2014)	文化群体	局内人、局外人
Kim(2019)	叙事视角	第一人称、第三人称
郑丽(2019)	利益是否相关	当事人、旁观者
郭婉如(2021)	叙事视角	内视角叙事、外视角叙事、全知视角叙事

资料来源:依据已有文献整理

表 1-5　基于叙事情节和事件内外部的叙事身份类型

类别	从外部分析事件(故事外)	从内部分析事件(故事内)
叙事者作为情节人物(同故事)	旁观者讲述主人公故事	主人公讲述他自己的故事
叙事者不作为情节人物(异故事)	作者讲与自己无关的故事	分析家式的无所不知的作者讲故事

资料来源:热拉尔·热奈特.叙事话语——新叙事话语[M].王文融,译.北京:中国社会科学出版社,1990:127.

在助农直播中主播作为故事的讲述者而存在,主播的身份也引起了一部分学者的注意。由于电商直播是近几年才被大众接受并普及的一种销售模式,目前对其的研究尚处在起步阶段。查阅以往关于主播身份的研究,绝大多数的研究都是基于网红的特征、群体身份等进行划分。例如孟陆等(2020)的研究按直播内容特点,将主播身份划分为娱乐型网红、技能型网红和带货型网红。韩箫亦等(2020)在对电商直播主播属性的研究中将电商主播划分为四种类别:第一类是头部主播,由主播孵化的 MCN(多频道网络)机构培训产生,例如李佳琦、陈洁 kiki 等,这类主播是目前电商直播的主流;第二类是店家自播,店家自己担任主播角色,为个人店铺和产品直播,例如小甜心等,这类主播有丰富的运营经验,对店铺的经营状况更加了解,在直播中也会更积极地与粉丝互动;第三类主播是专业人士或者意见领袖,以程艳等为代表,这类主播专业性强,自带权威性,提供专业化指导且能洞察消费者的购物心理;第四类是有一定粉丝群体的人,以艺人和网红为主,代表人物是朱丹、胡可和李湘等,这类主播深受品牌商的喜爱。

在叙事策略的相关研究方面,以往文献对叙事策略的研究存在多种视角,在市场营销学领域,叙事策略相关的研究层出不穷。在 Paharia 等(2011)对品牌传记的研究中,将互动策略分为示弱策略(underdog strategy)和示强策略(topdog strategy)两类,其中示弱策略指的是品牌传记中"早期面对外部压力"和"对未来热情与决心"均高的内容,当外部压力低且改变现状的激情和决心低的时候属于示强策略。类似的,范钧等(2021)在网络直播场景的研究中将主播互动策略划分为示弱策略和示强策略。沈正舜和李怀斌(2019)在对品牌传记进行研究时,将品牌故事叙述划分为劣势者故事叙述和强势者故事叙述。McGinnis 和 Gentry(2009)认为,示弱策略通过传递故事内容,例如初期的卑微弱小、发展的艰难及面对市场困境中的不懈奋斗等,容易满足消费者对劣势者的身份认同并影响其消费行为。杨晨等(2013)对跨国并购的研究发现:一些企业采取示强策略,即以凸显自身优势方式来赢得消费者的青睐;另一些企业则通过示弱策略赢得全球"粉丝"。本研究结合扎根理论的研究结果并运用劣势者效应理论,将助农直播场景下主播叙事策略分为示强叙事策略和示弱叙事策略两类。

(3)空间距离

空间距离,是指事件和自己的距离(Trope & Liberman,2010;徐富明等,2016)。空间距离是心理距离的组成维度之一,较为稳定和可控,个体之间的空间距离可以通过文字或者图片等方式操控从而实现区分(李婷婷,2016)。以往的研究发现,空间距离会影响事件的影响力、情感敏感性、信任、价值赋予等。Fujita 等(2008)的研究指出,当个体和事件的距离越近,事件对个体的评价的影响就越大。例如,当人们想到发生在他们居住地附近的事件时,他们对事件的心理表征是具体的,但当他们想到发生在远处的事件时,他们对该事件的心理表征是抽象的。Williams 和 Bargh(2008)的研究显示，空间距离会降低刺激的情感强度，利用笛卡儿平面使被试产生空间距离远和空间距离近的感觉，随后通过测量对不健康食物的情感特征的敏感性以得出实验结论。空间距离的扩大，可能会对个体的主观价值产生影响，这意味着个体需要付出较多的成本（李婷婷，2016）。Perrings和Hannon（2001）的研究指出，个体会对空间距离较远的事件赋予相对较小的价值，对空间距离近的事件赋予相对较大的价值。类似的例子也发生在生活中，人们希望自己的住所离超市和学校近，而离核电站和监狱远，这种现象在空间距离中也被称为空间折扣。蒋多和何贵兵（2017）用心理折扣解释了这些现象。折扣现象是当个体评价远处结果时，会把远处结果的价值转换成近处结果的价值，转换后的价值一般比转换前小（Rachlin，2006）。

在空间距离与心理距离的关系方面，心理距离的概念是指自我与其他人、地点或时间点之间的重叠程度（Williams & Bargh，2008）。心理距离包括时间距离、空间距离、社会距离和概率距离四种类型（Trope et al.，2007；徐富明等，2016）。时间距离是一个人对事件发生的时间距离的感知，事件发生的时间和"此刻"为参考（Bar-Anan et al.，2006）；空间距离是感知事件发生的空间距离，以事件发生地点到"此地"的距离为参考，现有研究中一般以3公里以内为近距离，3000公里以外为远距离（Trope & Liberman，2010；李婷婷，2016）；社会距离是指人与人之间的关系远近的知觉，参照方式是他人与"自我"的关系远近（Fujita et al.，2006）；概率距离是事件发生的可能性大小和现实距离的远近，参照方式是事件发生的可能性和"现实"之间的概率差距（Trope & Liberman，2010）。虽说心理距离有四种不同的维度，但不同的心理距离对解释水平的影响作用机理是类似的（徐富明等，2016）。心理距离主要基于的理论框架是解释水平理论。Liberman和Trope（2008）的研究指出：距离较远的事物一般对应高解释水平，即抽象、简单、去情境化的心理表征；距离较近的事物一般对应低解释水平，即具体、复杂、情境化的心理表征。Chang等（2015）的研究证明心理距离会通过影响刺激和机体之间的关系从而影响消费决策。

在探究空间距离与心理距离的关系时,有必要了解空间距离和社会距离之间的关系。在社会心理学中,人们会以空间距离来衡量社会距离(Trope & Liberman,2010)。例如在选择座位时,个体选择距离另外一个个体较远的座位反映的是个体之间较远的社会距离(Macrae et al.,1994)。另一项实验也证明了空间距离对个体的社交距离有一定的影响,Wiliams和 Bargh(2008)将受试者分为三个不同的空间距离组(近距离组、中等距离组、远距离组),利用笛卡儿平面分析了距离对社交距离的影响,其结果证实,与亲人关系较为疏远的是远距离组被试,与亲人关系较为紧密的是近距离组被试,结果差异显著。在时间距离与空间距离的关系上,通过空间的图示影响人们的时间感知的几个实验表明,个体对时间的理解是基于对空间的理解形成的(Boroditsky,2000)。类似的,Stephan 等(2010)的研究也表明社会距离会影响空间距离和时间距离。该研究团队指出,用礼貌的语言比口语化或者是不那么礼貌的语言更容易让交流的双方感觉到时间和空间上的遥远。但值得注意的是,Pronin 等(2008)的研究指出,虽然空间距离某种程度上可以与社会距离和时间距离互换,或者说可能对社会距离和时间距离产生一定的影响,但是这种影响是基于一定的场景发生的,并不一定是必然事件。

空间距离与解释水平理论的关系。空间距离通过影响个体的解释水平从而影响个体的行为与认知,当空间距离远时,适用高解释水平,当空间距离近时,适用低解释水平(李婷婷,2016)。这是由于解释水平理论的基本前提是距离与心理解释的水平有关,个体根据与物体或事件的额外距离对物体或事件有不同的解释水平(Henderson et al.,2006)。距离越远的对象将在更高的水平上被解释,而高水平的解释会让人想到距离越远的对象。用"远森林"和"近树木"这样形象生动的例子可以表明解释水平和空间距离之间的关系。从远处可以看到森林,当走近时,看到的是树木。为了看到森林而不是单个的树木,个体需与树木有一定的距离,即当事件发生在更为遥远的空间位置时,人们倾向于使用较为抽象的语言进行描述,更愿意根据事件结果来评价和判断,当事件发生在更为接近的空间位置时,人们倾向于使用更为具体的语言进行描述,更愿意根据事件方式来评价和判断(Fujita et al.,2008)。过去,研究者们通过内隐联想测验来检验心理距离和解释水平的内在关联,发现个人可以把远心理距离和高解释水平相关联,心理距离和解释程度接近(Bar-Anan et al.,2006;孔诗晓,2014)。值得强调的是,尽管空间距离和解释水平是相关的,但它们并不相同。空间距离是指事件地点相对"自我"的距离。解释水平是指对即将发生的事物的认知:使事件自身表现出来的过程。因而,事件的空间距离必须与事件自身的时间和空间距离紧密联系,而非其内在的性质,对事件的诠释则应与自身的内在性质紧密联系,而非与自身的时空距离紧密联系。

  现有研究主要利用解释水平理论对心理距离的影响进行解释。由于本书研究的是在助农直播场景中的主播叙事对消费者购买意愿的影响,这个场景中主要涉及主播直播产品的所在地与消费者之间的空间距离。所以本书将研究重点放在了空间距离对主播叙事的说服效果的影响方面。

  在产品涉入度相关研究方面,社会心理学和消费心理学领域都有很多关于产品涉入度的定义,相对一致的意见认为,高涉入度比低涉入度有更大的个人相关性或可以引出更多的个人联系(Petty,1983)。一些研究将产品涉入度概念化为基于消费者固有价值、需求和兴趣的产品类别与个人消费者的感知相关性(Lastovicka,1979;Zaichkowsky,1994;Kim et al.,2017)。大部分涉入度定义关注点在于涉入是面向对象的还是面向主题的(Beatty et al.,1988)。Bloch 等(1982)学者指出,产品涉入是指"反映消费者对产品的兴趣或关注程度的内部状态"。同样,Beatty 等(1988)将对产品的持续关注描述为涉入度,概念化为产品对个人的价值,与购买涉入度不同,与购买产品时对产品的关注或兴趣有关。本研究引用了 Lastovicka(1979)和

Zaichkowsky(1994)定义的产品涉入度概念。

在分类方面,涉入度有多种划分方式,例如按照对象和时间长短划分。首先,依据对象对涉入度进行划分,根据 Zaichkowsky(1986)的观点,消费者的涉入度有三种类型:产品涉入度、消费决策涉入度和广告涉入度。产品涉入是指消费者对该产品的重视程度和该产品的重要程度;消费决策涉入是指消费者在多大程度上关心他们的购买决定;广告涉入指的是消费者对于广告信息的反应程度或者信息处理程度。其次,依据涉入的时间长短,产品涉入度也可分为长期涉入和情境涉入(晋向东等,2018)。长期涉入指的是对于某种产品长期的涉入度,消费者对产品的长期使用或了解过程的涉入;情境涉入指的是基于某种情境而产生的短期涉入。一般来说,产品的涉入度和产品价值相关,产品涉入度越高,产品的价值越大,消费者也会倾注更多的时间和精力对相关产品信息进行搜集,也会对产品相关信息投入更多关注。消费者会花更多精力在其认为比较重要的一些产品上,例如房子、车子、电子产品等,购买之前反复对比,尽可能地了解更多信息以防止因购买失败造成的损失。而对于价值较低、功能较为单一的产品,例如副食品、纸巾等,消费者一般不会花费过多的精力。本研究结合了情境涉入的特点,主要探讨的是在线直播情境下主播所播的产品的涉入度,因此主要考虑的是消费者对产品的重视程度和对产品信息的关注程度。

在涉入度方面,先前的研究从级别(高与低)的角度研究了涉入度,因为涉入度的级别从低到高不等,并且因产品、个人和情况而异(Bell & Marshall,2003)。Mittal(1989)强调了环境或情境因素的重要性,指出参与程度与购买环境中的个人需求和动机有关。因此,消费者对不同的产品表现出不同程度的涉入,一些产品类别通常被认为比其他产品涉入度更高(Bell & Marshall,2003)。因此,高产品涉入度的消费者对产品信息更感兴趣,他们会比较产品属性,对产品特征持有更有利的信念,并表现出更高的购买意愿(Zaichkowsky,1985)。高涉入度产品是指消费者投入较多的时间和精力做出购买决定的产品;相反,低涉入度产品是指消费者投入较少的时间和精力,并且觉得决策并是不那么重要的产品(Bell & Marshall,2003)。Celsi 和 Olson(1988)从认知和情感的角度对产品涉入度的影响进行了研究。对于高涉入度产品,消费者倾向于从认知属性的角度做出更理性的决策,消费者的决策过程相对较长,他们愿意在信息搜索、选择评估和其他决策过程中付出更大的努力。对于涉入度较低的产品,消费者可能倾向于根据其情感属性做出更感性的行为决策(Winter & Rossiter,1989)。

目前的研究当中,比较主流的区分产品涉入度水平的方式有三种。第一种是调查个人重要性程度或允许被试将自己分到高涉入度组或低涉入度组(邵翔,2020),但这种方式忽略了高低参与度组的差异,例如、态度、先验知识等(Petty et al.,1983)。第二种是在实验当中,利用产品对高涉入度和低涉入度进行操控,比较典型的是将电子设备作为产品涉入度高的产品,将一些生活耐用品作为产品涉入度低的产品进行实验。这种方法的缺陷是无法判断产品本身的特质对结果造成的影响,例如价格、产品类型,等等(姚倩,2015)。第三种是 Apsler 和 Sears(1968)采用的方法,这种方法巧妙地操控产品涉入度,能保持接收者、信息和媒介特征不变,并将参与者随机分配到高参与度和低参与度组,具体做法是一些参与者被引导相信一个有说服力的提议对他们有个人影响,而其他人则认为没有。Wright(1973、1974)开发了该程序的一种变体,用于涉入度的广告研究。Petty 等(1983)对这种方法进行了改良,并得到了营销领域研究者的广泛认可,具体做法是高参与度组的被试被告知产品会在他们所在的城市上市,并为参与实验的被试提供广告产品作为礼物,低涉入度组的被试被告知在未来他们所在的地区无法购买该产品,实验礼物为非广告中的产品。本研究在以往研究的基础上,综合实验效果考虑,在实验中产品涉入度的操控方式方面参考了 Petty 等(1983)的研究。

Petty 等(1983)的一项研究表明,产品涉入度与精加工可能性模式相关。精加工可能性模型在消费者信息处理领域具有重要意义。该理论说明了两种不同的说服路径:中心路径和边缘路径(Petty & Cacioppo,1984、1986)。中心路径是基于过去的经验和知识,对个体的体验进行认真的思考和评价,这就要求我们把很多的注意力放在对学习的思考和判断上,也就是对信息的精细加工上;边缘路径提供了一种快速拒绝或接受信息的方法,并且不会主动考虑事件的特征,在精力和认知的投入上远远小于前者(Petty & Cacioppo,1986)。此时,消费者一般只是简单地处理信息,不想付出太多的认知资源和努力。

ELM(极限学习机)模型研究表明,产品涉入度会影响一系列行为结果,包括信息搜寻和信息处理(Richins & Bloch,1986;王江坤,2006)。产品涉入度对消费者的行为有不同程度的影响,表现在认知和行为的复杂性上。在产品的涉入度高的情况下,消费者往往会选择中心路径,而在产品的涉入度低的情况下,他们则倾向于使用边缘路径(Petty et al.,1983;Petty & Cacioppo,1984、1986)。高涉入度的消费者会主动地搜寻和处理资讯,并尽力获得更多资讯,以便作出最好的决定(Vashist,2018)。然而,低涉入度的消费者往往会尽量减少体力和精神上的投入,并花费更少的认知资源(Petty et al.,2002)。在观看广告的过程中消费者可以通过广告了解和获取产品信息,这可以看作是一个态度转变的过程。ELM从中心路径和边缘路径两个角度解释了人们态度的变化,为我们的研究提供了更好的理论基础。

1.3.2 理论基础

(1)观点采择理论

观点采择最早起源于角色采择,指的是个体采纳对方的观点,从他人的角度和情境出发,想象或者揣测他人的观点和意图的心理过程(Galinsky et al.,2005)。已有研究表明,观点采择可以增加自我心理表征和他人心理表征之间的重叠(Davis et al.,1996;Galinsky & Moskowitz,2000)。钟毅平等(2015)的研究以一个简单生动的例子解释了自我与他人的重叠,即当个体不断与家人和朋友接触与交往,会觉得自己越来越像对方,认为"你中有我,我中有你"。自我—他人的重叠是交往过程中,个体会不同程度地接受他人的观念(Aron et al,1991)。自我—他人的重叠会产生一系列的后果,例如共情(Cialdini et al.,1997;Kang et al.,2010)、认同(Aguiar et al.,2008)。观点采择不仅会影响个体对他人的评价,还会影响其对自身的评估(Galinsky et al.,2008)。Galinsky et al.(2008)的研究指出,观点采择的目标不同,个体认为其对自己的成绩的影响不同。当观点采择的目标是教授时,个体倾向于认为自己的成绩更好,采择目标是啦啦队队长时则认为自己的成绩更差。

在观点采择理论与共情的关系方面,共情指的是理解和分享他人感受和想法的能力,在交流和互动中起着至关重要的作用(Decety,2004)。共情是一种面向他人的社会认知过程,倾向于促进积极的社会后果(Batson et al.,1987)。观点采择则关注他人的想法和意图(Lucas et al.,2016)。然而,与观点采择不同,共情强调关注他人的感受和情绪,而不是他们的想法和意图(Davis,1980)。例如,在谈判中,观点采择可以影响对对方战略意图的理解,提高绩效,但共情却不能(Galinsky et al.,2008)。观点采择对共情有一定的影响,观点采择使得消费者能从对方的观点和立场出发,理解和推测他人的情绪(Lucas et al.,2016;李娇,2018)。一些学者的研究证实了这一点。Li等(2010)的研究通过操控自我和他人的视角来探究人们对共情的感知,脑成像的结果支持视角的转变,有助于理解和分享他人的情绪状态。综上所述,观点采择会对共情产生影响,是共情的重要影响因素之一。

在观点采择的结果方面,已有研究表明,观点采择会产生许多积极的结果。具体而言,视角选择与减少刻板印象和偏见(Batson et al.,1997)、成功的谈判(Galinsky et al.,2008)、令人满意的关系(Blatt et al.,2010)、有效的合作和竞争(Goldstein et al.,2014)有关。此外,透视可以提高对他人经历的情感反应(Batson & Shaw,1991)。

近年来的研究发现,观点采择是影响助人行为的重要影响因素(钟毅平等,2015)。一些研究证实了这个观点,例如:Underwood 等(1973)指出观点采择对助人行为有正向影响,且该影响与年龄因素无关;Hoffman(2001)指出观点采择会让个体倾向于自我牺牲从而诱发共情,最终表现出助人行为;Gaesser 和 Schacter(2014)的研究通过让被试想象帮助的情境或是回忆帮助他人的经历,得到的结论是个体助人的原因是能体会到对方的想法或感受。视角选择是否会促进亲社会行为,或者是否会适得其反,产生负面的社会后果,主要取决于是否受到威胁(Sassenrath et al.,2016)。当观点引发威胁时,其积极后果可能受到阻碍(Galinsky & Moskowitz,2000)。

(2)劣势者效应理论

劣势者(underdog)指某人或某群体在某竞争性任务中不被看好或处于劣(弱)势地位(Shirai,2017)。劣势者效应即人们有时候会倾向于支持失败或处于劣势的一方(Kim et al.,2008;Paharia et al.,2011;Goldschmied & Vandello,2012)。示弱营销就是劣势者效应在市场营销中的具体应用。Paharia 等(2011)指出,与示强营销相比,示弱营销更能塑造可亲、可爱的品牌个性,从而为品牌赢得消费者的信任,使消费者表现出更高的购买意愿和品牌忠诚度。杨晨等(2013)的研究表明,当弱势品牌采取示弱营销策略时,相比采取示强营销策略的品牌,消费者对示弱品牌的情感认同和忠诚度反而更高。一般情况下,企业在市场竞争中都不想成为弱势的一方,即好于示强、耻于示弱;但企业如果勇于承认和展示自己的弱势,有时反而更能赢得获胜机会(钟科等,2014)。王秀芝等(2017)对捐赠行为的研究也发现,捐赠者对募捐组织的劣势者地位感知越强,其捐赠意愿也会越强。

Kim(2004)指出劣势者效应出现的原因有以下五点:第一,这些劣势者的故事会给渴望成功的个体带来希望;第二,劣势者的成功表明世界是公平的,所有人都有可能成功(Allison & Mesick,1985;Folger & Kass,2000);

第三,几乎所有人都经历过弱小的时期,所以从同样在艰难中挣扎或者竞争的人的角度看问题相对容易;第四,失败者成功通常是不同寻常的,支持失败者可以满足人们的独特性需求(Lynn & Snyder,2002;Snyder & Fromkin,1980;Tian et al.,2001);第五,由于预期弱者会失败,支持弱者的成本很低,但弱势主角预期成功的替代回报是巨大的(Goethals & Darley,1977)。

学者们探讨了劣势者效应的中介机制。Paharia 等(2011)认为劣势者效应主要是基于身份认同的中介,并指出消费者支持处于劣势的品牌的原因是消费者认为自己也是劣势者,因此对于劣势品牌表现出更高的购买意愿和品牌忠诚度。杨晨等(2013)对于跨国并购的研究也得到了类似的结果,身份认同在"弱"并"强"的并购中,部分中介产生了劣势者效应。钟科等(2014)认为对劣势者的支持是出自功利性的动机,在体育赛事中表现的尤为明显。

劣势者效应并非一直都能带来积极的影响,其存在一定的边界条件。劣势者效应的边界条件有风险、竞争结果重要性、东西方文化差异、产品种类、服务提供者、互动场景等(Paharia et al.,2011;钟科等,2014;霍炜雄,2017;范钧等,2021)。Vandllo(2007)和 Paharia(2011)分别考虑了自尊风险和社会风险的调节作用。他们的研究结果说明,人们可能会支持劣势者,但愿意为其承担的风险和成本是有限的,营销人员可以通过提供更多的证据以降低其风险感知(钟科等,2014)。Kim(2008)通过对招标结果的研究表明:当竞争结果重要性不高且与自身关联性比较低时,实验对象会支持劣势者;而相反的,当重要性高且关联性高时,他们会支持强势者。类似的,Paharia 等(2011)的研究也表明人们在为自身选取产品时会比为他人选取产品更容易选择劣势者。Paharia 等(2011)认为东西方文化差异可能也会调节劣势者效应,例如,在购买意愿和品牌认同方面,劣势者效应对美国实验参与者的影响比对新加坡实验参与者的影响更强。Paharia 等(2014)的研究指出非享乐型产品的劣势者效应并不显著。Kirmani(2017)认为,在服务提供者为能力型和热情型时,劣势者效应不显著。范钧等(2021)的研究探究了互动场景对劣势者效应的调节作用,他们指出,在任务导向型直播场景当中,相对于主播采取示弱策略,主播采取示强策略更容易激发受众的打赏意愿。

(3)CAPS理论

认知—情感个性系统理论(cognitive-affective system theory of personality,CAPS)是由米歇尔(Mischelle)于1995年提出的。他们指出事件会与个体的认知—情感单元发生交互作用,最终影响个体行为。情境因素会通过认知和情感的中介作用对个体行为产生影响。一些学者结合自己的研究情境,利用CAPS理论解释理论模型。王雁飞等(2018)的研究利用CAPS理论探索了包容型领导对员工建言行为的反应,研究发现员工内部身份认知和情感承诺在包容型领导对员工建言行为的影响中起中介作用。范钧和吴丽萍(2021)将CAPS理论应用于在线社会支持对慢性病患者持续参与意愿的研究,发现虚拟社区中慢性病患者认知和情感的两条路径,即慢性病患者自我效能感和情感承诺,在在线社会支持对消费者持续参与意愿影响中的中介作用。依据CAPS理论的观点,助农直播中主播叙事方式作为情境变量,很可能通过观看直播的消费者的认知和情感反应,间接影响消费者对助农产品的购买意愿。

2 基于扎根理论的主播叙事对消费者购买意愿影响机制的研究

在上一章对于直播、叙事、共情、空间距离、产品涉入度、观点采择理论、劣势者效应理论等文献和理论进行梳理和评述的基础上,本章主要采用扎根理论研究方法对助农直播中叙事对消费者购买意愿影响机制进行探索性研究,并依据质性研究的结果,构建本研究的理论模型框架。

2.1 研究设计与数据获取

本节将深入剖析助农直播中叙事对消费者购买意愿影响的作用机理,同时阐明本章的研究方法和研究设计。明确研究问题对任何实证研究都是最重要的步骤。研究问题可以用 5W1H("who""where""when""what""how""why")来表示,即"什么人""在哪里""做了什么事情""怎么样做的"和"为什么去做"。Yin(1994)指出,对于案例研究来说其最适合解决的研究问题是"how"和"why"。本研究主要探究的是助农直播中主播叙事方式对消费者购买意愿的内在作用机理,即解决"助农直播中主播叙事方式对消费者的购买意愿的影响机制"这一实际问题。助农直播中主播通过叙事方式不断影响消费者观看直播时的心理状态,进而引导消费者产生购买意向。

针对这一研究问题,本书从助农直播的叙事营销的角度出发,结合当前助农直播主播叙事对消费者购买意愿作用机理的实际情况,主要围绕以下几个问题进行探索式研究。

问题1:基于助农直播中消费者对主播的关注点,探究主播层面影响消费者购买意愿的因素。

该问题主要是从叙事者的角度探讨其对消费者购买意愿的影响。由上一章的相关研究当中可知,已有文献中对于故事和叙事的相关研究主要集中在故事内容的设计上,忽视了作为叙事或者说讲故事的主体的研究。本研究认为,在助农直播场景中,叙事身份也会影响消费者的购买意愿。电商直播卖货是更新速度特别快的一种销售方式,消费者的需求也在不断变化,电商直播企业需不断适应消费者不断更迭的差异化需求,以实现盈利。

问题2:从主播讲述的内容进行提问,探究讲述内容对消费者购买意愿的影响。

该问题主要针对的是助农直播中,叙事内容对消费者购买意愿的影响。这主要关注的是助农直播中主播的叙事内容的内涵及维度。以往研究大多集中于可供性(邵翔,2020)、主播信息源特征(孟陆等,2020)、电商主播属性(韩箫亦,2020)、主播互动方式(范钧等,2021)等,关于主播叙事内容对消费者购买意愿的影响的研究相对较少。因此本书从叙事内容的角度出发,就叙事内容对消费者购买意愿的影响进行了探索。

问题3:从消费者内在感知的角度探讨主播叙事对消费者的购买意愿的影响。

该问题主要是针对助农直播中,主播叙事对消费者购买意愿影响的内在状态进行探究,即找出主播叙事影响消费者购买意愿的作用路径。该问题的设计是想要解决"how"的研究问题,也就是如何影响的问题。

问题4:探讨影响主播叙事对消费者购买意愿的情境因素。

该问题主要是想探究哪些因素会影响消费者的购买意愿。值得注意的是，叙事的说服效果是否成立会受到诸多因素的影响。此问题的设置，是希望找出叙事说服效果成立的情境因素。

2.1.1 研究方法选择

本章主要运用扎根理论（grounded theory）进行探索性案例研究。毛基业和张霞（2008）指出扎根理论主要是基于经验资料进行理论构建，而绝大多数的探索性案例多是遵循扎根理论而进行的。本书运用扎根方法进行探索性案例研究的主要原因有四点。一是现有文献中难以找到理论支撑来回答"助农直播中叙事有哪些"的问题。笔者对以往网络直播相关研究进行整理发现尚未有针对主播叙事方式对消费者购买意愿的影响的研究。二是在现有研究理论的支撑性不足的情况下，难以回答"助农直播中主播叙事对消费者购买意愿影响的作用机理"的问题，在助农直播场景下单单采用定量研究难以反映消费者的真实想法。消费者在观看助农直播时，其内在状态因人而异，因此无差别的结构化问卷可能不适合本研究。三是助农直播是一个新的社会现象，也是一个新生事物，现有理论涉及较少，单单采取定量研究的方法可能会导致研究的创新性不足。四是对比其他质性研究方法，例如路径法、叙事法、民族志、话语分析等，扎根理论是定性研究中最科学的（Hammerseley，1990）。扎根理论借助比较、整理和分析资料发现现象之间的关系，并从资料中寻找到反映社会现象的核心概念，随后通过这些核心概念构建理论（毛基业、张霞，2008）。扎根理论是最适合概念内容提取的一种质性研究方法（冉雅璇、卫海英，2017）。本书参照冉雅璇和卫海英（2017）以及韩箫亦（2020）等人在进行扎根理论研究时的方法和步骤（见图2-1），确定本书的研究流程。

本章在实地搜集一手数据的基础上，对原始资料进行了三阶段编码，分别是开放式编码、主轴编码和选择性编码。在编码之后构建出助农直播中

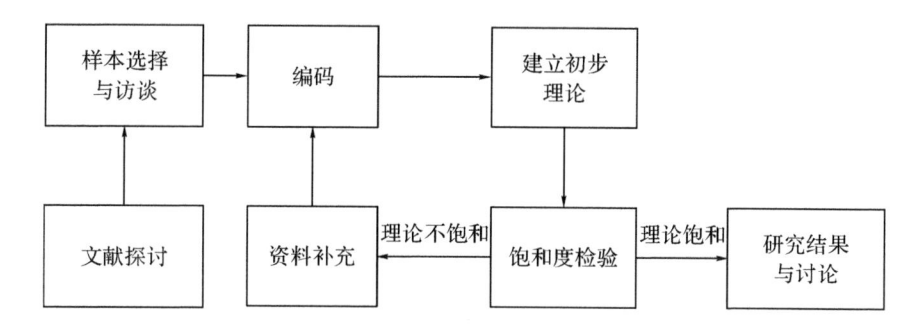

```
样本选择      编码        建立初步
与访谈                    理论
  ↑          ↑             ↓
文献探讨   资料补充 ←理论不饱和— 饱和度检验 —理论饱和→ 研究结果
                                              与讨论
```

图 2-1 扎根理论研究流程

主播叙事方式对消费者购买意愿影响的作用机理的理论模型框架,并不断修正理论以达到理论饱和。

2.1.2 研究思路设计

由图 2-2 可知,本研究的扎根理论方法的实施步骤可以划分为六步:第一步,确定研究问题,即在研究现象界定的基础上进一步明确本书的研究问题为探究助农直播情境下主播叙事方式对消费者购买意愿的影响;第二步,采取线上和线下两种方式招募访谈对象,并采取滚雪球的方式扩展访谈对象;第三步,拟定访谈提纲之后采取半结构化访谈的方式搜集数据,并且全程记录访谈内容以完成原始资料的搜集工作;第四步,通过开放式编码、主轴编码和选择性编码等方法,对收集到的资料进行整理和总结,从而形成研究概念和范畴;第五步,进行饱和度检验,如果不饱和,则扩大样本直至理论饱和为止;第六步,构建理论,在第五步理论饱和的基础上完成这一步的工作,构建本研究的理论模型框架——助农直播中主播叙事方式对消费者购买意愿的影响模型。

```
┌─────────────────────────────────────────────┐
│ 确定研究问题：探究主播叙事方式对消费者购买意愿的影响 │
└─────────────────────┬───────────────────────┘
                      ↓
┌─────────────────────────────────────────────┐
│ 理论抽样：理论抽样并确定访谈对象                    │←──┐
└─────────────────────┬───────────────────────┘   │
                      ↓                            │
┌─────────────────────────────────────────────┐   │
│ 资料搜集：半结构化访谈                          │   │
└─────────────────────┬───────────────────────┘   │
                      ↓                            │
┌─────────────────────────────────────────────┐   │
│ 数据分析：开放式编码、主轴编码、选择性编码           │   │
└─────────────────────┬───────────────────────┘   │
                      ↓                            │
┌─────────────────────────────────────────────┐   │
│ 理论发展：构建本研究的理论框架                    │   │
└─────────────────────┬───────────────────────┘   │
                      ↓                            │
                 ╱ 理论是否饱和？╲ ─── 否 ──────────┘
                 ╲              ╱
                      ↓ 是
┌─────────────────────────────────────────────┐
│ 构建理论：构建理论模型框架——助农直播中主播叙事     │
│ 方式对消费者购买意愿的影响                       │
└─────────────────────────────────────────────┘
```

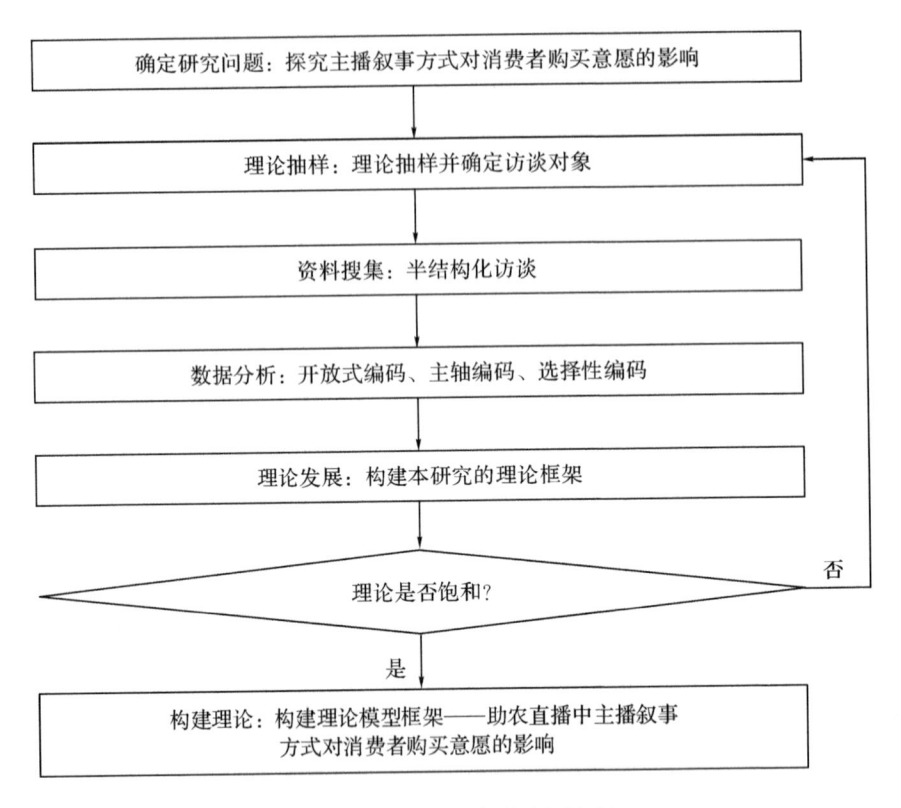

图 2-2　扎根理论方法应用流程

2.2　数据收集与分析

扎根理论研究方法包含数据搜集和数据分析两个阶段(Pandit,1996)。本节的数据资料来源于访谈资料和文档资料。访谈资料部分由与 58 名访谈对象进行半结构性访谈从而获得的访谈资料组成。文档资料部分是整理助农直播的新闻报道和有关研究报告形成的。具体搜索关键词有"助农直播"和"公益直播"等,共计整理出 1 万字左右的新闻报道材料。

2.2.1　数据搜集

(1)研究对象选取

在调查对象和样本数量方面,本研究遵循了理论抽样和持续比较两条原则,以特定研究对象为基准进行理论取样(王建明、王俊豪,2011)。冉雅璇和卫海英(2017)认为,质性研究的受试者必须具备一定的谈话主题的相关知识,所以本研究的受试者绝大多数为具有大学本科及以上文化程度、思想活跃的中青年。基于上述规则,样本数量的选取应遵循连续比较的原则。笔者参考 Glaser & Strauss(1967)的研究,在数据搜集过程中不断补充和完善理论框架,直到即使增加被访者也不会增加新的理论贡献时才停止增加样本。笔者参考以往的学者对于电商直播的研究(邵翔,2020;韩箫亦,2020),所选的访谈对象符合以下条件:(1)访谈对象必须是有过助农直播观看和购买经历的消费者,并且对助农直播有一定的理解和认识;(2)挑选的访谈对象的性别、学历、职业等信息分布随机以减弱受访人员的偏异化。

本研究于 2021 年 9 月至 12 月,通过线上和线下两种方式招募访谈对象。起初本研究采用线上的方式招募对象,但招募回复率不高,在线发送招募广告,仅 16 名符合条件的被试参与访谈。为了在满足条件的情况下招募本研究的被试,因此本研究在线下采用滚雪球的方式招募被试。线下一共招募了 50 名用户,但其中有 8 名被访对象仅观看过助农直播并且未实际购买过,因此排除这 8 名被访对象,线下有效访问对象为 42 名。在有效被访对象中,男性被访对象为 14 人,女性被访对象为 44 人,男女比例为 7∶22。参照以往基于电商直播的报告和以往学者的研究,本研究的比例和现实情况基本一致且被学者们认可。被访者的职业方面,企业员工、教师或科研人员、在校学生占比相对较大,这与笔者先前的经历有关。总体来看,选取的被访对象在职业和学历等信息分布上大体均衡,可见样本有一定代表性(见表 2-1)。

表 2-1　访谈样本特征统计

项目	属性	样本数/人	占比/%
性别	男	14	24.14
	女	44	75.86
学历	大专及以下	7	12.07
	本科	33	56.90
	硕士	13	22.41
	博士	5	8.62
职业	企业员工	30	51.72
	教师或科研人员	12	20.69
	在校学生	6	10.34
	医生和护士	3	5.17
	自由职业者	6	10.34
	公务员	1	1.72

参考以往的研究,本研究认为 58 个样本符合样本数量要求。例如:王建明和王俊豪(2011)在公众低碳消费的研究中对 24 名访问对象进行个人深入访谈和焦点小组访谈;李杨等(2017)在城市居民绿色出行的研究中对 46 名访问对象进行深度访谈;冉雅璇和卫海英(2017)在品牌仪式的研究中对 21 名被访对象进行深度访谈;韩箫亦(2020)在对电商直播的研究中对 68 名被访对象进行个人深入访谈和焦点小组访谈。以上的研究运用扎根理论的文献所选取的样本数量基本集中在 20~70 之间。据此,可说明本研究的样本数量能达到标准。

(2)访谈过程设计

访谈是数据搜集的基础。要保证被访对象具备理解和解释问题的能力。尽量让被访对象针对研究问题进行深入细致的描述,适当采取追问的方式,以便深入地探讨研究问题,避免泛泛而谈。同时访问人员需把握访谈方向,避免被访者偏题从而导致访谈失败。

基于以上原则,围绕"助农直播中主播叙事对消费者购买意愿的影响"的主题开展半结构化的访谈。在正式访谈之前,访问者将访谈提纲通过微信、QQ或纸质等方式发给被访人员,以让其熟悉问题,并与被访人员事先沟通时间、地点等细节问题。在确定完以上细节之后,再开展访谈。本研究参照冉雅璇和卫海英(2017)的研究,将访谈一共分为三个阶段。在这三个阶段不断搜集和同步数据,第一阶段的主要工作是为了确定文章的基本框架,第二阶段主要是为了补充和完善理论框架,第三阶段是搜集数据直到提供的文本不再产生新的理论。第一阶段,招募了16名被访对象,被访对象主要是企业工作人员,该阶段确定和调整了本研究的基本框架;第二阶段,招募了26名被访对象,主要是在高校工作的老师和在校学生,这部分的访谈对象有一定的科研经历或者有一定的知识储备,看待问题会更加细致、全面,从而能够更好地补充第一阶段有关基本框架的不足;第三阶段,招募了16名被访对象,这部分的被访对象中在校学生和企业职工的占比大体均衡,主要是为了重复资料的搜集和分析过程,补充理论框架,当理论达到饱和则不再补充新的数据。本书总共进行了58次一对一的个人深度访谈,每位访谈对象的访谈时间为30~40分钟。

访谈过程中,笔者担任主持人,对访谈对象进行提问,并记录回答。访谈结束后总共形成了16万余字的访谈数据。

2.2.2 数据编码与分析

本书采取被广泛采用的程序化扎根的方法对数据资料进行编码,主要可以分为三个阶段:开放式编码、主轴编码、选择式编码(李纪珍等,2019)。

(1)开放式编码

开放式编码是对原始数据进行分解、提炼和概念化的一种编码方式(李纪珍等,2019)。开放式编码是将原始资料逐字逐句编码。初始概念是通过对原始资料标签化、概念化得出的。在本研究中,主要编码对象是访谈记录和文档资料。搜集的资料需要进行初步处理,例如去除一些无关的内容(如自我介绍等),处理后共得到649条原始语句。

首先,"标签化"所有的原始资料,即给所有的原始语句贴标签;其次,概念提炼,具体做法是对所有的标签进行总结和归纳;最后,得到初始范畴,即将概念范畴化。最终得到57个标签,在进行概念化之后得到21个概念,最终得到9个初始范畴(见表2-2)。

表2-2 开放式编码后得出的初始范畴

初始范畴	概念化	标签	原始语句示例
C1.当局者身份	B1.本土主播	A1.农民直播	"主播是当地农户,我觉得他肯定足够了解产品的生长过程,带有一定的感情,能够引起我们的共鸣"(a1)
		A2.当地青年直播	"我看的那场是一些当地的年轻人在播当地的特色农产品"(a2)
	B2.官员主播	A3.副区长直播	"那个副区长卖货、念古诗、举照片,宣传门头沟樱桃和民宿"(a3)

续表

初始范畴	概念化	标签	原始语句示例
C2.旁观者身份	B3.平台主播	A4.快手主播直播	"快手平台主播'大竹子的日常''小5''竹梅'化身公益助农主播,为广大网友带来线上买遍吉林好物的超级购物体验"(a4)
		A5.抖音主播直播	"抖音平台主播'青春记录者王钰'的直播,推荐了大量吉林的好农副产品"(a5)
		A6.淘宝主播直播	"淘宝直播里面的一些主播,他们偶尔会开一些助农直播专场"(a6)
		A7.演员直播	"樊少皇在'快手年货节'直播,做的是富源县助农专场直播,卖小黄姜这类的农产品"(a7)
		A8.歌手直播	"大衣哥朱之文甘肃凉州助农直播,卖力地讲解,助农产品售卖一空"(a8)
C3.示弱叙事策略	B4.外部劣势	A9.地理劣势	"那边山多路少,地处山峡的过程段,脐橙因为交通不便卖不出去,山地陡峭崎岖,基本上都是靠人力运输,效率很低"(a9)
		A10.偏远	"这个地方没什么支柱产业,一年赚不到什么钱,就指着卖苹果赚一点"(a10)
		A11.滞销而价格低	"丰收了,但是丰收收货价格就低了,成本都不够,也没人愿意收,只能烂在地里了"(a11)
		A12.销售利润微薄	"果农上面采购的供应商把利润都吃了,所以果农赚不到钱"(a12)

续表

初始范畴	概念化	标签	原始语句示例
C3.示弱叙事策略	B5.激情与决心高	A13.坚强面对逆境	"(农民)都那么惨了,那么坚强呢"(a13)
		A14.坚持不放弃	"对那边的人来说,这是一种坚持,也是一种传承,为了寻求生计,也有一部分的年轻人背井离乡,但最终大部分还是回到家乡,传承果园"(a14)
		A15.努力改变现状	"在几十年前,没有人相信他们会种出堪比蛇果的苹果,老一辈的果农不信做不到,虽然文化程度不高,但是为了种出更好的农产品,还去学习,让花牛苹果越来越好吃"(a15)
		A16.怀有梦想	"那个农民说他的梦想就是培育出最好吃的沃柑,所以他每天都去看自己种的果子,我都被感动了"(a16)
C4.示强叙事策略	B6.技术优势	A20.采摘技巧独特	"茶叶都是至少十几年的熟练茶农纯手工采摘的,老师傅的手艺可和机器采摘的不一样"(a20)
	B7.激情和决心低	A21.不用努力也能成功	"他们那的天然条件是老天爷赏饭吃,东西都是野生的,不用农民料理也能长的很好"(a21)

续表

初始范畴	概念化	标签	原始语句示例
C5.共情	B8.共情关怀	A22.同情农户	"本来就是售卖农民自己的产品,农民自己来直播的话给人的感觉更加真实一些,并且会对产品更加了解,同时他们呈现出的一些比较艰苦的情况也会让我产生同情心,这可能会促使我去购买产品"(a22)
		A23.可怜农户	"在主播的故事叙述下,会可怜农户,容易被故事中农民的悲惨遭遇或者创业经历所打动,对产品自身产生独特的好感,不会太在乎产品的自身价值"(a23)
		A24.难过和辛酸	"对果农来说,如果东西卖不出去,再过段时间这里的果子陆续成熟,高度成熟的果子就会自然掉落,果子烂在地里,没人要,我感觉难过和心酸"(a24)
		A25.感动	"他说这些皇帝柑都是一群留守农村的老人家和留守儿童悉心培育的成果,小小的果子蕴含的是这些人对生活的寄托和希望,感动以及感同身受,想要为偏远地区献上自己的一份力"(a25)
		A26.心烦意乱	"这么困难,我知道就会心烦意乱的"(a26)
	B9.透视	A27.感觉自己像是农户	"听到他的描述,我感觉我好像就是那个农民,站在地里看着我的百合"(a27)
		A28.换位思考	"我会想,如果我是那个蜂农,我该怎么办,我会试着换位思考一下"(a28)
	B10.情绪传染	A29.情绪被农户带动	"农民有点难受,我也就难受,我的情绪很容易被别人带动"(a29)
		A30.情绪受主播影响	"如果主播很兴奋,我也会被他感染,看他直播也会很兴奋"(a30)

续表

初始范畴	概念化	标签	原始语句示例
C6.主播认同	B11.价值观类似	A31.和主播是一种人	"主播爱帮助别人,我们中华民族的传统美德就是帮助别人,我看他帮别人觉得好像我也帮了别人"(a31)
		A32.认可主播价值观	"主播身份跟带货产品越近越好,是产品的创造者(农民)或者种植者的直系亲属,栽培产品时付出了的很多心血,真诚地传达自己的取舍、控制和价值观,我会更加认可他"(a32)
	B12.信息有用	A33.主播说的信息有用	"我关注能从他那儿获取更多技术性的/细节性的知识,比如如何在光控、温控、农药、化肥、控虫、有机等事情上去做取舍和平衡,比如为什么要采用72摄氏度膜滤法之类的"(a33)
	B13.个性相似	A34.主播和我一样都有责任心	"(主播)和我一样挺有责任心的,她说卖农产品,客单价很低的不怎么赚钱,她做这个主要为了做好事"(a34)
		A35.主播和我一样都做公益	"他们团队是纯公益团队,专门做公益直播的,我也一直做公益"(a35)
		A36.主播和我一样不弄虚作假	"他很坦率的,自己赚多少都说的,提成5个点就5个点,不在那边演戏什么的,我做生意也是不喜欢弄虚作假"(a36)
C7.购买意愿	B14.购买倾向	A37.可怜而愿意购买	"在那边因为东西卖不出去,没有收入,一年就指着这赚一点,看着怪可怜的,所以就想买一点"(a37)
		A38.换位思考而愿意购买	"听这些感觉我好像就是那个发愁的农民,能够使我意识到我所做的可以产生利他价值,满足自我的亲社会意愿,就更想解决一下他们的问题,可以买一点支持一下他们"(a38)
		A39.认为质量好愿意购买	"那边地理环境得天独厚,这样的地方生长出来的东西肯定不会差的,品质肯定蛮好的,然后想要买点"(a39)
		A40.有用而又意愿购买	"主播说的对啊,我是想买一点补气色的好东西,需要吃一点枸杞这样的"(a40)

续表

初始范畴	概念化	标签	原始语句示例
C7.购买意愿	B15.购买倾向	A41.喜欢而愿意购买	"我感觉还挺不错的,苹果又大又甜,虽然样子不是很好看,想买点看看"(a41)
		A42.需要而意愿购买	"我那时候刚想买点绿茶,我不是很喜欢喝红茶,绿茶感觉清口一点,家里也没剩多少了,刚刚好有需要就很想买"(a42)
		A43.可以帮助他人愿意购买	"不管是振兴东北,还是郑州水灾助农公益直播,我都倾向于情感上支持消费,并且认为我消费满足自己需求的同时在帮助他人,还会对社会做贡献,一举三得"(a43)
	B16.购买决策	A44.看完想购买	"看这种直播很上头的,看完就特别想马上买点来吃吃"(a44)
		A45.未来会有意愿购买	"有时候看完直播之后过了一段时间会去买点来"(a45)
C8.空间距离	B17.空间距离近	A46.同个地方	"我听她说是泰顺的猕猴桃,我就是泰顺人,一听泰顺我就很认真地听她说什么了,主播说的很严重,我感觉这么严重了,替他们着急又难受的,想想就买一点"(a46)
		A47.开车很近	"我从小在温州长大,这个地方我去过的,很近的,我老家这边开车过去就一个多小时"(a47)
		A48.没隔多远	"丽水就是我们南边啊,没多远的,浙江嘛也不大的"(a48)
	B18.空间距离远	A49.东西距离远	"甘肃那边和我们东部不一样,隔的远,气候什么的差异很大"(a49)
		A50.南北距离远	"卖的是吉林的农产品,我一辈子没去过北方,我怕冷的,对那边不是很了解的"(a50)
		A51.远而气候差异大	"我们怕冷的,热带气候多舒服,哪里去过那么远的地方,最远我就去过江苏,更别说北方了"(a51)

续表

初始范畴	概念化	标签	原始语句示例
C9.产品涉入度		A52.产品可能抽奖抽到我	"挑选五个粉丝送这个酸枣,所以就比较认真地去听听怎么说的,万一抽到我呢"(a52)
	B19.产品关联度	A53.产品和我相关	"那个主播一直让我打弹幕'支持广西沃柑',还有时候主播说支持产品的粉丝给主播点个赞,打弹幕打的多了还有点赞点多了,就觉得这个沃柑好像和我有关系了"(a53)
		A54.产品符合心意	"我买东西买不到顺心的会很糟心,然后我想买就会好好看看"(a54)
		A55.需要产品	"我很喜欢吃水果的,家里水果都不断供的,水果这些东西,有需要的话,就好好看看是什么,好好听听是什么样的"(a55)
	B20.产品重要度	A56.产品的价值	"我会想想这个产品到底对我来说有没有价值,是好看啊还是好吃啊"(a56)
	B21.产品意义	A57.产品的意义	"喝茶讲究一个修身养性,有种宁静致远的心境,喝茶对我来说是很有意义的"(a57)

(2)主轴编码

主轴编码是为了对范畴之间的相互关系和逻辑次序进行探索式分析,以表现资料的各个部分之间的逻辑关系(王杨眉,2019)。基于选择性编码得到的初始范畴之间有一定的关联,本研究通过关联确定了主范畴。具体的,通过对开放式编码得出的9个初始范畴进行分析,发展出了主范畴,分别是叙事身份、叙事策略、情感反应、认知反应,行为倾向和情境因素。参考以往的研究,报告了主范畴与各个范畴的内涵(见表2-3)。

表 2-3　主轴编码后得出的各范畴的内涵

主范畴	初始范畴	概念
D1.叙事身份	C1.当局者身份	作为叙事者的主播是助农直播所在地的村民、农民、官员等,属于叙事身份当中的当局者身份
	C2.旁观者身份	作为叙事者的主播是平台主播、艺人主播等,属于叙事身份当中的旁观者身份
D2.叙事策略	C3.示弱叙事策略	描述外部劣势以显示农户的艰难与不幸,以及面对困境不懈奋斗的故事内容的一种叙事策略,属于叙事策略中的示弱叙事策略
	C4.示强叙事策略	凸显自身优势,例如环境优势、地理优势和技术优势等,以赢得消费者青睐的叙事策略,属于叙事策略中的示强叙事策略
D3.情感反应	C5.共情	是一种情感反应,消费者将自己代入别人的情感中,去体会别人的情感,去体会别人的需要,从而产生一种与别人相似的情感体验和行为
D4.认知反应	C6.主播认同	是一种想象性的体验,在这种体验中消费者想象成为主播是什么样的,并接受主播传递的信息、主播的价值观和主播个性等,属于一种认知反应
D5.行为倾向	C7.购买意愿	消费者通过助农直播购买助农产品的意愿
D6.情境因素	C8.空间距离	消费者感知到的助农产品的产地与消费者所在地之间的距离远近
	C9.产品涉入度	消费者在直播中感受到了产品对自己的重要性和关联度等

(3)选择性编码

选择性编码的主要工作是在主范畴之间的逻辑关系的指引下找出范畴之间的关系,并将其整合以构建一个扎根理论模型(王杨眉,2019)。本研究参照王建名和王俊豪(2011)确定核心范畴和构建理论模型的方法确定本书的理论模型。

本研究确定"助农直播中主播叙事方式对消费者购买意愿的影响"这一核心范畴,围绕核心范畴的"故事线",将大部分的范畴联系在一起。这一核心范畴的"故事线"如下:一是助农直播中主播的叙事身份会影响消费者内在状态;二是助农直播中主播叙事策略会影响消费者内在状态;三是消费者的内在状态影响其行为倾向;四是消费者内在状态在主播的叙事身份对消费者购买意愿的影响过程中具有中介作用;五是消费者内在状态在主播叙事策略对消费者购买意愿的影响过程中具有中介作用;六是情境因素在主播的叙事身份对内在状态的影响中起调节作用;七是情境因素在主播叙事策略对内在状态的影响中起调节作用。

主范畴关系结构和内涵如表 2-4 所示。

表 2-4　选择性编码后的主范畴关系结构

主范畴关系结构	关系结构内涵
叙事身份影响消费者内在状态	叙事身份是消费者内在状态的直接影响因素,即旁观者身份和当局者身份直接影响消费者的共情和主播认同
叙事策略影响消费者内在状态	叙事策略是消费者内在状态的直接影响因素,即示弱叙事策略和示强叙事策略直接影响消费者的共情和主播认同
消费者的内在状态影响其行为倾向	消费者的内在状态是影响消费者行为倾向的直接影响因素,即消费者的共情和主播认同影响消费者购买意愿
消费者内在状态在主播的叙事身份对消费者购买意愿的影响中起中介作用	消费者内在状态在主播的叙事身份对消费者购买意愿的影响中起中介作用,即主播的当局者叙事身份和旁观者叙事身份通过影响共情和主播认同从而对消费者购买意愿产生影响
消费者内在状态在主播叙事策略对消费者购买意愿的影响中起中介作用	消费者内在状态在主播叙事策略对消费者购买意愿的影响中起中介作用,即主播的示弱叙事策略和示强叙事策略通过影响共情和主播认同从而对消费者购买意愿产生影响

续表

主范畴关系结构	关系结构内涵
情境因素在叙事身份对消费者行为意向的影响中起调节作用	在主播的叙事身份对消费者行为意向的影响中,情境因素起调节作用,即空间距离的远近和产品涉入度的高低对叙事身份对消费者行为意向的影响不同
情境因素在叙事策略对消费者行为意向的影响中起调节作用	在主播叙事策略对消费者行为意向的影响中,情境因素起调节作用,即空间距离的远近和产品涉入度的高低对叙事策略对消费者行为意向的影响不同

(4)理论饱和度检验

利用剩余的四分之一的访谈资料(15份个人深度访谈)做理论饱和度检验。类似的,按照程序化扎根理论方法对资料进行三级编码后,并未发现新的主范畴。主范畴之间的关系也没有增加。因此,本研究认为"叙事身份和叙事策略—内在状态—行为倾向"的框架达到饱和。

2.3 理论梳理

2.3.1 理论模型

本研究的数据搜集与分析工作均严格按照程序化扎根理论的规范与要求,对原始的访谈资料和文档资料进行了程序化扎根理论分析,自然萌生出了"叙事身份""叙事策略""共情""主播认同""购买意愿""空间距离""产品涉入度"等概念和范畴,这些范畴之间存在系统性关联。围绕核心范畴形成"故事线"及CAPS理论的内在逻辑,再结合观点采择理论和劣势者效应理论,将主播叙事方式对消费者购买意愿的相关变量与理论相结合,构建出本书的理论框架,即"叙事方式—内在状态—行为倾向"。实践中,消费者在观看助农直播的过程中,其内在状态受到主播的叙事身份和叙事策略的影响。沿着这条"故事线",本节构建出全新的理论框架。

在本研究情境中,主播叙事方式包含叙事身份和叙事策略两方面,叙事者具有旁观者和当局者两类身份,叙事策略包含示弱叙事和示强叙事两种。在主播的叙事身份和叙事策略影响消费者内在状态时,会产生共情和主播认同两个维度,它们是模型中的"内在状态"。基于CAPS,当消费者面对主播叙事方式的刺激时,会因认知——情感双重路径影响而产生购买意愿的行为意向。本研究把消费者的购买意愿当作"行为反应"。另外,在主播的叙事身份和叙事策略影响消费者内在状态的过程中,情境因素(空间距离和产品涉入度)起到调节作用。

2.3.2 模型逻辑结构

该概念模型的主体结构可划分为三部分:消费者购买意愿的影响因素,即主播的叙事身份和叙事策略;影响消费者共情和主播认同;影响的结果为消费者购买意愿。

模型主体结构部分之间一共包含四层因果关系,三层直接因果关系和一层间接因果关系。叙事身份对消费者共情和主播认同的直接因果关系;叙事策略对消费者共情和主播认同的直接因果关系;共情和主播认同对购买意愿的直接因果关系;叙事身份和叙事策略对购买意愿的间接因果关系。

本部分就助农直播中主播叙事方式对消费者购买意愿的作用机理进行了探索性研究。一是阐明了研究问题,选取研究方法并对所选取的方法进行解释。二是设计了本书的研究思路,运用图表加文字的方式使研究流程更加清晰。三是选取了58名被访对象,对其进行半结构化的个人深度访谈,形成了16万余字的访谈数据,并结合1万余字的文档资料数据,形成最终的数据资料。四是运用程序化扎根的方法对数据资料进行编码分析,提炼归纳出叙事身份、叙事策略、共情、主播认同、消费者购买意愿、空间距离、产品涉入度等七个副范畴,精练出主播叙事方式、消费者内在状态、行为意向和情境因素等四个主范畴,并围绕核心范畴"故事线"探讨这些范畴之间的关系。五是进行理论饱和度检验,通过这项工作确定没有新的变量产生。六是结合 CAPS 理论的研究范式和观点采择理论与劣势者效应理论构建了助农直播中主播叙事方式对消费者购买意愿的影响理论框架模型。

3 模型构建与假设提出

依据上一章程序化扎根理论的探索性研究得到助农直播中主播叙事方式对消费者购买意愿影响的机制模型。本章首先结合原始的访谈资料和文档资料以及相关文献,界定消费者叙事方式、消费者内在状态,情境因素的内涵和维度;其次对变量之间的关系进行分析,并提出变量之间的关系假设。

3.1 相关变量阐释

3.1.1 叙事方式内涵及其维度阐释

本书将叙事方式按故事讲述者和故事内容的不同划分为主播叙事身份和主播叙事策略。

(1)主播叙事身份内涵及其维度阐释

基于扎根理论的研究结果可知,主播的叙事身份可以依据主播是否来自助农事件发生地将其划分为旁观者身份和当局者身份。旁观者身份以普通平台主播和艺人主播为代表,当局者身份以当地村民和官员等为代表。但是仅以是否来自事件发生地进行划分是简单粗暴的,于是便对相关研究进行梳理,以更好地对叙事身份进行定义。

本书在扎根研究的基础上,借用非营销领域对于叙事身份的研究,并参照王振兴(2014)和郑丽(2019)等人的文化群体和利益相关等角度的划分方式,在助农直播场景下对叙事身份进行划分。其中当局者身份指的是与农户属于一个文化群体的人,他们有类似或者相同的生活方式、生活习惯和生活经历,以当地村民和官员等为代表;旁观者身份是指农户文化群体之外的人,与被助农群体无从属关系,也与这些群体没有相似的生活体验,这类群体只能通过外部观察和倾听等方式了解和猜测被助农群体的行为与想法,主要以普通平台主播和艺人主播为代表,例如烈儿宝贝、李湘等主播。

(2)主播叙事策略内涵及其维度阐释

基于扎根理论的研究结果可知,本研究认为叙事策略包含示弱叙事策略和示强叙事策略两个维度。示弱叙事策略是指主播着重描述农户的外部劣势,例如遭受灾难、阻碍等,且表现农户不屈的精神;示强叙事策略是指主播侧重于呈现优势的一面,例如环境优势、技术优势等,此时呈现的面对未来的激情和决心相对较弱。

已有研究判断"示弱"有多种方式,例如是否含有竞争态势信息(Simon,1954)、外部劣势与努力和激情(Paharia et al.,2011;Goldschmied & Vandelo,2012;钟科等,2014),等等。钟科等(2014)指出"示弱"的界定存在两种方向:简化的方向即仅从竞争态势出发将"示弱"定义为客观意义上的落后者;复杂化方向即把"示弱"定义为存在外部资源劣势、但充满激情并努力改变的竞争者。本书主要参照的是后者的定义方式。

3.1.2 共情与主播认同内涵及维度阐释

本研究关注消费者在观看助农直播时受到主播叙事方式影响后的内在状态。目前的研究表明,消费者的认知和情绪对其行为意向会产生不同的作用机理模式。Bitner(1992)的研究将个体的内在状态组成进行了阐述,表明其由认知、情绪和生理等因素组成。Eroglu 等(2001)利用 SOR 理论对消费者的内在状态进行了划分,将其划分为认知和情感两个维度。韩箫亦(2020)将消费者的内在状态划分为情感状态和认知状态两类,认为依据认知—情感—行为框架,消费者遇到的事件会与情感认知系统发生交互,进而改变消费者行为。范钧和吴丽萍(2021)在对慢性病患者社区的研究中利用 CAPS 理论解释了认知和情感反应在外部情境因素对消费者行为意愿的影响中的中介作用。从扎根理论的分析结果可知,消费者内在状态包含共情和主播认同两个因素,契合情感和认知两种内在状态。

(1)共情

结合扎根理论及 Davis(1983)、陈武英和刘连启(2016)的研究,笔者认为共情是消费者的一种情感反应,消费者能在感情上进行换位思考,设身处地地理解他人的感受和需求,从而产生类似于他人的情绪体验和行为。已有研究表明,共情是观点采择的作用结果之一,观点采择有助于理解他人并感受他人的情绪状态(Cialdini et al. ,1997;Kang et al. ,2010)。

(2)主播认同

结合扎根理论和范钧等(2021)对主播认同的定义,本研究认为主播认同即对主播的身份认同。主播认同是一种想象性的体验,在这种体验当中,消费者放弃了对自身的身份认知,通过主播的观点体验和认识世界,包含两方面的特征,分别是共享主播的情感、观点和目标,并丧失自我意识(Cohen,2001;Juan & Barrious,2012;范钧等,2021)。

3.1.3 空间距离与产品涉入度内涵及维度阐释

结合扎根理论法可知,在助农直播情境当中主播叙事方式对消费者购买意愿的影响受情境因素(空间距离和产品涉入度)的影响。

(1)空间距离

结合 Trope 和 Liberman(2010)及徐富明等(2016)对空间距离的研究,

笔者认为空间距离是消费者对于助农事件发生空间远近的知觉,指的是事件与消费者之间的距离。以往研究指出个体对于远距离的事件赋予相对于近距离的事件更小的价值。基于蒋多和何贵兵(2017)的研究结果,这是由于空间折扣的的存在,消费者对于近处事件的价值评估会高于远处事件的价值评估。

(2)产品涉入度

结合 Mittal(1989)、Bell 和 Marshall(2003)的研究,笔者认为产品涉入度会因环境或情境因素而发生改变,当这些情况发生改变时,产品对于消费者的重要性、联系、意义等也会发生改变。在直播当中,主播会通过一些措施影响消费者产品的涉入度,例如抽奖、弹幕、点赞等。产品涉入度通过 ELM 模型影响消费者的信息处理和加工路径。产品涉入度高时,消费者会采取中心路径进行信息处理;产品涉入度低时,消费者会采取边缘路径对信息进行处理。

3.2 主播叙事身份对消费者购买意愿的影响假设

3.2.1 主效应理论假设

依据说服理论,传播者特征会影响说服效果(黄丽媛,2020)。主播的叙事身份作为一种重要的传播者特征,通过不同的角色影响说服效果。不同的角色会影响受众的观点采择。观点采择是指个人从别人的情境中对别人的看法和态度进行臆想和猜测的认识过程。其含义与社会心理学中的"角色采择"类似。观点采择包括认知和情感的观点采择两种子类型。认知观点采择主要是对他人的思想、意图、看法、动机和知识的想象和推断;情感观点采择是对他人情感的想象和推断(范心怡,2018)。

依据观点采择理论,受众会区分自我和他人的观点,并依据有关信息对观点进行判断并作出反应。一些研究的证据证明了这个观点。Jackson等(2006)的研究指出,当让被试以不同的身份想象时,他们感受到的疼痛情绪不同。Graaf等(2012)的研究指出,不同讲述者身份(残疾申请者 vs.员工)讲述故事会影响认同,当故事是残疾申请人讲述时,实验参与者的认同要强烈的多。一些过去的研究发现,与主角是局外人相比,主角为局内人的认同度更高(Hoeken et al.,2016)。Hoeken等(2016)使用了一个关于谋杀的法庭案例的故事表明叙事身份(律师和受害者遗孀)的改变对说服的效果的影响是不相同的。

笔者据此提出猜想,在直播场景中,主播的叙事身份会让消费者以主播的视角和角色想象,对主播的观点和态度进行推测。当主播的叙事身份为当局者身份时,消费者会借用主播当局者的视角对主播叙述的内容加以想象和理解,更容易认同和共情主播的身份,对消费者决策有正面的影响。当主播的叙事身份是旁观者身份时,依据观点采择理论,此时消费者会以旁观者的角度而不是事件发生的主人公的角度进行想象和推测,产生的认同和共情没有当局者那么强烈,因此对消费者购买意愿的影响也相对较弱。

据此,提出假设。

假设 H1:相对于主播的叙事身份为旁观者身份,主播的叙事身份为当局者更容易促进消费者购买意愿。

3.2.2 共情和主播认同的中介作用

(1)共情的中介作用

共情是指个体对他人情感的采纳程度,能够设身处地地理解他人的感受,产生类似于他人的情感反应(Davis,1983)。依据 CAPS 理论,情感反应在外部刺激和消费者行为反应的关系中起中介作用(范钧和吴丽萍,2021)。在助农直播场景下,主播的叙事身份作为重要的情境变量,会通过共情来影响消费者的购买意愿。刘聪慧(2009)的研究表明,观点采择能解释共情的发生机制。当存在多种角色时才有共情,这是由于共情强调理解对方、运用对方的观点(Walls & Fans,2008)。李娇(2016)指出不同的观点采择角度会影响共情的程度。共情会让受众更加关注他人的感受和需要,从而产生对他人的帮助行为(Batson,1987;丁凤琴等,2016)。依据观点采择理论,受众会区分自我和他人的观点,依据有关信息对观点进行判断并作出反应。大量的证据表明,观点采择会影响共情水平。Jackson等(2006)的研究指出,让被试以不同的身份想象时他们感受到的疼痛情绪不同。Singer(2006)的研究在检验自我和他人对疼痛的共情时发现,对他人的疼痛是部分被激活的。类似的,Li和Han(2010)研究了观点采择对共情的影响,通过不同的指导语让被试站在自我或者他人的角度观看疼痛刺激图片,结果他们发现站在自我角度(相对于他人角度)会引发更强烈的疼痛感。

助农直播中,主播的叙事身份会影响消费者看待问题的角度。当消费者从主播的角度看待问题时,会更容易理解农户的感受,从而引发帮助农户的行为。在助农直播场景下的帮助行为为购买助农产品。并依据共情利他假说,在共情的作用下,消费者会产生怜悯和同情等情绪反应,从而促使自身产生购买意愿来帮助农户。据此提出猜想,助农直播中主播的叙事身份会引发消费者出现不同程度的共情。

假设 H2:共情在主播叙事身份对消费者购买意愿的影响中起中介作用。

(2)主播认同的中介作用

主播认同实质是一种想象性的体验,在这种体验中,个体放弃了自己的身份意识,通过主播的观点来体验世界(Cohen,2001)。根据 CAPS 理论,外部刺激会作用于认知单元从而对消费者的行为意向产生影响,即认知路径在外部刺激对消费者行为意愿关系中起中介作用(范钧、吴丽萍,2021)。在助农直播场景中,主播的叙事身份作为重要的外部情境变量,也会通过影响消费者对主播的认同,从而影响其购买意愿。依据观点采择理论,消费者会采纳主播的观点,从主播的角度出发,想象或揣测主播的意图或观点,增加消费者自我心理表征与主播心理表征的重叠,从而产生认同。依据说服理论,认同是说服的一个重要作用机制(黄丽媛,2020)。当受众产生了身份认同之后,会接受这一种身份并通过这一种身份去接受信息,从而达到说服效果(Cohen,2001)。

叙事能够让消费者理解其与所属群体共同的身份故事(Turner et al.,1979;Antonetti & Maklan,2018)。在助农直播场景中,主播讲述农户的故事,消费者可以想象自己作为农户群体一员或联想自身与农户群体的故事,并通过主播的观点来体验世界,即产生了主播认同(Cohen,2001;Juan & Barrious,2012)。所以,"旁观者"与"当局者"的身份描述可以增加消费者身份的相关性,从而强化其认同感。

有大量的研究结果表明,认同会影响叙事说服。Green 和 Donahue(2009)指出,认同可以通过两种方式影响人们的态度。第一种方式认为个体通过采纳角色表达的观点和态度从而认同角色。De Graaf 等(2012)通过研究发现,视角操纵影响了认同感,从而导致参与者采用他们所认同的角色和所表达的态度。Hoeken 和 Fikkers(2014)的研究也证实了该观点。根据 Green 和 Donahue(2009)的观点,身份认同影响个体态度的第二种方式是通过人们所认同的角色所经历的事件影响其认同角色。Hoeken 和 Sinkeldam(2014)表明,角色操纵对态度的影响是由认同—情感联系连续作用的。在助农直播场景中,通过操纵不同的角色,消费者可以采用主播的叙事身份进行体验。此时消费者会采纳主播的叙事身份所持有的观点,影响自身的认同感,最终影响其行为意向,即消费者对助农产品的购买意愿。据此,提出假设。

假设 H3:主播认同在主播叙事身份对消费者购买意愿的影响中起中介作用。

3.2.3 空间距离的调节作用

蒋多和何贵兵(2017)的研究指出,由于心理折扣的存在,心理距离会影响人们对决策结果的评价。折扣是指人们会将远处的价值转化为近处的价值,转换后的价值会小于转换前的价值(Rachlin,2006)。有一些实证研究的证据证实了空间折扣的影响。Perrings 和 Hannon(2001)探索了空间折扣,表明个体对于空间距离远的事件的影响所赋予的价值往往小于空间距离近的事件的影响。Space 等(2012)的研究表明,空间距离对个体对于气候变化的评估有影响。当空间距离近时,个体对气候变化的严重性评估会增强。生活中也随处可见这样的例子。告知一个生活在杭州的个体钱塘江的水发生了污染比告知其长江的水发生了污染更让其感到事态严重。

在助农直播场景下,也存在空间折扣的现象。当空间距离远时,消费者赋予的价值较低,因此不会投入过多的认知精力,此时主播的叙事身份并不会引起消费者过多的注意,叙事身份对于购买意愿的影响便不显著;当空间距离近时,消费者赋予的价值更高,会更集中注意力看直播,此时相对于主播是旁观者身份(例如普通的平台主播当主播),当主播是当局者身份(例如当地农户或官员等),消费者更容易产生共情和主播认同,从而引发更积极的购买意愿。

有研究指出,当消费者与产品距离远时,消费者是受到产品核心属性的影响而作出决策;而当空间距离近时,是由次要属性来影响消费者对产品作出选择的(Fujita et al.,2008)。在直播场景中,当离直播产品较远时,影响消费者对产品进行购买的主要是产品的核心属性(例如产品质量等),此时消费者的身份对购买意愿的影响没有显著差异。而当距离较近时,次要属性(例如主播的身份等)将会影响消费者的购买意愿。

据此,提出假设。

假设 H4:空间距离在主播叙事身份对消费者购买意愿的影响中起调

节作用。

假设 H4a：当空间距离远时，主播的叙事身份对购买意愿的影响没有显著差异。

假设 H4b：当空间距离近时，相对于主播的叙事身份为旁观者身份，主播的叙事身份为当局者身份更容易促进消费者购买意愿。

3.2.4 产品涉入度的调节作用

产品涉入度是指消费者对产品的需求、价值观、兴趣等的认知，高涉入度的产品则意味着产品与消费者的关联性更强，而低涉入度的产品则意味着产品与消费者的关系不大（Petty，et al，1983）。Bloch 和 Richins(1983)指出，涉入度会影响消费者的信息搜寻和信息处理，进而影响到他们的购买意向。叶生洪等(2017)的研究指出，相对于低涉入度的产品，消费者愿意花费更多的时间和心思去搜集高涉入度产品的相关信息，这些搜集的信息将会影响消费者的购买决策。

产品涉入度影响信息加工过程与 ELM 模型相关。在产品涉入度高的情况下，使用者会采用中枢路径来处理信息，会有较强的信息处理动力，并会细心地进行处理；而在产品涉入度较低时，使用者则采用边缘路径来处理信息。大量研究证实了产品涉入度的调节作用。晋向东等(2018)通过对强势品牌的广告溢出效应的研究发现，对于高涉入度产品，消费者会对产品进行反复的比较和甄别，尽可能多的获得产品信息。而在面对低涉入度的产品时，消费者不会耗费过多的时间和精力在产品和信息上（Morgan & Veloutsou,2013）。

依据 ELM 模型，在助农直播场景中，当产品涉入度高时，消费者会投入更多精力在直播内容中，积极搜索相关信息，因此会注意到主播的叙事身份信息。此时，相对于主播的旁观者视角，当主播是当局者身份时，注意力集中的消费者更容易将自己代入到主播的当地人视角，更容易引发同理心和想象体验,从而更容易激发自身对农户的帮助意愿,最终引发消费者的购买意愿。当产品涉入度低时,消费者不会投入过多的精力在直播内容上,对信息的判断与加工主要依靠边缘路径,因此不会注意到主播的叙事身份,所以此时主播的叙事身份对消费者的购买意愿的影响没有显著差异。

据此,提出假设。

假设 H5:产品涉入度在主播叙事身份对消费者购买意愿的影响中起调节作用。

假设 H5a:产品涉入度高时,相对于主播的叙事身份为旁观者身份,主播的叙事身份为当局者身份更容易促进消费者购买意愿。

假设 H5b:产品涉入度低时,主播的叙事身份对消费者购买意愿的影响没有显著差异。

3.3 主播叙事策略对消费者购买意愿的影响假设

3.3.1 主效应理论假设

示弱叙事策略和示强叙事策略能够通过引发消费者的身份联想和共情反应从而影响消费者的行为意向。沈正舜和李怀斌(2019)的研究指出,品牌传记的故事叙述中,消费者会将自身融入故事以理解其含义,优势者和劣势者的叙述能够让个体理解与所属群体共同的身份故事和群体故事,并且能够引发消费者的情感反应。因此,在助农直播场景下,不论主播采取示弱叙事策略或是采取示强叙事策略,消费者都会理解故事含义,从而引发其行为意向的改变。当主播采取"示强"叙事展示"优势"时,消费者会支持农户并认可主播,因此对助农产品产生正向的购买意愿。当主播采取"示弱"叙事策略时,知道农户不幸的经历和不懈努力的精神,消费者会因同情农户并认可主播,从而对助农产品产生积极的购买意向。

营销人员将劣势者效应运用在营销实践当中,获得了一系列好的结果,例如塑造积极的品牌形象、获得更多市场机会、建立了积极的消费者态度(Kao,2015;Nariswari & Chen,2016;Shirai,2017)。无数的营销实践证实企业利用"示弱"策略从而赢得市场机会,例如跨国并购当中的著名案例"吉利收购沃尔沃""福特收购路虎"等。类似的,还有 Avis 租车公司的标语"因为是第二名,所以我们更加努力"也呈现了示弱信息。在别的营销竞争场景当中也可以看到"劣势者效应"的影子,例如选举中选民更倾向于将选票投给劣势的一方,这也被称为"游行彩车效应"。营销人员巧妙地运用示弱策略以塑造劣势者形象,能够赢得消费者认同(钟科等,2014)。根据劣势者效应理论,个体的天性就是想要支持劣势者,因为大部分人都倾向于认为自己取得的成功是因为在劣势中坚忍不拔的努力,而不是依靠先天的优势(Kim et al.,2008;McGinnis & Gentry,2009)。对捐赠的研究也证实了劣势者效应的作用。王秀芝等(2017)的研究发现,在捐赠等公益场景当中,劣势者地位影响着消费者的行为和意愿。助农直播也属于公益活动,在此场景当中,消费者可通过购买助农产品的方式帮助农户。但值得注意的是,在本书的研究中,"劣势"指的是竞争态势或者是农户先天资源方面的不足,而非产品或者经营服务质量等方面的劣势。

据此,本研究认为在助农直播场景中,相较于主播采取示强叙事策略,主播叙事故事中呈现的农户的外部劣势和农户不屈不挠的精神更容易满足消费者对劣势者的身份认同并产生共情从而影响其消费行为。

据此,提出假设。

假设 H6:相对于主播采取示强叙事策略,主播采取示弱叙事策略更容易引发消费者的购买意愿。

3.3.2 共情和主播认同的中介作用

(1)共情的中介作用

Mischel 和 Shoda(1995)提出的 CAPS 理论表明,情境特征会引发情感反应从而对个体行为产生影响。根据 S-O-R 模型,消费者在受到外界环境刺激时,会产生认知和情感反应并激发其购买行为。范钧等(2021)的研究指出,主播采取示弱或者示强互动策略时,会通过情感能量和主播认同的中介作用对消费者打赏意愿产生影响。在助农直播情境下,消费者对于主播叙事策略的认知和情感反应则主要体现在对主播的认同和共情上,并由此影响其购买意愿。叙述能够增强消费者共情。Escalas 和 Stern(2003)、沈正舜和李怀斌(2019)认为,"共情"是指在无意识的情况下,消费者对外界刺激的自觉融入和认同。在助农直播中具体表现是消费者对于直播中情感刺激的吸收。

从社会认同的角度来看,尽管个人在现实中并不参与到强势者的行为中,但在与强势者建立联系后,个体的共情也会被激发,从而改变行为意向(沈正舜、李怀斌,2019)。共情被认为是利他动机产生的各种形式的亲社会行为的中介。利他主义动机是由对他人经历的情绪状态的替代分享的共情反应引起的,从而为需要帮助的人提供帮助(Batson et al.,2002;David,1983;Hoffman,1991;Nichols,2001)。研究显示,人们与他人分享相同的情感会产生支持行为(Nichols,2001)。在营销环境中进行的一些研究探讨了受众的共情在传播过程中的作用。例如,Escalas 和 Stern(2003)的研究直接地揭示了广告有效性背后的共情机制,共情会吸引受众进入广告,从而积极影响消费者对广告的态度;在募捐呼吁中,使用更可能引起同情的呼吁,可以诱导个体参与帮助行为(Fisher et al.,2008)。在助农直播中,消费者对主播示弱产生的共情可能激发他们对主播所销售的产品产生购买意愿。

助农直播中叙述容易引发消费者的共情反应。示弱或示强的叙述可以传达出情感的信息来激发消费者的情感反应,而共情实质上就是一种情感反应(Paharia et al.,2011;沈正舜、李怀斌,2019)。一是当采用示弱叙事策略时,主播向消费者传达在恶劣的外部环境中农户坚持利用直播改善目前的困境等故事内容会引发消费者的身份联想、满足其情感上的认同,并产生情感反应(沈正舜、李怀斌,2019)。情感反应和认同增强了消费者对品牌的态度。二是消费者会远离失败者,以避免产生失败者的自我感知(McGinnis & Gentry,2009)。消费者也会与强势者产生联系以产生自我保护的联想。沈正舜和李怀斌(2019)通过社会认同理论解释消费者通过与强者产生联系以产生共情从而引发积极的行为和态度。这是由于虽然消费者没有参与强势者的相关行为,但共情也能将自我与强势者建立关联(End et al.,2002)。

类似的,在助农直播场景中,农户的示弱叙事策略对消费者购买意愿的影响也可能依赖于消费者的共情。主播示弱叙事策略传递着农户艰难曲折的经历,以及在不利的外部环境下坚持不懈的努力等故事内容,会激发消费者的身份联想。对主播的身份认同而产生的共情反应促进了消费者做出以购买助农产品为帮助手段的亲社会行为。

据此,提出假设。

假设H7:共情在主播叙事策略对消费者购买意愿的影响中起中介作用。

(2)主播认同的中介作用

根据CAPS理论,主播的叙事策略是外在刺激,会通过消费者的认知单元影响消费者的购买意愿,即主播认同在叙事策略对消费者购买意愿关系中起中介作用。消费者之所以支持劣势者是因为他觉得自己也是弱者,因此对于劣势者产生更强的身份认同(钟科等,2014)。Paharia等(2011)的实验研究证实了这一点,消费者对示弱品牌表现出更积极的购买意愿是因为认同连接了劣势者效应的结果。杨晨等(2013)对跨国并购的研究结果显示,消费者对示弱者的偏好来源于身份认同。这是由于大部分人都更倾向于认为自己不是依靠先天优势取得成功的,而是依靠自己在劣势中的坚韧不拔的努力(McGinnis & Gentry,2009)。

当看到劣势者成功时,消费者希望自身也能够在困境中获胜(Kim et al.,2008)。因此,当描述自身为劣势者时,消费者更容易有认同感(brand identification)(Pahari et al.,2011)。钟科(2014)指出劣势信息会激发消费者的认同。主播通过示弱叙事策略陈述劣势信息,让消费者看到其与农户的相同之处——面对重重困难,需要不断努力克服困境才能够成功,从而对主播产生认同,从而强化自身的购买意愿。

采取示强策略能让消费者与优势建立关联,引发主播认同,从而强化其行为意向(范钧等,2021)。示强叙事策略通过陈述成功的信息,即便消费者没有过相似经历,但通过主播叙事,消费者就能将自身与优势信息相联系,更容易理解和响应所描绘的信息,从而帮助自身形成认知。因此在助农直播场景当中,当主播讲述当地的优越自然环境和当地产品的特殊之处等信息时,消费者很容易理解这些信息,这些信息有助于消费者的认知形成,引发对主播的身份认同,从而引发消费者的购买意愿。

假设 H8:主播认同在主播叙事策略对消费者购买意愿的影响中起中介作用。

本章结合文献综述和扎根理论法对模型因素概念进行简单阐述,并结合访谈数据与现有文献提出本研究的 12 条关系假设,其中包含 2 条直接作用假设、4 条中介作用假设和 6 条调节作用关系假设。本研究的关系假设的汇总如表 3-1 所示。

表 3-1　研究假设汇总表

编号	假设内容
H1	相对于主播的叙事身份为旁观者身份，主播的叙事身份为当局者身份更容易促进消费者购买意愿
H2	共情在主播叙事身份对消费者购买意愿的影响中起中介作用
H3	主播认同在主播叙事身份对消费者购买意愿的影响中起中介作用
H4	空间距离在主播叙事身份对消费者购买意愿的影响中起调节作用
H4a	当空间距离远时，主播的叙事身份对购买意愿的影响没有显著差异
H4b	当空间距离近时，相对于主播的叙事身份为旁观者身份，主播的叙事身份为当局者身份更容易促进消费者购买意愿
H5	产品涉入度在主播叙事身份对消费者购买意愿的影响中起调节作用
H5a	产品涉入度高时，相对于主播的叙事身份为旁观者身份，主播的叙事身份为当局者身份更容易促进消费者购买意愿
H5b	产品涉入度低时，主播的叙事身份对消费者购买意愿的影响没有显著差异
H6	相对于主播采取示强叙事策略，主播采取示弱叙事策略更容易引发消费者的购买意愿
H7	共情在主播叙事策略对消费者购买意愿的影响中起中介作用
H8	主播认同在主播叙事策略对消费者购买意愿的影响中起中介作用

基于表 3-1 中的关系假设，笔者用第二章扎根理论所形成的主播叙事方式对消费者购买意愿影响的理论模型进行补充与完善，并据此提出了本研究的关系假设模型，即助农直播中主播叙事方式对消费者购买意愿影响关系假设模型。

由图 3-1 主播叙事方式对消费者购买意愿的影响机制模型可以看出，在助农直播场景下，主播叙事方式对消费者购买意愿的影响有如下作用关系：叙事身份和叙事策略对消费者购买意愿有直接影响；叙事身份通过共情和主播认同影响消费者购买意愿，即共情和主播认同在叙事身份对消费者购买意愿的影响中起中介作用;叙事策略通过共情和主播认同影响消费者购买意愿,即共情和主播认同在叙事策略对消费者购买意愿的影响中起中介作用;空间距离会影响叙事身份对购买意愿的作用关系,即空间距离在叙事身份对消费者购买意愿的影响中起调节作用;产品涉入度会影响叙事身份对购买意愿的作用关系,即产品涉入度在叙事身份对消费者购买意愿的影响中起调节作用;空间距离会影响叙事策略对购买意愿的作用关系,即空间距离在叙事策略对消费者购买意愿的影响中起调节作用;产品涉入度会影响叙事策略对购买意愿的作用关系,即产品涉入度在叙事策略对消费者购买意愿的影响中起调节作用。

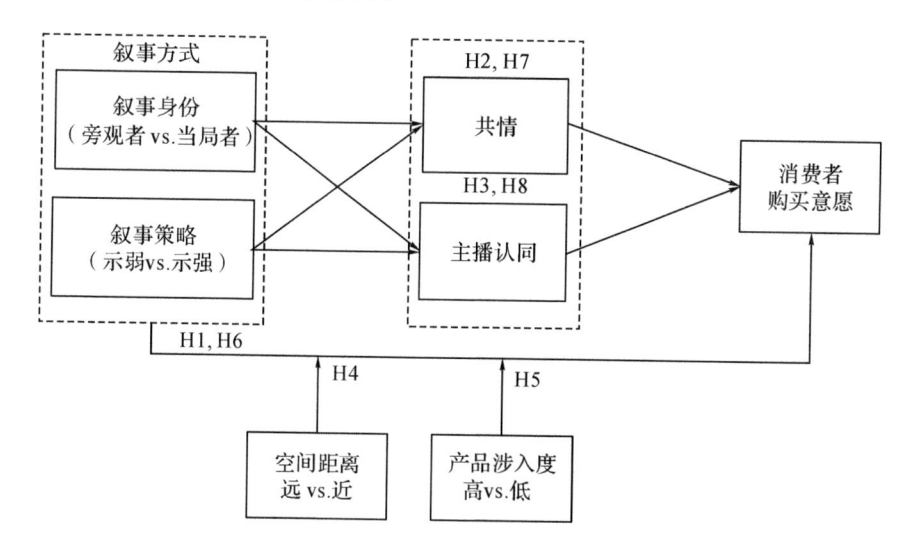

图 3-1 主播叙事方式对消费者购买意愿的影响机制模型

4 主播叙事身份对消费者购买意愿影响机制的实验研究

本章通过四个实验对假设 H1-H5b 的研究假设进行检验。实验一选用的助农产品为笋干,主要通过主播口述自己身份的方式(主播讲述产品来自临垚县[①] vs. 来自主播的家乡临垚县)对主播叙述者身份进行操控,重点分析了主播的叙事身份对消费者购买意愿的影响。实验二选用的助农产品为干百合,重点分析的是主播的叙事身份对消费者购买意愿影响及其内在作用机理。在实验一和实验二都能稳定得出主播的叙事身份对消费者购买意愿有直接影响的基础上开展实验三和实验四。实验三和实验四主要是为了界定主播的叙事身份对消费者购买意愿影响的边界条件。实验三选用蜂蜜作为助农产品,探究了主播的叙事身份(空间距离)对消费者购买意愿的影响与调节作用。空间距离的操控方式主要通过主播描述助农产品的产地(浙江 vs. 新疆),并选用非新疆籍的浙江居民作为被试。实验四选用茶叶作为助农产品,探究了产品涉入度在主播的叙事身份对消费者购买意愿的影响的调节作用。产品涉入度的操控方式主要参照 Petty(1983)的研究,通过主播口述的方式(抽取 5 名粉丝送随机礼品 vs. 抽五名粉丝送助农茶叶礼品)操控。最后,在小结部分对本章的内容进行深入探讨与分析。

[①] 临垚县为笔者因研究需要而虚构的地名。

4.1 实验一：叙事身份对消费者购买意愿影响的直接效应检验

4.1.1 实验材料准备

(1)直播视频材料的选取

实验一的研究目的是检验助农直播场景中主播的叙事身份(旁观者 vs. 当局者)对消费者购买意愿的影响。选用的助农直播产品为笋干。正式实验所用的 2 个直播视频材料均使用同一款直播视频软件进行录制，播放时长均控制在 1.5 分钟左右。为了防止因对助农地点的熟悉度不同而对结果造成的影响，本研究以虚拟的县名"临垚县"作为助农产地，采取主播口播的方式对叙事身份进行讲述，利用一些说明表示主播的叙事身份为当局者身份，例如"来自我的家乡""我们县""我老乡"，当主播的叙事身份为旁观者身份时，则用"临垚县""农户"等进行讲述。视频材料 1 中，主播向消费者讲述了自己是本场助农直播的主播小云(旁观者身份)；视频材料 2 中，主播向消费者阐述助农直播的产品来自主播的家乡(当局者身份)。两个视频材料除主播身份不同之外，时长、像素、分辨率、背景等要素均完全一致。视频的录制采用同一名主播、同一款滤镜、同一个背景，录制位置和主播位置固定不变。为接近真实的电商直播场景，本研究在场景布置、主播和产品上进行设置：在场景布置上，直播间采用淘宝直播中常见的书桌，直播背景采用空白背景以去除其他信息对结果造成的影响；在主播挑选上，选取了一名接近绝大多数主播年龄和性别的 20 多岁的女性主播；直播的农产品选择了常见的助农产品笋干作为实验材料，并用 imovie 软件对录制好的视频进行了剪辑。两个视频材料的音量和横宽比完全一致，没有出现直播平台的标识(logo)、时间等信息。

(2) 叙事身份的操控检验

实验一邀请了 30 名在校被试参与前测。为了保证直播视频材料能够流畅播放,先将视频上传至无广告的第三方视频播放网站(www.bilibili.com),再将视频嵌入到问卷当中,请被试者观看完视频后,采用 Likert 7 点量表对视频中主播的叙事身份进行主观判断。结果显示叙事身份的操控非常成功($P<0.01$)。

4.1.2 正式实验

(1) 实验设计与被试

实验一采用单因素(叙事身份:旁观者 vs. 当局者)组间实验设计。我们在中国最大的专业数据收集网站问卷星上发布了调查问卷(https://www.wjx.cn/)。该网站每天有超过 100 万名参与者回答问卷,并提供专业的问卷收集服务。具体方法是将实验视频素材上传到无广告的视频播放平台(www.bilibili.com),然后将视频嵌入在线问卷的开头。问卷设置为在观看完实验视频后完成。调查问卷包括两个问题,以确定无效回答:对其中一个问题设置一个反向问题(如果参与者对这两个问题的回答相同,则他们的问卷被判定为无效问卷);其中一个问题规定其选择一般,如果选择错误则判定问卷无效。实验一在问卷星上招募了 90 名被试参与实验。剔除填答时间过短与逻辑题错误的无效问卷后,得到 75 份有效问卷。在有效问卷中,53.3% 为女性($n=40$),46.7% 为男性($n=35$)。将招募的被试随机分到两个实验组中,其中旁观者组 37 人,当局者组 38 人,要求被试看完实验视频后开始实验。

(2) 购买意愿的测量

采用李克特 7 级量表,主要借鉴 Gilly 等(1998)的研究,并结合网络直播场景,用以下三个题项对消费者购买意愿进行测量(Cronbach's $\alpha=0.862$):如果我要购买笋干,我会考虑直播中的这款笋干;我有意愿购买这款笋干;我愿意将这款笋干推荐给他人。

(3)假设检验

分析结果显示,主播的叙事身份对消费者购买意愿的主导效应显著($F=2.185, P<0.01$)。进一步分析不同主播的叙事身份(当局者 vs. 旁观者)对消费者购买意愿的影响。以主播的叙事身份为分组变量(0 为当局者,1 为旁观者),消费者购买意愿为因变量,采用独立样本 T 检验证明主播的叙事身份对消费者购买意愿的影响存在差异。结果如表 4-1 所示,与叙事身份为旁观者相比,主播的叙事身份为当局者身份更易引发消费者购买意愿($M_{当局者}=5.05, M_{旁观者}=4.05, P=0.013<0.05$),假设 H1 得到了有效验证。

表 4-1 不同主播的叙事身份对消费者购买意愿的影响(实验一)

叙事身份	均值	标准差	F	Sig
当局者	5.05	1.24	2.185	0.000
旁观者	4.05	1.09		

4.1.3 研究结果讨论

实验一的结果证明叙事身份(当局者 vs. 旁观者)对消费者购买意愿有显著的影响。本研究发现,相对于主播旁观者的身份,当主播是当局者身份时更容易引发消费者的购买意愿。之所以会产生这样的影响,是由于当主播身份是当局者时,消费者更容易认同角色所持的态度并且更容易认同"当局者"主播所经历的事件。当主播是当局者身份时,也更容易使消费者的视角转换成受助者的视角,从而产生共情。

但实验一仍然存在一些局限性。第一,实验一只讨论了叙事身份对消费者购买意愿的影响,不考虑空间距离和产品涉入度的影响。第二,实验一没有考虑潜在的中介(共情和主播认同)。第三,实验一的稳健性有待进一步验证。为了解决这些问题,笔者进行了实验二、实验三和实验四。

4.2 实验二：共情和主播认同的中介作用关系假设检验

4.2.1 实验材料准备

(1) 直播视频材料的选取

实验二的研究目的是检验共情和主播认同对叙事身份(旁观者 vs. 当局者)与消费者购买意愿影响关系的中介作用。为了增强实验的外部效度，实验二采用助农产品干百合作为实验材料并设计了两个新的网络直播视频作为实验材料。视频材料1中，主播向消费者讲述了自己是本场助农直播的主播小云(旁观者身份)；视频材料2中，主播向消费者阐述助农直播的产品来自主播的家乡(当局者身份)。视频材料1和视频材料2除主播的叙事身份不同之外，其余录制要素和剪辑方式等完全一致(参照实验一)，播放时长平均控制在1.5分钟左右。

(2) 叙事身份的操控检验

实验二邀请了30名被试参与前测，测试方法及设计及实验一相同。结果显示，叙事身份的操控成功($P<0.01$)。

4.2.2 正式实验

(1) 实验设计与被试

实验二采用单因素(叙事身份：当局者 vs. 旁观者)组间实验设计。问卷星上招募90名被试参与实验，将被试随机分到两个实验组中，实验流程和方式与实验一完全相同。实验二共发放90份调查问卷，除去无效调查问卷，共获得72份有效调查问卷。在有效问卷中，50.0%为女性($n=36$)，50.0%为男性($n=36$)。同实验一相同，将被试随机分到两个实验组中，其中旁观者组 36 人,当局者组 36 人,要求被试看完实验视频后开始实验。

(2) 变量测量

表 4-2 的共情的测量主要借鉴 Bagozzi 和 Moore(1994)、黄丽媛(2020)的研究,并结合网络直播场景,用以下 6 个题项进行测量(Cronbach's $\alpha=0.975$):我对直播中农户们的情况感到同情;我能理解直播中所描述的农户的销售困境;看着这个直播,我似乎想象到百合滞销的场景;对于百合滞销,我感受到了和农户一样的焦虑;直播想要唤起我对农户提供帮助或保护的渴望。主播认同的测量主要借鉴 Shamir 等(1998)、Liu 等(2015)的研究,用以下 3 个题项进行测量(Cronbach's $\alpha=0.935$):我的个性与该主播的个性相似;主播传达给我的信息是有用的;主播的价值观与我的很类似。消费者购买意愿的测量量表与实验一相同(Cronbach's $\alpha=0.939$)。

表 4-2 信度表(实验二)

测量项	题目数量	Cronbach's α
共情	6	0.975
主播认同	3	0.935
购买意愿	3	0.939

(3) 假设检验

分析结果显示,主播的叙事身份对消费者购买意愿的主效应显著($F=1.572, P<0.01$)。进一步分析不同主播的叙事身份(当局者 vs. 旁观者)对消费者购买意愿的影响。以主播的叙事身份为分组变量(0 为当局者,1 为旁观者),消费者购买意愿为因变量,采用独立样本 T 检验证明主播的叙事身份对消费者购买意愿的影响存在差异。结果显示,与叙事身份为旁观者相比,主播的叙事身份为当局者身份更易引发消费者购买意愿($M_{当局者}=5.27, M_{旁观者}=3.72, P<0.01$),假设 H1 得到了有效验证(见表 4-3)。

表 4-3　不同主播叙事身份对消费者购买意愿的影响(实验二)

叙事身份	均值	标准差	F	Sig
当局者	5.27	1.01	1.572	0.000
旁观者	3.72	1.30		

基于陈瑞等(2013)提出的中介效应分析程序,以及 Hayes 和 Preacher(2008)提出的多个并列中介变量检验方法,使用 Process 插件中的 Bootstrap 对共情和主播认同的中介作用进行检验。结果表明:使用 Process 的模型 4,样本数为 5000,在 95% 的置信区间下,共同中介作用显著(LLCI[①]=−1.6682,ULCI=−0.8051),作用大小为−1.1977;在两条中介路径中,共情(LLCI=−1.3457,ULCI=−0.4412)和主播认同(LLCI=−0.6558,ULCI=−0.0428)均发挥了显著的中介作用,大小分别为−0.8812和−0.3165。由此可见,假设 H2 和假设 H3 得到有效验证。

4.2.3　研究结果讨论

实验二的结果证明共情和主播认同在叙事身份(当局者 vs. 旁观者)对消费者购买意愿的影响中起中介作用。实验二的意义主要有两个。首先是验证了共情和主播认同的中介作用。其次,采用了新的助农产品(百合)作为实验材料,以确保实验一的结果可以在别的实验场景中得出,即进一步确保了实验的稳健性。

虽然实验二有一定意义,但空间距离和产品涉入度的影响并未被讨论。为了解决这些问题,进行了实验三和实验四。

[①]　LLCI 和 ULCI 分别是置信区间的最低值和最高值。

4.3 实验三:空间距离调节作用关系假设检验

4.3.1 实验材料准备

(1)直播视频材料的选取

实验三的研究目的是检验空间距离(远 vs.近)对叙事身份(旁观者 vs.当局者)与消费者购买意愿影响关系的调节作用。为了增强实验的外部效度,实验三采用助农产品蜂蜜作为实验材料并设计了四个新的网络直播视频作为实验材料。叙事身份的操控方式同实验一与实验二。在空间距离的操控上,参照 Trope 和 Liberman(2010)、李婷婷(2016)的研究,利用浙江和新疆作为操控条件,并采用虚拟的地名"临垚县"作为助农产品的产地。

本实验参照上述的内容操控方式编写了 4 段主播口播内容。视频材料 1 中,主播向消费者阐述助农产品来自主播的家乡(当局者身份),本场直播的产品来自新疆(地理距离远);视频材料 2 中,主播向消费者阐述助农产品来自主播的家乡(当局者身份),本场直播的产品来自浙江(地理距离近);视频材料 3 中,主播向消费者讲述了自己是本场助农直播的主播小云(旁观者身份),本场直播的产品来自浙江 vs.新疆(地理距离远);视频材料 4 中,主播向消费者讲述了自己是本场助农直播的主播小云(旁观者身份),本场直播的产品来自浙江(地理距离近)。四段实验材料除主播的叙事身份和空间距离不同之外,主播讲述的产品信息均一致,其余录制要素和剪辑方式等完全一致(参照实验一),播放时长控制在 1.5 分钟左右。

(2)叙事身份和空间距离的操控检验

实验三邀请了 60 名浙江省被试参与前测,叙事身份的测试方法及设计与实验一相同。操控检验结果显示,叙事身份的操控是成功的。在空间距离的操控上,参照以往文献对于空间距离远的定义,以新疆作为远距离,浙江作为近距离,并虚构了一个不存在的县名"临垚县",以防止消费者因对地名的熟悉度不同而对结果造成影响。空间距离的操控方式参照徐富明等(2016)的方法,在主播口播内容中介绍助农产品的产地("新疆"或"浙江")来操控空间距离的远近。测量的量表改编自 Freitas 等(2008)、孔诗晓(2014)的量表。请被试看完实验视频后,要求其填写问题"您认为该助农直播视频中的蜂蜜产地离自己有多远,请对该距离进行评定,并依据您的实际感受在下面的 Likert 7 点量表中选择合适的选项"。其中 1 表示"距离非常近",7 表示"距离非常远"。对数据进行独立样本 T 检验处理,表 4-4 显示($M_{浙江}=1.67, M_{新疆}=5.33, F=6.717, P=0.000<0.01$)空间距离有显著差异,操控成功,进行正式实验。

表 4-4 空间距离的操控结果(实验三)

空间距离	均值	标准差	F	Sig
浙江	1.67	0.711	6.717	0.000
新疆	5.33	1.398		

4.3.2 正式实验

(1)实验设计与被试

实验三采用双因素 2(叙事身份:当局者 vs. 旁观者)* 2(空间距离:远 vs.近)的组间实验设计。在问卷星上招募 160 名被试参与实验,将被试随机分到四个实验组中,实验流程和方式与实验一相似。实验三共收回 160 份问卷,剔除无效问卷后,得到 121 份有效问卷。有效问卷中,组一(当局者+空间距离近)32 人,组二(当局者+空间距离远)31 人,组三(旁观者+空间距离近)25 人,组四(旁观者+空间距离远)33 人。与实验一一致,要求被试看完实验视频后,填写实验问卷。

(2) 变量测量

共情(Cronbach's α=0.971)、主播认同(Cronbach's α=0.916)和购买意愿(Cronbach's α=0.910)的量表参照实验二(见表 4-5)。

表 4-5 信度表(实验三)

测量项	题目数量	Cronbach's α
共情	6	0.971
主播认同	3	0.916
购买意愿	3	0.910

(3) 调节效应检验

分析结果显示,主播的叙事身份对消费者购买意愿的主效应显著($M_{当局者}$=5.25,$M_{旁观者}$=4.75,F=0.228,P=0.049<0.05)。进一步验证空间距离的调节作用,以购买意愿为因变量进行 2(叙事身份:当局者 vs. 旁观者)×2(空间距离:远 vs. 近)的双因素方差分析。结果表明,空间距离对购买意愿的影响不显著(F=0.249,P=0.062>0.05),二者交互对购买意愿的影响显著(F=4.042,P=0.047<0.05)。为了检验空间距离近和空间距离远时不同的叙事身份对购买意愿的影响,分别对空间距离近和空间距离远组的数据进行独立样本 T 检验。两组数据均以主播的叙事身份为分组变量(0 为当局者,1 为旁观者),消费者购买意愿为因变量,采用独立样本 T 检验证明主播的叙事身份对消费者购买意愿的影响存在差异。在空间距离近组,当主播的叙事身份为当局者身份时,相对于主播的叙事身份为旁观者身份,被试表现出更高的购买意愿($M_{当局者}$=5.44,$M_{旁观者}$=4.32,F=3.228,P=0.01<0.05)(见图 4-1)。在空间距离远组,主播的叙事身份对消费者购买意愿的影响无显著差异($M_{当局者}$=5.03,$M_{旁观者}$=4.99,F=0.967,P=0.904>0.05)。假设 H1 再次得到了有效验证,同时也验证了假设 H4a 和假设 H4b。

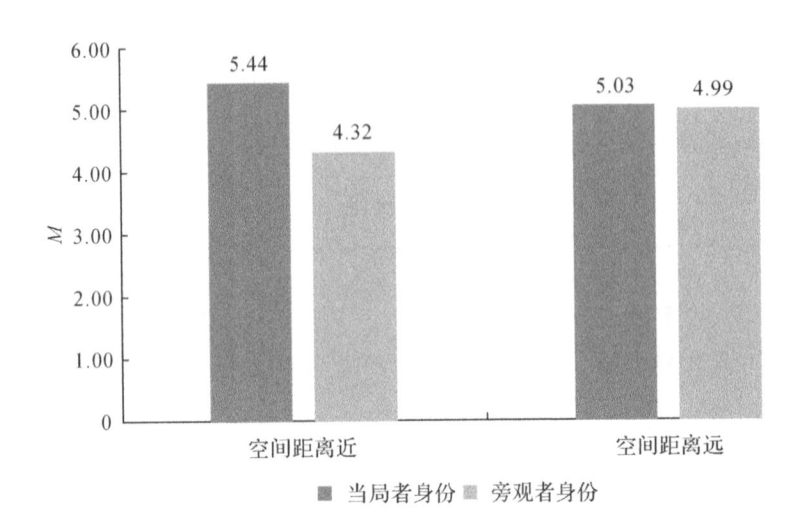

图 4-1　叙事身份和空间距离对消费者购买意愿的影响(实验三)

(4) 中介效应检验

依据 Zhao 等(2010)、李东进和张宇东(2018)的中介效应检验程序,使用 Process 插件中的 Bootstrap,对共情和主播认同的中介作用进行检验。以叙事身份(0 为当局者,1 为旁观者)为自变量,共情和主播认同为中介变量,购买意愿为因变量。分析结果显示:采用 Process 的模型 4,样本量选择 5000,在 95%的置信区间下,共同中介作用显著(LLCI=－0.9474,ULCI=－0.0590),作用大小为－0.4760;在两条中介路径中,共情(LLCI=－0.6010,ULCI=－0.0140)和主播认同(LLCI=－0.4628,ULCI=－0.0187)均发挥了显著的中介作用,大小分别为－0.2813和－0.1947。由此可见,假设 H2 和假设 H3 再次得到了有效验证。

需进一步明确不同空间距离下共情和主播认同的中介效应。Preacher 等(2007)、陈笃升和王重鸣(2015)的研究指出 Process 报告的条件间接效应(conditional indirect effect)中出现调节变量的两个不同取值,一个显著和一个不显著,则说明存在调节效应。本研究参照陈笃升和王重鸣(2015)、李东进和张宇东(2018)的分析程序与参数设置,选择模型 7 进行有调节的中介效应检验。以叙事身份(0 为当局者,1 为旁观者)为自变量,共情和主播认同为中介变量,购买意愿为因变量,空间距离(0 为空间距离近,1 为空间距离远)为调节变量。采用 Process 的模型 7,样本量选择 5000,在 95% 的置信区间下,结果显示叙事身份与空间距离的交互对共情和主播认同的影响均显著($P<0.05$)(见表 4-6)。表 4-7 显示:当空间距离近时,共情的中介效应为-0.58,置信区间为(LLCI=-1.1073,ULCI=-0.1659),置信区间不含 0;当空间距离远时,共情为中介的置信区间包含 0;当空间距离近时,主播认同的中介效应为-0.44,置信区间为(LLCI=-0.9280,ULCI=-0.1245),置信区间不含 0;当空间距离远时,主播认同为中介的置信区间包含 0。当中介为共情时,INDEX 为 0.57,Bootse 为 0.32,置信区间为(LLCI=0.0330,ULCI=1.2927)。当中介为主播认同时,INDEX 为 0.48,Bootse 为 0.25,置信区间为(LLCI=0.0796,ULCI=1.1045)。实验结果表明,不同空间距离下,共情和主播认同在主播的叙事身份对消费者购买意愿的影响中起中介效应,假设 H2 和假设 H3 得到了有效验证。

表 4-6 有调节的中介模型检验(实验三)

	EM			ID			PI		
	coeff	se	t	coeff	se	t	coeff	se	t
constant	5.19	0.14	37.27**	5.19	0.12	42.40**	0.22	0.31	0.71
NR	-0.56	0.28	-2.02*	-0.45	0.25	-1.80	-0.06	0.15	-0.40
KJ	-0.16	0.28	-0.56	-0.20	0.25	-0.82			
NR*KJ	1.16	0.56	2.07*	1.14	0.49	2.33*			
EM							0.49	0.07	7.38**
ID							0.42	0.08	5.57**
R-sq	0.07			0.08			0.70		
F	2.94			3.24			92.13		

注:** 表示 $P<0.01$;* 表示 $P<0.05$;NR=叙事身份,KJ=空间距离,EM=共情,ID=主播认同,PI=购买意愿

表 4-7　有调节的中介效应分析（实验三）

调节		条件间接效应				有调节的中介效应			
		Effect	Bootse	BootLLCI	BootULCI	INDEX	Bootse	BootLLCI	BootULCI
EM	近	−0.58	0.24	−1.1073	−0.1659	0.57	0.32	0.0330	1.2927
	远	−0.01	0.19	−0.3659	0.3761				
ID	近	−0.44	0.21	−0.9280	−0.1245	0.48	0.25	0.0796	1.1045
	远	0.04	0.14	−0.928	0.3426				

注：EM=共情，ID=主播认同

4.3.3　研究结果讨论

值得注意的是，相较于前两个实验，实验三增加了对空间距离的操控。参考李婷婷（2016）的研究，采用浙江和新疆作为空间距离近和空间距离远的操控。实验三的结果证明：在空间距离远时，叙事身份对消费者购买意愿的影响没有显著差异；当空间距离近时，相对于旁观者的身份，主播身份为当局者身份会引起更积极的消费者购买意愿。这是由于可能存在空间折扣的现象，当空间距离远时，消费者觉得与自身联系不紧密，对于助农实践赋予的价值较低，不会投入较多的认知资源，此时消费者不会注意到主播的身份，因此主播的叙事身份对消费者购买意愿没有影响。当空间距离近时，消费者觉得联系较为紧密，对于助农事件赋予的价值较高，因此会更认真地看主播的直播内容，此时主播的叙事身份会被消费者注意到。当主播的叙事身份为当局者身份时，消费者更能理解农户的处境和心态，更容易产生认同和共情，所以此时的消费者更容易产生积极的购买意愿。

实验三证明了空间距离在叙事身份对消费者购买意愿的影响中的调节作用，并且实验三的结果再次验证了共情与主播认同的中介作用。这个研究采用了新的助农产品作为实验产品，进一步增加了实验的有效性。

但这个研究没有考虑产品涉入度的影响，因此开展了实验四以讨论产品涉入度的调节作用。

4.4 实验四:产品涉入度调节作用关系假设检验

4.4.1 实验材料准备

(1)直播视频材料的选取

实验四的研究目的是检验产品涉入度(高 vs. 低)对叙事身份(旁观者 vs. 当局者)与消费者购买意愿影响关系的调节作用。为了增强实验的外部效度,实验四采用助农产品茶叶作为实验材料并设计了四个新的网络直播视频作为实验材料。视频材料 1 中,主播向消费者讲述了自己是本场助农直播的主播小云(旁观者身份),并抽取助农茶叶产品进行抽奖(产品涉入度高);视频材料 2 中,主播向消费者阐述助农产品来自主播的家乡(当局者身份),并抽取助农茶叶产品进行抽奖(产品涉入度高);视频材料 3 中,主播向消费者讲述了自己是本场助农直播的主播小云(旁观者身份),并抽取随机助农产品进行抽奖(产品涉入度低);视频材料 4 中,主播向消费者阐述助农产品来自主播的家乡(当局者身份),并抽取随机助农产品进行抽奖(产品涉入度低)。四段实验材料除主播的叙事身份和涉入度操控信息不同之外,产品内容信息均一致,其余录制要素和剪辑方式等完全一致(参照实验一),播放时长均控制在 1.5 分钟左右。

(2)叙事身份和产品涉入度的操控检验

实验四邀请了 60 名被试参与前测,主播的叙事身份测试方法和设计与实验一相同。操控检验结果显示,叙事身份的操控是成功的。涉入度的操控方式参照了 Petty 等(1983)、晋向东等(2018)的操控方法。此方法能够较好地控制无关影响因素对涉入度的干扰,在学界深受认可。具体做法是,对于涉入度高组,主播在直播中会说明讲解结束之后会抽5名粉丝,每个人送一份这款商品,后续这款商品会在在线商城继续上架,有需要的粉丝也可以购买。对于参与实验的被试,也进行奖品抽取工作,并送5名被试一人一份这款助农茶叶。对于涉入度低组,同样的,主播在直播中会说明讲解结束之后会抽5名粉丝随机送每人一份礼品,并告知由于还没开在线商店,该奖品近期不会在线上渠道销售。对于参与实验的被试,也进行奖品抽取工作,并随机送5名被抽中的被试一人一份这款助农产品(参见附录主播口述内容)。

为了检验涉入度的操作结果,实验四选择了60名被试进行测试,将这些被试随机分成两组(见表4-8)。两组学生分别观看两种类型的涉入度实验材料,看完视频后再填写问卷。产品涉入度的量表参照 Laurent(1985)、晋向东等(2018)的研究,使用五个题项测量产品涉入度:该茶叶对我而言非常重要;如果我对自己购买的茶叶不满意时,我会非常后悔自己的选择;当我购买茶叶时,我一般会精挑细选,以做出正确的决策;我非常看重该茶叶带给我的功能性(享乐性)价值;我觉得该茶叶可以体现使用者的个性或社会地位。测量结果显示,量表 α 系数为0.854,表明具有较高的内部一致性。对数据进行独立样本 T 检验处理,表4-8显示,对涉入度的操控成功,被试认为赠送茶叶是高涉入度产品,赠送随机礼品是低涉入度产品,$P=0.000<0.01$($M_{高涉入度组}=5.05$,$M_{低涉入度组}=3.17$,$F=0.175$),产品涉入度有显著差异,操控成功,进行正式实验。

表 4-8　产品涉入度的操控结果(实验四)

产品涉入度	均值	标准差	F	Sig
高	5.05	0.848	0.175	0.000
低	3.17	0.798		

4.4.2 正式实验

(1) 实验设计与被试

实验四采用双因素 2(叙事身份：当局者 vs. 旁观者)×2(产品涉入度：高 vs. 低)的组间实验设计。在问卷星上招募 160 名被试参与实验,将被试随机分到四个实验组中,实验流程和方式与实验一相似。实验四共收回 160 份问卷,剔除无效问卷后,得到 129 份有效问卷。有效问卷中,组一(当局者＋产品涉入度高)33 人,组二(当局者＋产品涉入度低)35 人,组三(旁观者＋产品涉入度高)26 人,组四(旁观者＋产品涉入度低)35 人。与实验一一致,要求被试看完实验视频后填写实验问卷。

(2) 变量测量

共情(Cronbach's $\alpha=0.951$)、主播认同(Cronbach's $\alpha=0.880$)和购买意愿(Cronbach's $\alpha=0.862$)的量表参照实验二(见表 4-9)。

表 4-9 信度表(实验四)

测量项	题目数量	Cronbach's α
共情	6	0.951
主播认同	3	0.880
购买意愿	3	0.862

(3) 调节效应检验

分析结果显示,主播的叙事身份对消费者购买意愿的主效应显著($M_{当局者}=5.05, M_{旁观者}=3.55, F=0.094, P=0.044<0.05$)。进一步验证产品涉入度的调节作用,以购买意愿为因变量进行 2(叙事身份：当局者 vs. 旁观者)×2(产品涉入度：高 vs. 低)的双因素方差分析。结果表明：产品涉入度对购买意愿的影响不显著($F=0.112, P=0.739>0.05$),二者交互对购买意愿的影响显著($F=4.046, P=0.046<0.05$)。为了检验产品涉入度

高组和产品涉入度低时,不同的叙事身份对购买意愿的影响,分别对产品涉入度高组和产品涉入度低组的数据进行了独立样本 T 检验。两组数据均以主播的叙事身份为分组变量(0 为当局者,1 为旁观者),消费者购买意愿为因变量,采用独立样本 T 检验证明主播的叙事身份对消费者购买意愿的影响存在差异。在产品涉入度高组,当主播的叙事身份为当局者身份时,相对于主播的叙事身份为旁观者身份,被试表现出更高的购买意愿($M_{当局者}=5.35, M_{旁观者}=4.31, F=0.060, P=0.01<0.05$)。在产品涉入度低组,主播的叙事身份对消费者购买意愿的影响无显著差异($M_{当局者}=4.77, M_{旁观者}=4.72, F=0.000, P=0.881>0.05$)(见图 4-2)。假设 H1 再次得到了有效验证,同时也验证了假设 H5a 和假设 H5b。

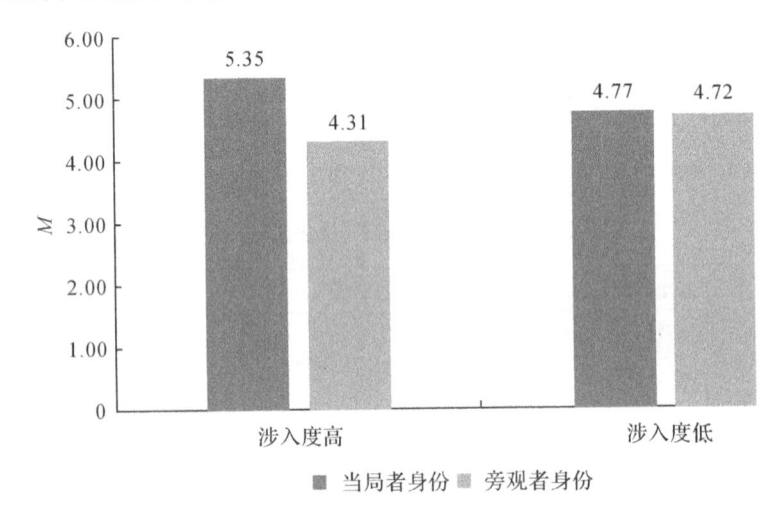

图 4-2 叙事身份和产品涉入度对消费者购买意愿的影响(实验四)

(4)中介效应检验

同实验三,使用 Process 插件中的 Bootstrap,对共情和主播认同的中介作用进行检验。类似的,以叙事身份(0 为当局者,1 为旁观者)为自变量,共情和主播认同为中介变量,购买意愿为因变量。分析结果显示:采用 Process 的模型 4,样本量选择 5000,在 95% 的置信区间下,共同中介作用显著(LLCI=-0.9404,ULCI=-0.0801),作用大小为-0.4965;在两条中介路径中,共情(LLCI=-0.5244,ULCI=-0.0189)和主播认同(LLCI=-0.4930,ULCI=-0.0303)均发挥了显著的中介作用,大小分别为-0.2450和-0.2515。由此可见,假设 H2 和假设 H3 再次得到了有效验证。

需进一步明确不同产品涉入度下共情和主播认同的中介效应。同实验三,以叙事身份(0 为当局者,1 为旁观者)为自变量,共情和主播认同为中介变量,购买意愿为因变量,产品涉入度(0 为产品涉入度高,1 为产品涉入度低)为调节变量。采用 Process 的模型 7,样本量选择 5000,在 95% 的置信区间下,结果显示叙事身份与产品涉入度的交互对共情和主播认同的影响均显著($P<0.05$)(见表 4-10)。表 4-11 显示:当产品涉入度高时,共情的中介效应为-0.52,置信区间为(LLCI=-0.9374,ULCI=-0.1586),置信区间不含 0;当产品涉入度低时,共情为中介的置信区间包含 0;当产品涉

表 4-10　有调节的中介模型检验(实验四)

	EM			ID			PI[①]		
	coeff	se	t	coeff	se	t	coeff	se	t
constant	5.61	0.25	22.60**	5.57	0.22	25.80**	-0.29	0.27	-1.06
NR	-1.09	0.37	-2.91*	-1.01	0.33	-3.12**	-0.01	0.12	-0.09
PI[②]	-0.67	0.35	-1.93	-0.62	0.30	-2.070*			
NR * PI	1.060	0.51	2.10*	1.02	0.44	2.33*			
EM							0.47	0.06	8.61**
ID							0.54	0.06	1.59**
R-sq	0.07			0.08			0.79		
F	3.03			3.45			152.14		

注:** 表示 $P<0.01$;* 表示 $P<0.05$;NR=叙事身份,PI=产品涉入度,EM=共情,ID=主播认同,PI=购买意愿

① PI 为购买意愿
② PI 为产品涉入度

表 4-11　有调节的中介效应分析(实验四)

调节		条件间接效应			有调节的中介效应			
		Effect	Bootse	BootLLCI	BootULCI	INDEX	Bootse	BootLLCI	BootULCI
EM	高	-0.52	0.190	-0.9374	-0.1586	0.50	0.26	0.0270	1.0631
	低	-0.01	0.17	-0.3411	0.3231				
ID	高	-0.44	0.19	-0.937	-0.1987	0.56	0.25	0.1137	1.1094
	低	0.01	0.16	-0.3044	0.3376				

注：EM＝共情，ID＝主播认同

入度高时，主播认同的中介效应为－0.44，置信区间为(LLCI＝－0.9370，ULCI＝－0.1987)，置信区间不含 0；当产品涉入度低时，主播认同为中介的置信区间包含 0。当中介为共情时，INDEX 为 0.50，Bootse 为 0.26，置信区间为(LLCI＝0.0270，ULCI＝1.0631)。当中介为主播认同时，INDEX 为 0.56，Bootse 为 0.25，置信区间为(LLCI＝0.1137，ULCI＝1.0940)。实验结果表明，不同空间距离下，共情和主播认同在主播的叙事身份对消费者购买意愿的影响中起中介效应，证实了假设 H2 和假设 H3。

4.4.3　研究结果讨论

实验四的结果证明：产品涉入度高时，相对于旁观者的身份，主播身份为当局者身份会引起消费者更积极的购买意愿；当产品涉入度低时，叙事身份对消费者购买意愿的影响没有显著差异。研究结果进一步证实 ELM 模型在信息加工过程中的作用。当产品涉入度高时，消费者采取中心路径进行信息处理，此时产品对消费者来说更重要，消费者会尽可能的获得更多的产品信息，因此消费者会在观看直播当中投入更多的认知精力，消费者会注意到主播的叙事身份。当主播的叙事身份是当局者时，消费者会从当地人的角度代入故事，从而产生怜爱之情与想象体验。当产品涉入度低时，消费者采取边缘路径进行信息处理与搜集，产品对消费者来说不是那么重要，消费者投入的精力较少,此时消费者可能不会太认真地看直播,不会注意到主播的叙事身份,主播的叙事身份对消费者购买意愿的影响差异不显著。

综上,实验四证明了产品涉入度在叙事身份对消费者购买意愿的影响中的调节作用,同时实验四的结果也再次证明了共情和主播认同的中介作用。这个实验采用了新的助农产品(茶叶)作为实验产品,进一步增加了实验的有效性。

本章对助农直播场景下主播的叙事身份对消费者的购买意愿的影响研究做了进一步的探讨:利用实验的研究方法,采取四个实验验证了关于主播叙事策略对消费者购买意愿的影响机制及其边界条件的假设。

本章中,首先对主播效应的假设进行验证,分别探讨了两种不同的主播的叙事身份(当局者 vs. 旁观者)对消费者购买意愿的影响。之后,尝试探索这一影响的内在机理(共情和主播认同的中介作用)和边界条件(空间距离和产品涉入度)。由于本章以实验为主,故对主播的叙事身份、空间距离和产品涉入度采取操控的方式进行区分。空间距离的操控是选取浙江和新疆两个地区,并招募浙江省居民(非新疆籍)的被试参与实验;产品涉入度的操控是参照 Petty 等(1983)、晋向东等(2018)的研究进行的。之所以采取这种操控方式是为了避免其他无关因素对实验结果的干扰,而且该方法在学术界备受认可。以往的研究的操控方法是呈现不同的信息给消费者,消费者看完信息之后会对产品的涉入度产生差异。以往的操控主要是在两方面:一是奖励产品(广告产品还是随机商品);二是告知被试是否该产品会在本地进行市场推广。本研究也通过以上两种操控方式以改变消费者对产品的涉入度。但由于以往的研究中该方法主要运用在广告学当中,而本研究的场景是在线购物的场景,因此本研究做了一些改动。具体的改动方式是:在产品涉入度高中的实验中,"该产品或品牌将在本地进行市场推广"依据情境修改成"后续这款商品会在在线商城继续上架,有需要的粉丝也可以购买";在产品涉入度低中的实验中,"该产品不在本地进行推广"依据情境修改成"由于还没开在线商店,该产品近期不会在线上渠道销售"。同时,借鉴Laurent(1985)的研究,采取 5 个语句测量产品涉入度的高低,测量的结果显示,对于产品涉入度的操控是成功的。

实验一和实验二的结果表明,相对于主播的旁观者叙述身份,当主播是当局者叙述身份时更容易促进消费者的购买意愿。然而,这一效应也不是在任何情况下都能发生的,所以本研究探索了这一效应的边界条件(实验三),其研究结果表明:当空间距离远时,主播的叙述者身份对消费者的购买意愿的影响没有显著差异;当空间距离近时,相对于主播的旁观者身份,主播是当局者身份更容易促进消费者的购买意愿。实验四的研究结果表明:当产品涉入度高时,相对于主播的旁观者身份,主播是当局者身份更容易促进消费者的购买意愿;当产品涉入度低时,主播的叙述者身份对消费者的购买意愿的影响没有显著差异。

5 主播叙事策略对消费者购买意愿影响机制的实验研究

本章通过实验法的方式探究助农直播中主播叙事策略对消费者购买意愿的影响,并对假设 H6 至假设 H8 进行检验。本章一共设计了两个实验并选取了两种助农产品作为实验材料。在实验五中,选取笋干作为实验材料对叙事策略进行操纵,以分析主播叙事策略对消费者购买意愿的影响。实验六是在实验五的基础上,选取干百合作为新的实验材料,重点分析叙事策略对消费者购买意愿的影响及其作用机理,即验证共情和主播认同的中介作用。

5.1 实验五:叙事策略对消费者购买意愿影响的直接效应检验

5.1.1 实验材料准备

(1)直播视频材料的选取

本实验的研究目的是检验主播叙事策略(示弱叙事策略 vs. 示强叙事策略)对消费者购买意愿的影响。直播选取的实验产品为助农产品笋干。

正式实验所用的两个直播视频材料使用同一款直播视频软件进行录制,播放时长均控制在 1.5 分钟左右。直播所用的实验材料的设计参考以往文献对于示弱和示强的定义并结合现实直播场景中主播的口述内容撰写而成。值得注意的是,依据钟科等(2014)的研究,示弱叙事策略的"劣势"并非产品或者经营服务质量等方面的内容,在本书的研究中"劣势"指的是竞争态势或者是农户先天资源方面的不足。依据扎根研究的结果,"劣势"主要指的是农户所在地区经济落后等信息。为了保证信息内容的一致性,在实验口播内容的设计上,示弱叙事策略和示强叙事策略所呈现的内容尽量为一个信息的"劣势"与"强势"。以"县内没有大型的企业"为例,示弱叙事策略主要侧重于"经济发展落后,大多居民都是以务农为主",示强叙事策略主要侧重于"生态环境优越,家庭收入来源主要依靠优质农作物"。视频材料 1 中,主播向受众讲述了农户的艰难曲折经历及改变现状的决心(示弱叙事策略);视频材料 2 中,主播向消费者讲述了农户所在地区的优质自然环境以及取得的美誉(示强叙事策略)。视频材料 1 和视频材料 2 除主播讲述内容不同之外,其余录制要素和剪辑方式等完全一致(参照实验一),播放时长均控制在 1.5 分钟左右。

(2)互动策略的操控检验

实验五邀请了 30 名被试参与前测,测试方法和实验一相同。请被试观看完视频后,采用 Likert 5 点量表对视频中主播采取的互动策略进行主观判断。互动策略的测量主要借鉴 Paharia 等(2011)的研究,从外部劣势以及激情和决心两个维度进行测量,共有 16 个题项。结果显示,示弱叙事策略的外部劣势维度(Cronbach's $\alpha=0.930$, $M_{示弱}=5.56$, $M_{示强}=3.06$, $P<0.01$)以及激情和决心维度(Cronbach's $\alpha=0.881$, $M_{示弱}=4.84$, $M_{示强}=3.27$, $P<0.01$)的均值都显著高于示强策略(见表 5-1)。由此可见,实验五对主播互动策略的操控是成功的。

表 5-1　叙事策略的操控结果(实验五)

叙事	策略	均值	标准差	F	Sig
外部劣势	示弱叙事策略	5.56	0.88	0.022	0.000
	示强叙事策略	3.06	0.84		
激情和决心	示弱叙事策略	4.84	0.90	1.025	0.000
	示强叙事策略	3.27	1.62		

5.1.2　正式实验

(1)实验设计与被试

实验五采用单因素(叙事策略:示弱叙事策略 vs.示强叙事策略)组间实验设计。在问卷星上招募 90 名被试参与实验,将被试随机分到 2 个实验组中。实验流程参照实验一。测试视频的滤镜(亮度)和音量大小与正式实验视频相同,但内容与实验视频无关(参照实验一)。看完实验视频之后,请被试填写问卷。实验一共收回 90 份问卷,剔除无效问卷后,得到 75 份有效问卷。在有效问卷中,48.0% 为女性($n=36$),52.0% 为男性($n=39$)。同实验一,将招募的被试随机分到 2 个实验组中,其中示弱叙事策略组 37 人,示强叙事策略组 38 人,要求被试看完实验视频后开始实验。

(2)购买意愿的测量

购买意愿主要用三个题项测量(Cronbach's $\alpha=0.874$),量表参照实验一。

(3)假设检验

分析结果显示,主播叙事策略对消费者购买意愿的主效应显著($F=0.221, P<0.01$)。进一步分析不同主播叙事策略(示弱叙事策略 vs.示强叙事策略)对消费者购买意愿的影响。以主播叙事策略为分组变量(0 为示弱叙事策略,1 为示强叙事策略),消费者购买意愿为因变量,采用独立样本

T检验证明主播叙事策略对消费者购买意愿的影响存在差异。如表5-2显示,与示强互动策略相比,主播采取示弱叙事策略更易引发消费者的购买意愿($M_{示弱}=5.13, M_{示强}=3.83, P<0.01$),假设H6得到了有效验证。

表5-2 主播不同叙事策略对消费者购买意愿的影响(实验五)

互动策略	均值	标准差	F	Sig
示弱叙事策略	5.13	1.24	1.116	0.000
示强叙事策略	3.83	1.20		

5.1.3 研究结果讨论

实验五的结果证明叙事策略(示弱叙事策略 vs. 示强叙事策略)对消费者购买意愿有显著的影响。本研究发现,在助农直播场景当中,相对于主播采取示强叙事策略,当主播采取示弱策略时更容易引发消费者的购买意愿。之所以会产生这样的影响,是由于劣势者效应的作用。在助农场景中当主播采取示弱策略时,会引发消费者的身份联想和共情反应,进而影响消费者的消费意愿。

本书在讨论中总结了这些发现的重要理论意义。但实验五仍然存在一些局限性。第一,实验五只讨论了叙事策略对消费者购买意愿的影响,没有考虑劣势者效应是否存在边界调节的影响,即空间距离和产品涉入度的作用。第二,实验五没有考虑潜在的中介,即共情和主播认同的中介作用。第三,实验五的稳健性有待进一步验证,值得考虑的是改变实验材料的情况下,是否能稳定得出一样的实验结果。

5.2 实验六:共情和主播认同的中介作用关系假设检验

5.2.1 实验材料准备

(1)直播视频材料的选取

实验六的研究目的是检验共情和主播认同在叙事策略(示弱叙事策略 vs. 示强叙事策略)对消费者购买意愿影响关系的中介作用。同时为了增强实验的外部效度,实验六采用助农产品干百合作为实验材料并设计了两个新的网络直播视频作为实验材料。实验材料设计参照实验五,示弱叙事策略和示强叙事策略尽量采取同一信息的两个方面,以减少实验其他因素对结果造成的影响。类似的,视频材料 1 和视频材料 2 除主播叙事策略不同之外,其余录制要素和剪辑方式等完全一致(参照实验一和实验五),播放时长均控制在 1.5 分钟左右。

(2)叙事策略的操控检验

实验六邀请了 30 名被试参与前测,测试方法和设计与实验五相同。操控检验结果显示,叙事策略的操控是成功的。实验结果显示,示弱叙事策略的外部劣势维度(Cronbach's $\alpha=0.939, M_{示弱}=5.78, M_{示强}=3.13, P<0.01$)以及激情和决心维度(Cronbach's $\alpha=0.922, M_{示弱}=5.04, M_{示强}=3.15, P<0.01$)的均值都显著高于示强策略(见表 5-3)。由此可见,实验五对主播互动策略的操控是成功的。

表 5-3 叙事策略的操控结果(实验六)

叙事策略		均值	标准差	F	Sig
外部劣势	示弱叙事策略	5.78	0.81	1.650	0.000
	示强叙事策略	3.13	1.00		
激情和决心	示弱叙事策略	5.04	1.24	0.087	0.000
	示强叙事策略	3.15	1.05		

5.2.2 正式实验

(1)实验设计与被试

实验六采用单因素(叙事策略:示弱叙事策略 vs. 示强叙事策略)组间实验设计。招募 90 名在校被试参与实验,将被试随机分到两个实验组中,实验流程和方式与实验五完全相同。实验六共发出 90 份问卷,剔除无效问卷后,得到 71 份有效问卷。在有效问卷中,53.5% 为女性($n=38$),46.5% 为男性($n=33$)。同实验五,将大招募的被试随机分到两个实验组中,其中示弱叙事策略组 36 人,示强叙事策略组 35 人,要求被试看完实验视频后开始实验。

(2)变量测量

共情由 6 个题项测量得出(Cronbach's $\alpha=0.963$)、主播认同由 3 个题项测量得出(Cronbach's $\alpha=0.922$)和购买意愿由 3 个题项测量得出(Cronbach's $\alpha=0.898$)的量表参照实验二(见表 5-4)。

表 5-4 信度表(实验六)

测量项	题目数量	Cronbach's α
共情	6	0.963
主播认同	3	0.922
购买意愿	3	0.898

(3)假设检验

分析结果显示,主播的叙事身份对消费者购买意愿的主效应显著($F=1.116, P<0.01$)。同实验五,进一步分析不同主播叙事策略(示弱叙事策略 vs.示强叙事策略)对消费者购买意愿的影响。以主播叙事策略为分组变量(0 为示弱叙事策略,1 为示强叙事策略),消费者购买意愿为因变量,采用独立样本 T 检验证明主播叙事策略对消费者购买意愿的影响存在差异。结果显示,与示强互动策略相比,主播采取示弱互动策略更易引发消费者的购买意愿($M_{示弱}=5.46, M_{示强}=3.87, P<0.01$)(见表 5-5),假设 H6 再次得到了有效验证。

表 5-5　主播不同叙事策略对消费者购买意愿的影响(实验六)

互动策略	均值	标准差	F	Sig
示弱叙事策略	5.46	1.02	1.116	0.000
示强叙事策略	3.87	1.29		

同实验二,根据陈瑞等(2013)提出的中介效应分析程序,以及 Hayes 和 Preacher(2008)提出的多个并列中介变量检验方法,使用 Process 插件中的 Bootstrap 对共情和主播认同的中介作用进行检验。结果显示:采用 Process 的模型 4,样本量选择 5000,在 95%的置信区间下,共同中介作用显著(LLCI=−1.2686, ULCI=−0.4282),作用大小为−0.8319;在两条中介路径中,共情(LLCI=−1.0194, ULCI=−0.2627)和主播认同(LLCI=−0.5156, ULCI=−0.0246)均发挥了显著的中介作用,大小分别为−0.6082和−0.2237。由此可见,假设 H7 和 H8 得到了有效验证。

5.2.3　研究结果讨论

实验六的结果证明,共情和主播认同在叙事策略(示弱叙事策略 vs. 示强叙事策略)对消费者购买意愿的影响中起中介作用。实验六的意义主要有两个。首先,验证了共情和主播认同的中介作用。其次,采用了新的助农产品(干百合)作为实验材料,以确保实验五的结果可以在别的实验场景中得出,即进一步确保了实验的稳健性。

虽然实验六有一定意义,但空间距离和产品涉入度的影响并未被讨论。

6　助农直播带货主播话术设计

随着电商行业的快速发展和普及,助农直播带货已成为一种新型的营销方式,为农产品销售提供了新的途径。助农直播带货是指通过直播平台将乡村文化和农产品带入城市,通过主播的话术、展示和推销,促进农产品的销售。如今助农直播受到越来越多的关注,销售数据也越来越惊人。

相关数据显示,2023年,中国农村电商交易规模已经达到2.49万亿元,其中农产品网络零售额0.59万元。这一切离不开助农直播的发展,火爆的助农直播带货已经成为中国电商行业的一道风景线,它不仅为农民提供了一个新的增收途径,还解决了农产品销售难的问题,推动了乡村振兴的进程。

然而,助农直播带货的成功离不开主播的努力和技巧。主播的话术是助农直播带货的核心内容,它直接影响着观众的情感和购买行为。因此,主播话术的质量和效果对于助农直播带货的成败至关重要。

在实践中,助农直播带货主播的话术还存在一些问题。首先,有些主播的话术过于敷衍和俗套,缺乏个性和特点,不能吸引观众的眼球并引起他们的情感共鸣。其次,有些主播话术没有针对不同的受众群体进行调整和优化,这导致直播带货效果不佳。最后,有些主播在表达时话术过于生硬、简单粗暴,与观众产生了距离感和隔阂感,失去了与观众深入沟通的机会。

因此,设计一份有效且高效的助农直播带货话术显得尤为重要。这份工具单应该包含以下几个方面的内容:话术设计方面,分析主播的叙事身份和角色,设计情感、信息、互动、行动等方面的策略,提供针对不同受众群体的实例;话术实践方面,提供不同场景下的话术示例和操作技巧,分析常见问题和解决方案;策略调整方面,根据实际情况和数据反馈,调整和优化话术策略,提供不断更新的资源和案例,适应行业快速变化的需要;专业支持方面,为主播提供专业的指导和支持,包括表达技巧、语言规范、形象搭配等方面的建议。

总之,助农直播带货主播话术设计的建立和实施是非常必要和重要的。一份有效的工具单应该包含丰富、具体、深入的内容,从不同的角度和层面对话术进行分析和设计,为主播提供全面的支持和指导,提升其专业水平和形象,为助农直播带货的发展作出贡献。

6.1 直播话术概述

6.1.1 直播话术内涵

直播话术是在网络直播平台上,主播在实时进行直播节目时所使用的一套精心设计的口头表达方式和技巧。直播话术的目的是提供有趣、吸引人的直播内容,并与观众进行互动交流,以达到吸引观众注意、提升观众参与度的效果。它是一门综合性的技术,需要主播具备一定的口才和情绪管理能力,这样才能在直播过程中运用自如,给观众带来愉悦的体验。

第一,在进行直播节目前,主播需要进行充分的准备工作。这包括对目标受众进行深入分析和定位。只有了解观众的兴趣、偏好和需求,才能针对观众进行话术设计,从而更好地吸引观众的注意力,引发其共鸣。在准备工作中,还需要有精心的内容策划和主题选择。无论是推广产品、分享经验还是娱乐,都需要有准确的目标、明确的内容框架和流程。例如在推广产品的直播中,主播需要准确地传达产品的特点与价值,激发观众的购买欲望。情绪管理也是直播话术准备的重要部分。主播需要在直播过程中保持积极、自信的心态,只有保持良好的情绪状态,才能更好地与观众产生情感共鸣。

第二,在直播话术的构建过程中,开场白的设置与技巧是至关重要的。一个引人入胜的开场白可以快速地吸引观众的注意力,营造出良好的氛围。在开场白中,主播可以通过讲述一个趣味性的人物故事、提出一个引人入胜的问题或分享一个悬疑情节来吸引观众的关注。开场白的目的是引起观众的兴趣,激发他们的好奇心。

第三,在直播过程中,一个关键的要素是观众的互动与参与引导。观众是直播的重要组成部分,他们的参与可以大大丰富整个直播内容。主播可以通过提问观众、要求观众发表意见、设置投票、设置礼物奖励等方式鼓励观众积极参与互动。观众的参与不仅可以增加直播内容的互动性和趣味性,也会让观众觉得更具参与感,增强其观看体验。

第四,语言表达与措辞技巧也是直播话术中的重要部分。良好的语言表达和选词可以让内容更加生动有趣,增强观众的感受。主播需要注意遣词造句,避免使用难以理解的专业术语,把握好口吻和语气的适度,以使观众易于理解并产生共鸣。

第五,肢体语言和声音节奏的运用也是直播话术设计中不可忽视的部分。肢体语言和声音节奏可以更好地表达直播内容的情感和节奏感,增强直播对观众的吸引力。主播可以通过姿势、面部表情、手势以及音量、语调的变化等方式,增添直播内容的魅力和生动性。

第六,视频内容的制作和剪辑也属于直播话术的一部分,包括背景音乐的选择、画面的切换和处理、特效的使用等。优秀的剪辑能够在直播中提升观众的观赏体验,使内容更加精彩有趣。

直播话术的终点并不是直播节目的结束,还需要进行节目的回顾与反思,对粉丝的跟进及互动回应,以及数据分析与优化策略等后续处理。通过回顾和反思,主播可以总结经验并找出不足之处,便于对以后的直播节目进行改进和提升。对粉丝的跟进和互动回应可以增强粉丝的归属感,并促进与粉丝之间的互动。对直播数据的分析和优化可以更好地了解观众的喜好和反应,从而调整下一次直播的内容和形式,以获得更好的效果。

综合练习与评估部分则是为了让主播在实践中不断提高自己的直播话术能力。通过练习,主播可以更好地掌握直播话术的实际应用技巧;通过评估,主播可以及时发现自己的不足之处,有针对性地进行弥补和提升。

在未来的发展中,直播话术将会不断地与技术发展相融合,进一步丰富和完善。随着直播平台技术的不断创新和发展,直播话术也将不断适应新技术的应用。例如,智能化、个性化的直播话术可能会更加普及,通过机器学习和自然语言处理等技术,主播可以根据观众的兴趣、需求和反馈,实现对话语的个性化调整和优化,提升观众的观看体验。

总之,直播话术是在网络直播平台上进行直播节目的一套精心设计的口头表达方式和技巧。它要求主播具备一定的口才和情绪管理能力,并在整个直播过程中运用自如,给观众带来愉悦的观看体验。在直播话术的设计中,准备工作、构建技巧、观众互动、语言表达和措辞技巧、肢体语言和声音节奏等都是重要的要素。除此之外,直播话术的应用也包括视频内容的制作和剪辑、节目结束后的回顾与反思、对粉丝的跟进及互动回应,以及数据分析与优化策略等。

6.1.2 直播话术的重要性

直播话术的重要性体现在七个方面。

一是专业性,直播话术具备专业性,能够准确、清晰地传达信息。通过事先准备的话术,主播可以避免口误或篇章混乱,确保观众能够准确地理解所传达的内容,提升直播的专业度。

二是吸引观众：直播话术可以帮助主播吸引观众的注意力和兴趣。通过恰当的开场白和过渡，主播可以快速吸引观众。不仅如此，话术还可以帮助主播引导观众的思维，使他们更容易接受和理解直播内容。

三是语言表达能力更规范，直播话术提供了一种规范的语言表达方式，让主播在直播中更加自信和流畅地表达。选择合适的词汇和句式，主播可以使自己的语言更加准确、生动，有效地传达意思，提升自身的语言表达能力。

四是管理时间和节奏更高效，直播话术可以帮助主播合理安排直播的时间和节奏。通过预先制定的话术，主播可以控制直播的进程，确保在规定的时间内传达全部信息。此外，话术还可以帮助主播在直播中掌握节奏，避免过长或过短的发言，保持直播的连贯性和流畅性。

五是回答问题和应对突发情况更自如，直播话术可以帮助主播应对观众的问题和突发情况。通过事先准备的话术，主播可以在观众提问时迅速给予恰当的回答，解答观众的疑问。此外，话术还可以帮助主播应对意外情况或技术故障，从而使其保持冷静并迅速采取应对措施。

六是增加互动性和参与度，直播话术可以帮助主播增加直播的互动性和参与度。通过提前准备的互动环节和相应的问答话术，主播可以鼓励观众积极参与互动、提问和回答问题，从而增加直播的活跃度和趣味性。

七是建立品牌形象和口碑，直播话术可以帮助主播塑造和维护品牌形象和口碑。通过专业的话术和语言表达能力，主播能够展现自己的专业素养和品牌形象，赢得观众的认可和信任。良好的直播口碑不仅能够吸引更多的观众，还能够提升品牌的知名度和美誉度。

总结起来，直播话术对于一场成功的直播来说是至关重要的。它不仅能够提升主播的专业度和语言表达能力，还能够帮助主播引导观众，管理时间和节奏，应对问题和突发情况，增加互动性和参与度，建立品牌形象和口碑。因此，在直播之前，主播务必进行充分的准备，制定适合自己和直播内容的话术,以确保直播的顺利进行,赢得观众的喜爱和支持。

6.1.3 直播话术与传统演讲的异同

直播话术和传统演讲在许多方面都有相似之处,但也存在着一些显著的差别。例如,在前期准备、程序安排、时间控制、观众互动、品牌形象呈现、技术条件等几个方面都存在一定的相似之处和差别。

(1)前期准备

直播话术:需要考虑到直播平台的特点,如互动性强、观众可能随时提问等。因此,在准备直播话术时,主播需要有应对突发状况的计划,并设置一些与观众互动的环节。

传统演讲:一般是单向的,演讲者需要提前准备好发言稿或演讲大纲,强调语言的规范性和专业性。

(2)程序安排

直播话术:通常需要做出更加详细的程序安排,因为观众在直播中可能有各种各样的问题和回应。同时,需要考虑到直播的互动环节,这样才能使得直播更加生动有趣。

传统演讲:程序安排相对统一,通常具有开场白、正式演讲、结尾总结等固定的环节。

(3)时间控制

直播话术:主播在直播时需要根据实时情况和观众的反馈来控制时间,确保直播节奏的连贯性,并且回应观众的问题。因此,在直播话术中需要留有一定的弹性时间。

传统演讲:通常具有固定的时间,演讲者需要严格按照时间控制演讲的内容和节奏。

(4)观众互动

直播话术:主播需要考虑到观众的实时互动,包括回答观众的问题、参与投票互动等。因此,直播话术中需包含与观众互动的环节。

传统演讲:一般为单向表达,演讲者与观众之间的互动较少,通常在演讲结束后才会进行问答环节。

(5)品牌形象呈现

直播话术:需要考虑主播的形象塑造、言行举止、互动方式等,着重体现主播的亲和力和活跃感,以吸引观众。

传统演讲:更侧重于呈现演讲者的专业性和表达能力,以及展示演讲者的知识和素养。

(6)技术条件

直播话术:需要充分考虑到直播平台的技术条件和网络环境因素,以规避可能的技术故障,并应对可能出现的网络延迟问题。

传统演讲:更侧重于音响条件和演讲场地的选择,尤其是大型演讲活动,需要考虑到音响设备和环境氛围的营造。

总体来说,尽管直播话术和传统演讲在一些方面有相似之处,例如都需要准备充足、言辞得体,然而在前期准备、程序安排、时间控制、观众互动、品牌形象呈现和技术条件等方面存在明显差异。主播需要认识到这些不同之处,有针对性地准备直播话术,以确保直播活动圆满成功。

6.2 准备工作

6.2.1 助农直播的主题和产品

助农直播的主题和产品类型可以根据不同的地域和需求进行选择、调整。一般来说,助农直播的主题和产品以农村特色、农产品为主,包括以下八个方面。

(1)农产品直播

将乡村的农产品通过直播的方式介绍给城市的观众,并通过主播的展示和推销,吸引观众购买,促进农产品销售。农产品种类丰富多样,根据不同的地域和季节进行选择,包括水果、蔬菜、肉类、粮食等。例如来自四川的橙子、山东的苹果、广东的杧果等。

(2)乡村旅游直播

将乡村的旅游资源通过直播的方式呈现给观众,介绍当地的自然环境、文化风情和历史遗迹,吸引观众进行旅游消费。例如湖南的凤凰古城、山东的泰山、云南的丽江等。

(3)乡村文化直播

介绍乡村的传统文化和民俗风情,挖掘当地的历史、人文和地理特色,通过主播的讲述和演示,向观众展示乡村的独特魅力。例如江苏的水乡古镇、浙江的龙井茶文化、广西的壮族歌舞等。

(4)农业科技直播

介绍现代农业的科技成果和创新成果,向观众展示农业生产的现代化、智能化和高效性。例如新疆的棉花种植技术、河南的水稻种植技术、云南的咖啡种植技术等。

(5)农村手工艺直播

通过直播的方式展示乡村手工艺品的制作过程和成品,向观众介绍当地独特的手工艺传统和技艺,吸引观众购买。例如湖北的竹编工艺、广东的陶瓷工艺、四川的蜡染工艺等。

(6)农村美食直播

展示乡村特色美食的制作过程和原料采集情况,向观众介绍地方传统美食文化和饮食习惯,吸引观众品尝和购买。例如云南的过桥米线、江苏的水饺、山东的烧烤等。

(7)农产品加工直播

展示农产品的加工过程,向观众介绍农产品深加工的技术,推动农产品的增值销售。例如湖南的茶叶加工、广西的茶油加工、新疆的干果加工等。

(8)乡村民宿直播

介绍乡村民宿的环境、设施和特色服务,向观众展示乡村休闲度假的魅力,吸引观众预订体验。例如浙江的农家乐、福建的客家土楼、湖南的竹屋民宿等。

助农直播的主题和产品类型非常丰富多样,通过直播平台,让乡村特色和农产品走进城市,不仅能够促进农民增收和乡村振兴,还能够丰富城市观众的文化生活和消费体验。助农直播的主题和产品种类多样化,不仅可以通过直播平台促进农产品的销售和农村旅游的发展,还可以向城市观众展示乡村的独特魅力和丰富多彩的乡村生活,从而推动乡村振兴战略的实施,实现城乡经济的发展。

6.2.2 直播时间的确定

助农直播的直播时间的确定需要综合考虑目标受众的特点,农业生产的季节性特点,观众的在线时间和生活节奏,市场销售的高峰期和淡季以及实时互动和互动性等因素。通过合理的时间选择,可以有效地吸引目标受众,提高直播的收视率和互动度,提升助农直播的效果和实效。

(1)因素一:目标受众的特点

目标受众的特点是确定助农直播时间的重要基础。不同年龄、教育水平、地域和职业特点的受众群体有不同的生活习惯和在线时间。例如,农民可能更倾向于在工作的间隙或晚上收看助农直播,而城市消费者可能更喜欢在晚饭后的休闲时间收看直播。因此,了解目标受众的特点,是确定直播时间的重要因素之一。

(2)因素二:农业生产的季节性特点

农业生产具有明显的季节性特点,包括播种、生长、收获等不同的时间节点。助农直播的时间可以根据农业生产的不同季节来确定。例如:在农作物的病虫害防治期间进行助农直播,可以为农民提供有益的信息和指导;在农产品丰收的季节进行直播,可以帮助农民进行销售和营销。因此,结合农业生产的季节特点可以确定最佳的直播时间以满足农民的需求。

(3)因素三:观众的在线时间和生活节奏

观众的在线时间和生活节奏也是影响直播时间的重要因素。不同受众群体有着不同的生活习惯和工作安排,因此,需要根据观众的在线时间和生活节奏确定直播的时间。例如,如果目标受众主要是农民,那么应该优先考虑他们的工作时间和休息时间,确保直播能够与他们的日常生活安排相符。如果目标受众主要是城市消费者,那么可以选择晚饭后或周末的闲暇时间进行直播,以便他们能够更好地参与互动。

(4)因素四:市场销售的高峰期和淡季

助农直播不仅是为了提供农业知识和技术,还可以帮助农产品的销售和推广。因此,需要考虑农产品的市场销售高峰期和淡季。在农产品销售的高峰期,增加相关主题的助农直播可以帮助农民更好地推销产品。在淡季,可以选择其他与农业相关的直播主题,以提供有益的信息和培训。因此,结合市场销售的季节性特点,可以确定助农直播的时间,促进农产品的销售和推广。

(5)因素五:实时互动和互动性

助农直播不仅是提供信息和知识,还应该与观众进行实时互动。因此,直播时间的选择应该考虑到观众的活跃度和互动性。根据观众的在线时间和生活习惯,选择能够提高互动度的直播时间段,例如晚上直播,可以使观众更容易参与互动,提出问题和分享经验。同时,也可以结合直播的主题和内容对直播时间进行调整,以提高观众的参与度和互动性。

6.2.3 目标观众群体的确定

助农直播的目标观众群体包括农民、农业从业者和城市消费者等。这些群体具有不同的特征和需求,因此需要针对性地设计和提供助农直播内容,以满足不同群体的需求。

(1)群体1:农民

农民是助农直播的主要受众群体之一。他们通常居住在农村地区,以种植农作物、养殖牲畜、渔业等农业活动为主要生计来源。

农民群体的特征包括:生活作息规律,一般是日出而作,日落而息;对农业技术和知识的需求强烈,希望了解种植技术、农药防治、肥料使用和农产品销售等方面的新知识;在生活和工作中遇到的问题需要实时解答和反馈;关注农产品市场价格走势,希望通过直播了解市场信息。

因此,助农直播的内容可以包括农业专家的技术讲解、农业机械使用指导、农产品销售渠道、市场行情分析等,以满足农民对农业知识和信息的需求,并帮助他们提高生产技术和农产品销售能力。

(2)群体2:农业从业者

这一类群体包括农业技术人员、合作社成员、农业企业员工等,他们具有一定的专业性和相关知识。

农业从业者的特征包括:对农业行业的前沿技术和发展趋势感兴趣,希望获取最新的农业科技信息;需要与同行交流分享经验,了解不同地区的农业实践和案例;希望获取专业培训和技术指导,提高自身的专业技能。

因此,助农直播可以围绕农业科技前沿、经验交流、专业培训等方面进行,比如新品种介绍、节水灌溉技术、有机农业实践案例等,以满足农业从业者对专业知识和信息的需求。

(3)群体3:城市消费者

在城市居住的消费者也是助农直播的重要观众群体。他们可能对农产品的质量、食品安全、绿色有机食品等方面关注度高。

城市消费者的特征包括：对农产品安全、来源和生产过程关注度高，希望了解农产品种植、加工、销售等环节的情况；希望购买质量好、安全的农产品，对有机农产品和绿色食品有一定需求；对农业文化、乡村旅游等方面感兴趣，希望了解农村生活和农业生产的魅力。

因此，助农直播可以涵盖农产品质量安全保障、有机农业生产介绍、农产品购买渠道等内容，满足城市消费者对农产品质量和安全的需求，同时通过展示农村风光和农业文化，增强城市消费者对乡村的关注和认知。

(4)群体4：农产品加工商和销售渠道商

这一类群体包括农产品加工商、农产品贸易商、电商平台操作者等，他们关注的重点可能是市场走势、销售渠道、产品推广等方面。

农产品加工商和销售渠道商的特征包括：

关注农产品市场的供需情况，希望了解不同农产品的销售前景及走势；需要了解和学习市场营销策略、产品推广经验、电商运营技巧等方面的内容；对农产品质量、包装、标识等与销售有关的问题关注度高。

因此，助农直播可以涉及农产品市场行情、营销策略、电商渠道推广等内容，满足农产品加工商和销售渠道商对市场走势和销售策略的需求，提供相关的营销指导和推广经验分享。

6.2.4　助农直播的特点和优势

助农直播作为一种新型的营销方式，已经成为众多乡村产品和农户的新选择。

(1)农产品直播的特点和优势

特点：农产品直播的特点在于直播平台能够为乡村农产品提供更广阔的销售渠道。通过直播平台的传播，农产品的知名度和美誉度能够得到提升，同时也能够加速拓展销售渠道，扩大农产品的产销规模。农产品直播还能够在主播和观众之间建立更加深入的沟通和互动,提高观众的购买欲望和忠诚度。

优势:农产品直播的优势在于其能够实现农村和城市的互通。通过直播平台,乡村的农产品得以走进城市,并向城市观众进行展示和推销。同时,农产品直播能够为农民提供更加稳定的收入来源,促进农村经济的发展和乡村振兴。此外,农产品直播还能够加强城乡之间的交流,推动农业现代化和城市化的发展。

(2)乡村旅游直播的特点和优势

特点:乡村旅游直播的特点在于其能够为城市观众提供更加真实和直观的旅游体验。通过直播平台,观众能够身临其境地感受乡村的自然环境、文化风情和人文景观,了解当地的历史、人文和地理特色,提升旅游体验和文化认同感。

优势:乡村旅游直播的优势在于其能够促进乡村旅游的可持续发展。通过直播平台的推广和宣传,乡村旅游能够吸引更多的游客,提高当地旅游业的收益和影响力。同时,乡村旅游直播也能够促进城乡之间的交流,推动乡村振兴和城市化的发展。

(3)乡村文化直播的特点和优势

特点:乡村文化直播的特点在于其能够展示乡村的传统文化和民俗风情,挖掘当地的历史、人文和地理特色。通过主播的讲述和演示,观众能够了解乡村的独特魅力和价值,提高对乡村的认知并加强对乡村的了解。

优势:乡村文化直播的优势在于其能够促进乡村文化的传承和保护。通过直播平台的传播和推广,乡村的传统文化和民俗风情能够得到更广泛的传播和推广,提高文化的美誉度和影响力。同时,乡村文化直播还能促进城乡之间的交流和了解,推动乡村振兴和城市化的发展。

(4)农业科技直播的特点和优势

特点:农业科技直播的特点在于其能够向观众展示最新的农业技术、种植方法、农业机械设备以及农作物疾病防治等内容。通过直播平台，观众可以直观地了解先进的农业技术应用和现代农业生产方式，加深对农业科技的认识，了解实现农业高效、可持续发展的方法和途径。观众也可以在直播中与主播互动，提问和交流关于农业科技的问题，增进对农业科技的理解。

优势：农业科技直播的优势在于其能够促进农业生产效率的提升，通过直播平台向农民介绍先进的农业技术和科学的种植方法，帮助他们提高种植和管理水平，促进农作物产量和质量的提升，实现农业的增产增收。此外，农业科技直播也能够推动农业技术的推广和应用，加快推进农业现代化进程，提高农业的竞争力和可持续发展能力。通过直播，还能够加强农业科技人员与农民之间的沟通和交流，促进农业科技的改良和创新，进一步推动农业的可持续发展。

(5)农村手工艺直播的特点和优势

特点：农村手工艺直播的特点在于其能够向观众展示传统工艺品的制作过程和技艺，让观众更加直观地了解农村手工艺品的独特魅力。此外，直播平台也能够提供交互式的环境，观众可以与主播互动，通过提问了解农村手工艺的来历和其背后的故事，增强了观众的参与感。

优势：农村手工艺直播的优势在于其能够促进传统手工艺品的传承和发展，同时为农村手工艺品注入时尚元素，创新传统工艺品的设计和销售渠道。此外，农村手工艺直播也能够吸引更多的年轻人关注和了解传统文化，促进乡村文化的传播和发展。

(6)农村美食直播的特点和优势

特点：农村美食直播的特点在于其能够通过直播平台向观众展示当地特色美食的烹饪过程，让观众对美食的原料采集和制作过程有更直观的了解。观众也可以在直播中与主播互动，了解美食的口味特点、食材来源等信息。

优势：农村美食直播的优势在于其能够促进当地美食的宣传和推广，在吸引游客前来寻找美食品尝的同时,也可以广泛的传播乡村饮食文化。通过直播,也能够为当地的餐饮业和农产品销售带来更多的商机。

(7)农产品加工直播的特点和优势

特点:农产品加工直播的特点在于其能够向观众展示农产品的深加工环节,让观众对加工产品的生产流程和工艺有更全面的了解,也能够提高观众对产品的信任度。

优势:农产品加工直播的优势在于其可以刺激观众的购买欲望,加工直播节目也是对农产品深加工品牌的推广,同时也可以为原料农户提供更多的销售渠道和增值机会。

(8)乡村民宿直播的特点和优势

特点:乡村民宿直播的特点在于其能够通过视频展示从而实现实景欣赏,向城市观众展示乡村民宿的环境、设施和独特文化特色。观众可以在直播中提问以了解民宿的服务和住宿条件,进而对民宿有更全面的了解。

优势:乡村民宿直播的优势在于其能够为农民提供农村旅游的增收机会,同时也可以促进乡村旅游业的发展,吸引更多游客前来体验乡村生活和自然风光。乡村民宿直播也能够提高民宿的知名度和吸引力,增加预订率。

6.2.5 助农直播的受众群体

助农直播的受众群体相对广泛,涵盖了城市观众和农村观众,主要包括以下几类人群。

(1)城市观众

城市观众是助农直播的主要受众群体,他们通常居住在城市,具有较高的消费能力和购买欲望。他们对于乡村的文化、生态和农产品有一定的兴趣和需求,同时也希望通过购买农产品来支持乡村经济的发展。

(2)农村观众

农村观众是助农直播的另一个重要受众群体,他们通常居住在农村,对于农产品和乡村文化具有较高的理解和认同。他们希望通过助农直播来增加农产品的销售,从而增加自身的收入来源。

(3)有环保意识的人群

有一部分消费者注重环保和健康的生活方式,更倾向于选择生态、有机、天然的农产品。这部分人群对于助农直播中所介绍的农产品的质量、产地和加工环节都有比较高的要求。

(4)年轻消费者

随着年轻人的消费观念逐渐转变,他们越来越注重生活品质和文化体验。助农直播中所介绍的乡村文化、民俗风情和乡村旅游能够吸引年轻人的兴趣和关注,从而使其成为重要的消费群体。

总之,助农直播的受众群体较为广泛,主要涵盖了城市观众、农村观众、有环保意识的人群和年轻消费者等不同的人群。助农主播需要针对不同的受众群体进行话术和营销策略的调整和优化,以达到更好的直播效果。

助农直播中主播的话术设计是非常重要的,它可以直接影响观众的观感和购买决策。

6.2.6　策划直播流程和互动环节

(1)整体流程和节目安排的两个阶段

策划和准备阶段:需要确定助农直播的主题、目标观众群体、直播时间和频率等重要因素。同时,还需要准备直播所需的设备、材料和人力资源,并制定详细的策划方案。这个阶段的含义是为了确立直播的主题和目标,以及做好后续准备工作,为整个直播活动的顺利进行奠定基础。

内容准备阶段:需要根据所选的主题和目标观众群体,准备相应的内容,包括农业知识和技术,专家解读和分享,案例分析和经验交流等。内容准备是助农直播的核心,目的是提供有价值、实用且吸引观众兴趣的内容,以满足观众的需求,并提供有益的农业知识和技术。这部分包含直播所需的视觉和音频素材准备。

视觉素材

● 带有品牌标识的开场和片头动画:可以设计一个个性化的开场动画和片头,展示您的品牌和节目的名称。

● 产品照片和视频:展示农产品的外观、包装和制作过程,可以通过展示高清照片或录制视频来呈现。

● 农田、果园、养殖场等场景:通过现场拍摄,展示种植环境和农产品的生长过程,让观众能更直观地感受到农业的魅力。

● 打卡景区、农家乐等相关场景:如果有条件,可以前往美丽的景区、农家乐等地进行实地拍摄,丰富直播内容,增加观众的趣味性。

● 直播间或演播室背景:可以设计一个符合节目主题的直播间或演播室背景,让观众进入农产品的世界。

音频素材

● 主持人和嘉宾的语音解说:通过清晰和富有感染力的语音解说,介绍农产品的特点、品质以及相关知识,让观众更好地理解和欣赏农产品。

● 背景音乐:选取合适的背景音乐,营造节目的氛围和节奏感,提升观众的观看体验。

● 音效:根据需要,添加一些音效来提升节目效果,如拍摄自然环境时的鸟鸣声、农产品制作过程中的刀具声等。

直播前的宣传和推广:在直播前,需要进行宣传和推广,包括通过社交媒体、App 平台、农业论坛等渠道宣传直播活动,并吸引观众的关注和参与。宣传和推广的目的是提高直播的知名度和影响力,吸引更多的观众参与到助农直播中来。

  直播实施阶段:直播实施阶段是整个助农直播的核心阶段,需要按照事先策划的流程和节目安排进行直播活动。直播中应保证良好的直播质量,如画面清晰、声音清晰、网络稳定等,同时要注重与观众的互动,回答观众的问题,解答疑惑,引导观众参与。直播实施阶段是将策划和准备的内容真正呈现给观众的过程,其目的是传递农业知识、技术和经验给观众,并与观众建立互动和反馈机制。

  直播后的整理和总结:直播结束后,需要对直播的效果进行整理和总结。这包括收集、分析和评估观众的反馈和意见,对直播内容和形式进行评估,以及对直播活动的数据进行整理和分析。直播后的整理和总结阶段的含义是通过对直播的评估和反思,不断改进和优化助农直播的策划和执行,提高直播活动的质量,提升直播活动的效果,同时也为下一次的直播活动积累经验和教训。

  总体而言,助农直播的整体流程和节目安排是从策划、准备,到内容准备,再到宣传推广,直至直播实施和直播后的整理和总结。每个阶段都有其特定的含义和目标,旨在确保直播活动能够顺利进行,并提供有价值、有用的农业知识和信息,进而为观众提供帮助和服务。

  (2)直播互动方式及其作用

  评论和弹幕互动环节:直播过程中,观众可以在直播平台上发送文字评论和弹幕进行互动。主播和嘉宾可以随时查看并回复观众的评论,回答观众提出的问题,这种互动形式可以提升直播的实时性并增加直播的亲和力,拉近主播和观众之间的距离。

  点赞和送礼互动环节:观众可以通过点击点赞按钮来表达对主播的喜爱和支持,还可以通过送礼物的方式来打赏主播。一些直播平台提供了丰富多样的礼物选择,如飞机、火箭、爱心等,这些礼物有着不同的虚拟价值和价格,观众可以选择不同的礼物来打赏主播,并在直播过程中展示自己的支持。

问答环节:主播或嘉宾可以设置专门的问答环节,邀请观众提出问题,然后给予解答。这种形式可以提升直播的专业性和互动性,让观众在直播中获得更多有价值的信息,也能够提升观众对直播的参与感和满足感。

抽奖环节:抽奖环节是吸引观众参与的利器,主播和嘉宾可以在直播中举行抽奖活动,比如回答问题就有机会获得奖品,或者通过互动留言等形式参与抽奖。抽奖活动可以提高观众的互动积极性,让他们更愿意留在直播室一直观看直播。

实时互动环节:一些直播平台提供了实时连麦功能,观众可以通过申请连麦的方式和主播进行实时视频互动。这种方式可以让观众更加直接地表达自己的意见和感受,增加直播的互动性和真实性。

主题互动环节:在特定的直播节目中,可以设置一些特殊的互动环节,比如根据直播内容举行投票活动、PK对决等,让观众参与其中,提升直播的趣味性和参与度。

互动游戏环节:在直播间中设置一些有趣的互动游戏,如猜字谜、猜歌曲、抢答等,可以提升直播的趣味性和互动性,吸引观众参与并活跃气氛。

分享互动环节:鼓励观众在社交媒体上分享直播内容,比如要求观众截图并上传到自己的社交平台,或者邀请观众@好友一起来观看直播,鼓励观众通过分享扩散直播信息,从而吸引更多人参与观看直播。

话题投票环节:主播可以设置几个备选话题或者选项,然后通过投票的方式由观众来决定接下来要讨论的内容,提升观众的参与度和话语权。

送上屏互动环节:主播可以在直播间播放观众发送的图片或短视频,展示观众的创意和作品,也可以在节目中对这些作品进行评论和分享,增强观众的参与感。

话题互动环节:在直播中提出一个有趣的话题或者观点,邀请观众留言表达自己的看法,进行集体讨论,让观众参与到话题讨论中来,拓展互动范围。

虚拟礼物互动环节:除了实物礼物,一些直播平台还提供了各种卡通表情、虚拟鲜花等虚拟礼物,观众可以通过发送这些虚拟礼物来表达自己对主播的支持和喜爱,提高直播的趣味性。

以上是一些常见的直播互动方式,不同的直播平台和不同的直播主题可以根据具体情况选择合适的互动方式,在直播中增强观众的参与感并提升观众黏性,提高直播的互动性和趣味性。设计直播互动环节时,需要结合直播内容和观众群体的特点,灵活运用各种互动形式,让观众更有参与感,提升直播的体验和效果。

6.3 话术设计

话术设计的四个基本要素的基本说明如下:情感指的是主播需要通过语言表达和情感交流让观众感受到主播的真诚和亲近感,从而增强观众的好感度和信任度;信息指的是主播需要通过清晰、简洁、逻辑性强的语言向观众传递农产品、乡村旅游、乡村文化和农业科技的相关信息,让观众了解产品的特点、优势和品质,从而提高其购买决策的信心和准确度;互动指的是主播需要通过不断地提问、回答、引导等方式与观众进行积极的互动和沟通,增强观众的参与感并提升观众的忠诚度;行动指的是主播需要通过优惠、购买、分享等方式引导观众进行购买决策和转化行动,从而促进农产品的销售和乡村经济的发展。

6.3.1 叙事身份和角色

主播在助农直播中扮演着重要的叙事身份和角色。他们需要具备专业的知识和技能,使观众能够信任和认可他们所推销的产品和服务。主播还需要充满活力和热情,让观众感受到他们对于农产品和乡村文化的热爱和专注。此外,主播还需要具备与观众进行互动和沟通的能力,使整个直播过程更加生动和有趣。

助农直播中的叙事身份和叙事角色包括以下几种。

农业专家或专业技术人员:这类叙事身份通常具备丰富的农业知识和专业技能,他们可以分享农业科技、种植管理、疾病防治等方面的专业知识。他们的特点是具有权威性和专业性,能够提供权威和可靠的农业技术信息。

农民或农产品生产者:作为实际的生产者,农民或农产品生产者可以分享自己的种植经验、生产情况以及对当地农业的理解和见解。他们的特点是贴近实际生产,能够提供真实的农业生产体验和个人见解。

农产品推广者或销售商:这类叙事身份可以介绍特色农产品的种植加工、品质特点和营养价值,推动农产品的销售和推广。他们的特点是关注农产品市场,具有销售和推广能力。

这些叙事身份和叙事角色各有侧重,但共同的特点是他们通过助农直播平台分享与农业生产、农产品推广和农业科技相关的信息和经验,为观众提供专业、实用和可靠的农业内容。同时,他们也能够通过自身的经验和知识为农业推广和产业发展做出积极的贡献。

6.3.2 情感策略

在助农直播中,主播可以采用情感策略来吸引观众、引起共鸣并提高观众的参与度。情感策略的操作方法包括情感化语言、情感化表达和情感互动,通过主播自身的情感表达和营造情感互动的氛围与观众建立共鸣,以促使观众愿意参与到助农活动中来。

首先,情感化语言可以让主播的表达更贴近观众的情感需求,比如用朴实真诚的语言和情感化的词汇来描述农产品的生长过程、农民的辛勤与付出,引起观众的情感共鸣。例如,主播在讲述某种农产品的种植过程时,可以用充满爱心和关怀的语言来描述农民的辛勤劳动,突出农产品纯天然、绿色环保等优势,使观众对农产品和农民产生情感认同并给予支持。

其次,情感化表达是通过主播的声音、表情和肢体语言来传递情感,主播可以适时地加强对农产品的表扬和赞美,或者在分享农民故事时流露出对农民的敬重和感激之情。这样可以使观众更加关注和认同主播所表达的情感,增强观众的情感共鸣。例如,主播在介绍当地农民耕作时,可以用温暖的语调和赞美的目光来表达他对农民辛勤劳动的敬佩之情,在谈及农产品时则适当流露出他对优质农产品的喜爱和赞美之情。

最后,情感互动是主播与观众互动的关键,主播可以设定一些互动环节让观众参与进来,使观众产生情感共鸣并愿意参与到助农活动中来。例如,主播可以邀请观众分享自己的种植经验或与农产品相关的故事,或者提出问题邀请观众参与讨论,同时及时回应和回复观众的留言和提问,积极营造互动氛围。

综上所述,通过情感化语言、情感化表达和情感互动的操作方法,助农直播中的主播可以更好地吸引观众、引起观众共鸣并提高观众的参与度,将观众的情感需求与助农内容有机地结合在一起,从而更好地达到助农直播的传播效果。

示例6-1 情感策略话术

亲爱的观众朋友们,大家好!今天我非常激动地和大家分享一个特别的产品——山西小米!

这是一种天然、纯正的五谷杂粮,种植在山西宁静的土地上。每一颗小米都是农民们用心种植的成果,经过他们的辛勤劳作和精心呵护,才有了这份美味与健康。

你们知道吗?在每一片稻田里,农民们用汗水浸润土地,细心照料每一棵稻穗，亲手收割每一株稻米。正是他们的辛勤付出，才有了这一颗颗珍贵的山西小米。纯天然、绿色健康是这份小米的一贯特点。每粒小米都蕴含着阳光和大地的味道，让我们每一口都能感受到大自然的馈赠。

每一次品尝山西小米，都是在表达对农民辛苦劳作的敬意。让我们一起支持他们，品尝他们的心血和奉献。我相信，当你咀嚼这粒小米的时候，你会感受到那种朴实和纯粹的幸福感，就像置身于山西大地一样。

亲爱的观众朋友们，今天的直播是助力山西的农民，现在就让我们一起参与到这场助农行动中来吧！你是否有自己种植小米的经验呢？或者你有什么与小米相关的美好故事想和大家分享呢？可以在评论区留言！同时，如果你对山西小米有任何疑问或者想了解更多信息，也欢迎在评论区与我进行互动，我会及时解答并回复你们的留言！

感谢大家的支持和参与！让我们一起努力，把爱心传递给每一位努力耕耘的农民，共同营造一个更美好的农产品市场！

6.3.3　信息策略

信息策略在助农直播中的作用也非常重要，主播需要通过重点、优势、功能等方式向观众传递农产品、乡村旅游、乡村文化和农业科技的相关信息，让观众了解产品的特点、优势和品质，从而提高其购买决策的信心和准确度。

例如，在直播中，主播可以通过重点突出、案例讲解、专业解读等方式向观众传递产品的特点和优势，从而提高观众的认知度和理解度。

示例 6-2　信息策略话术

亲爱的观众朋友们,今天我非常激动地给大家介绍甘肃瓜州的特色农产品——瓜州蜜瓜!

首先,我想强调的是,瓜州蜜瓜是甘肃瓜州地区的特产,得益于当地丰富的阳光和清洁的空气,这里生产的蜜瓜口感鲜美、甘甜可口,而且汁水丰富,非常受消费者的喜爱。

瓜州蜜瓜的优势就是其口感细腻,果肉饱满多汁,香甜可口,吃起来清爽宜人。瓜州地区独特的气候和土壤条件使得种植蜜瓜具有独特的区域优势,因此瓜州蜜瓜具有鲜美的口感和独特的风味,而且以纯天然、绿色健康的特点而闻名。

此外,瓜州蜜瓜不仅口感上乘,而且富含维生素 C、维生素 E 和多种矿物质,对于美容养颜、健康保健都有很好的功效。我们可以看到,瓜州蜜瓜不仅口感佳,而且营养丰富,是一款健康又美味的水果。

希望通过今天的介绍,您对甘肃瓜州蜜瓜有了更深入的了解。对于这款新鲜、美味、健康的水果,您有什么疑问或者更多想了解的吗?欢迎在留言区和我互动,我会在直播中为您解答!感谢大家的关注和支持,也希望大家在尝试瓜州蜜瓜的同时,更加了解和关注甘肃瓜州的美丽乡村和丰富农产品!

6.3.4　互动策略

在助农直播中,主播可以采用多种互动策略来提高观众参与度,增加观众黏性,增强观众的参与感和互动体验。以下是一些操作方法和示例。

提出问题和讨论话题:主播可以在直播过程中提出一些关于农业生产、农产品加工或者农业科技等方面的问题,邀请观众进行讨论。例如,主播可以问:"你在自家种植过哪些蔬菜?你遇到过什么种植问题或者有什么好的经验可以分享?"通过提问引导观众参与进来,进而分享自己的经验和见解。

互动小游戏和抽奖环节:主播可以设置一些有趣的互动小游戏或者抽奖环节,吸引观众积极参与。例如,主播可以进行"农产品知识问答"小游戏,或者在直播尾声进行抽奖环节,鼓励观众在互动中获得实惠或者礼物。

实时互动回复观众评论:主播可以在直播过程中实时回复观众的评论和提问,与观众建立即时的互动联系。当观众留言提问时,主播可以适时回复并做出解答,增强观众的参与感,与之建立更紧密的互动联系。

邀请特邀嘉宾分享经验:主播可以邀请农业专家、农民代表或者农产品品牌推广人员作为特邀嘉宾分享相关领域的经验和见解。例如,主播邀请一位农业科技专家分享种植技术,或者邀请一位农产品品牌负责人分享品牌故事,这样可以丰富直播内容,增加观众的关注度和参与意愿。

与其他社交平台互动链接:主播可以在直播中加强与观众在其他社交平台上的互动联系,比如主播引导观众关注自己其他社交平台的账号、提供二维码让观众扫描关注其他社交平台的账号,或者在其他社交平台上进行在线问答、互动抽奖等活动,使观众在不同平台上都能感受到主播的关注和互动。

在以上的互动策略中,主播可以通过提出问题、互动小游戏、实时回复观众评论、邀请特邀嘉宾以及在其他社交平台互动链接等方式,鼓励观众积极参与到直播互动中来,增强观众的参与感,增加直播的趣味性和互动性,提升观众的观看体验。

示例6-3　互动策略话术

大家好,欢迎来到今天的助农直播!在接下来的直播中,我们将会一起探讨广西的杧果产业,了解当地农民的辛勤耕耘和美味杧果背后的故事。

首先,我想请大家留意屏幕上即将出现的问题:你是否尝试过自己种植杧果或者你品尝过广西的杧果吗?你有与杧果相关的有趣经验或者故事想要分享吗?赶紧在留言区和大家一起交流互动吧!

在介绍广西杧果的同时,我们还准备了一个有趣的互动环节:杧果知识抢答小游戏!只要在留言区给出正确的答案,就有机会获得我们送出的小礼品哦!

另外,我们还邀请了一位来自广西杧果种植基地的农民大叔作为特邀嘉宾,他将会给大家分享关于广西杧果种植的经验和杧果的精彩故事。让我们一起期待他的精彩分享!

同时,在本次直播过程中,我们也会在社交平台上开启在线抽奖和杧果有关的互动话题讨论。关注我们的社交平台,还有机会和我们互动,赢取更多精美礼品哦!

谢谢大家的参与和支持,让我们一起在这次助农直播中感受广西杧果的魅力,为当地的农民朋友点赞,共同助力农产品销售!

6.4 话术实践

6.4.1 话术实践的流程和技巧

助农直播主播话术流程可以分为五个步骤,包括前期准备、开场白、产品介绍、互动环节和结尾总结。

(1)前期准备

在直播前,主播需要进行充分的准备工作,包括了解农产品的特点、产地、加工工艺等信息,设计好话术,准备好直播所需的设备和道具等。在准备过程中,主播还需要根据不同的受众群体制定不同的话术和策略。

首先确定直播内容和主题。在开始直播之前,主播需要确定本次直播的内容和主题,例如,某种农产品的介绍、农业技术的分享、农业政策的解读等。这有助于主播在整个直播过程中有一个清晰的主线,也能吸引观众的关注。

其次确定直播时间和平台。确定直播的时间,这样可以提前告知观众,让他们安排时间观看。同时,可以选择不同的直播平台进行直播,如淘宝直播、抖音、快手、微博等,以便触达更广泛的观众群体。

再次准备直播工具和道具,确保直播工具和设备正常运作,比如摄像头、麦克风等。同时,对于助农直播来说,可能需要一些农产品样品、农业工具、农产品加工设备等作为展示道具。

最后制定直播内容大纲。在准备阶段,可以制定出一个大致的直播内容大纲,包括开场白的提纲、产品介绍的重点、互动环节的设想、结尾总结的要点等,这有助于主播在直播过程中清晰明确地表达内容。

(2)开场白

开场白是直播的重要组成部分,主播需要通过简短、生动的语言吸引观众的注意力,让观众了解本次直播的主题和内容。开场白可以通过问候、自我介绍、产品预热等方式进行。例如,主播可以这样说:"大家好,欢迎来到我们的直播间!今天我们为大家带来了一些优质的农产品,这些农产品都是由我们的合作农户精心种植和加工而成,品质保证。接下来,我们将为大家详细介绍这些产品的特点和优势,希望大家会喜欢。"

示例6-4　开场白话术

大家好,欢迎收看今天的助农直播!我是你们的主播小农,非常高兴能够在这里和大家一起探讨农产品、农村旅游和乡村文化。在今天的直播中,我们将为大家带来一场别开生面的农业盛宴!

首先,让我向大家介绍一下本次直播的主题:我们将重点介绍甘肃瓜州地区的特色农产品——瓜州蜜瓜!瓜州蜜瓜是该地区的优质农产品之一,以其鲜美的口感和独特的风味而备受消费者的喜爱。

在接下来的直播中,我们将详细介绍瓜州蜜瓜的种植过程、特点和优势,并向大家展示一些农户的种植技巧和乡村农业的发展情况。我们还将邀请专家学者来为我们解答关于瓜州蜜瓜的种植、产业发展等方面的问题。

同时,我们还准备了一系列有趣的互动环节和抽奖活动,大家都有机会赢取我们送出的小礼品!在直播过程中,你可以通过互动留言告诉我们你是否尝试过瓜州蜜瓜,或者分享你对于农产品的相关经验和有趣故事。我们将从留言中选出幸运观众送出精美礼品!

最后,我想再次感谢大家的支持和关注。希望通过今天的直播,能够让大家更加了解和关注甘肃瓜州的美丽乡村和丰富的农产品。请大家和小农一起开始这次精彩的农产品之旅吧!谢谢大家!

(3)产品介绍

产品介绍是直播的重点内容,主播需要详细介绍农产品的特点、产地、加工工艺、品质保障等信息,让观众了解产品的价值。在介绍的过程中,主播还需要结合案例、图表等方式,让观众更加深刻地理解产品的优势和特点。产品介绍是助农直播中的一个核心环节,主要是针对某种农产品或农业产品进行详细的介绍和展示。在产品介绍环节,主播需要充分展示产品的特点、优势和使用场景,同时要引发观众的购买欲望,提高产品的知名度和销售量。

示例 6-5　产品介绍话术

大家好，欢迎回到我们的助农直播间！今天，我将为大家带来一种特别的农产品——宁夏中卫市的枸杞！宁夏中卫市地处我国的黄土高原，因其独特的地理环境和气候条件，种出了枸杞这种世界闻名的农产品。

首先，让我们一起了解一下宁夏中卫市的枸杞的历史。枸杞在宁夏已有千年的种植历史，它以其浓烈的地方特色和高品质而蜚声国内外。在这片丰饶的土地上，农民们利用宁夏独特的气候和土壤条件，精心种植出优质的枸杞。

接下来，让我们来看看宁夏中卫市的枸杞有哪些独特的特点。首先是外观特点，宁夏中卫市的枸杞果实饱满，颜色鲜艳，果皮光滑有光泽，它们个头大小均匀，形状匀称，色泽鲜亮，让人一眼就能看出它们的品质是有保证的。其次是口感特点，宁夏中卫市的枸杞果肉柔软多汁，入口即化，味道酸甜适中，回味无穷。无论是生吃还是泡茶，都能让人感受到那种独特的鲜美口感和健康的滋味。（展示产品）

除了口感之外，让我们再来了解一下宁夏中卫市的枸杞的营养特点吧。它含有丰富的维生素 C、维生素 E 等多种营养物质，具有抗氧化、促进新陈代谢、提高免疫力等多种功效。研究表明，经常食用枸杞还有保护眼睛、改善视力以及改善睡眠质量等益处。可以说，宁夏中卫市的枸杞不仅美味可口，而且还具有很高的营养价值和保健功效。

现在，请大家想象一下，品尝一颗新鲜的宁夏中卫市枸杞的滋味，它的甜酸恰到好处，果肉饱满多汁，吃下去让你的味蕾瞬间被唤醒，留下无尽的回味。而且，宁夏中卫市的枸杞不仅好吃，还具有丰富的营养价值，对身体健康有着很多益处。（品尝一颗宁夏中

卫市枸杞）

接下来，我将为大家演示一下如何正确食用宁夏中卫市的枸杞。首先，我们可以将宁夏中卫市的枸杞用开水冲泡成一杯枸杞茶，喝起来清香扑鼻，滋味醇厚。其次，你还可以将宁夏中卫市的枸杞加入糕点、饮料或者汤中，增加食物的口感和香气。总之，食用宁夏中卫市的枸杞，无论是泡茶还是烹饪，都能为你带来不一样的美食体验。（冲泡一杯枸杞茶）

通过今天的介绍，相信大家对宁夏中卫市的枸杞有了更全面的了解。它不仅外观鲜美，口感独特，而且含有丰富的营养物质，对身体健康非常有益。如果您对宁夏中卫市的枸杞有其他问题或者想了解其他信息，请随时留言提问。我将在直播中为您解答。感谢大家的观看和支持，希望您能尝试一下宁夏中卫市的枸杞，品尝它那独特和美好的滋味！谢谢大家！

（4）互动环节

互动环节是直播的重要组成部分，主播需要通过提问、回答、引导等方式与观众进行积极的互动和沟通，增强观众的参与感和忠诚度。在互动环节中，主播还可以结合观众的提问和需求，进行更深入的产品介绍和解读。通过互动环节，可以增强观众的参与感，加强主播与观众的互动联系，提高直播的互动性和趣味性。例如，主播可以这样进行互动："现在我们来看看有哪些观众对我们的农产品感兴趣呢？请大家在评论区中留言，我们会根据大家的需求和问题，进行更加详细的解答。"

示例 6-6　互动环节话术

接下来,我将进行抽奖环节,回馈大家的支持和参与。请大家继续保持互动,在评论区中留下"我希望参加抽奖"。

在抽奖环节结束之前,我再回答一个观众的问题。

观众 C 提出了一个问题:"我听说宁夏中卫市的枸杞对眼睛很好,有什么具体的功效吗?"

非常好的问题! 宁夏中卫市的枸杞含有丰富的维生素 C、维生素 E 等多种营养物质,对眼睛有很好的保护作用。经常食用枸杞可以改善视力、缓解眼疲劳、减轻眼部不适等。它还含有一些抗氧化物质,有助于保护眼部细胞免受自由基的侵害。因此,宁夏中卫市的枸杞不仅美味可口,还对眼睛的健康有着积极的影响。

非常感谢大家的积极参与和留言! 抽奖环节现在开始! 请听好,中奖观众是……(根据留言中的信息进行抽奖)恭喜中奖的观众,请在直播结束后与我们联系,我们将为您发送奖品!

再次感谢大家的观看和支持! 如果大家还有其他问题或者对宁夏中卫市的枸杞有更多的需求,也可以继续在评论区中留言,我们将努力为大家解答。谢谢大家!

(5)结尾总结

结尾总结是直播的收尾部分,主播需要通过简短、有力的语言总结本次直播的内容和亮点,强调产品的优势和价值,引导观众进行购买决策以及转化行动。结尾总结是助农直播中的最后一个环节,是整个直播的收尾部分,也是留给观众最后的印象。通过结尾总结,主播可以再次强调产品的特点和优势,总结本次直播的重点,为观众提供购买或参与的指引,并留下诚挚的感谢和期待下次直播的问候。例如,主播可以这样结束直播:"今天我们为大家介绍了一些优质的农产品,这些农产品都是由我们的合作农户精心种植和加工而成，品质保证。我们希望通过这次直播，让大家更加了解助农产品。

6.4.2 助农直播主播话术技巧

首先，在情感方面，情感在助农直播中是非常重要的，主播需要通过真诚和亲切的互动方式与观众建立起情感联系，增强观众的好感度和信任度。

真诚：主播需要展示出真诚的态度和情感，让观众感受到主播对于农产品和乡村文化的热爱和专注。

亲切：主播需要使用亲切的语言和生动的表情，增强与观众之间的情感联系，让观众感受到主播的亲近感和友好度。

互动：主播需要通过不断的提问、回答、引导等方式与观众进行积极的互动和沟通，让观众感受到主播的关心和关注。

在助农直播中，情感的表达很重要，能够直接触动观众的内心，增强观众的共鸣与信任，促使他们更加认同主播和产品，从而激发购买欲望。

示例 6-7　情感方面的话术技巧和范式

真诚感恩：在助农直播中，主播首先要表达对观众的真诚感恩之情，感谢他们的观看、支持和参与。情感的表达需要真诚、自然，让观众觉得你是发自内心的感激。

话术示例

"感谢大家一直以来对我们助农直播的支持，没有你们的陪伴和参与，我们的直播也不会如此精彩。谢谢你们！"

"看到大家纷纷分享自己对我们农产品的使用体验，我由衷地感到欣慰和感激。你们的支持和认可是我们努力的动力，希望我们的农产品可以为你们带来更多美好的体验。真心谢谢你们的分享！"

"观众朋友们，如果你们在生活中遇到了什么困难或者问题，也可以在直播中分享出来，我们一起努力寻找解决方案。不管是生活还是工作上的困扰，希望我们的直播可以为大家带来一丝帮助，因为有你们，才有了存在的价值。"

感人故事：主播通过讲述农民或农产品的故事，展现出真挚的情感，触动观众的内心。主播可以通过真实的案例或者情感化的声音、表情来展现真诚和诚意。

话术示例

"今天，我想和大家分享一个真实的故事，这是一位勤劳的农民的故事……"

"我要和大家分享一个真实的故事，这是一个名叫王大爷的农民，他每天凌晨就起床，为了给我们种出更好的农产品，他辛勤耕耘在田间，不辞辛苦。他的故事让我们深受感动和启发，也让我们更加珍惜农产品背后辛勤劳动的每一份付出。"

"在这背后，有着无数农民用他们的辛勤劳动和汗水换来了这些优质的农产品。每一颗果实，都沁透了农民们的辛劳和对土地的真诚呵护。我因能为大家带来这些农产品而感到自豪，也希望通过我们的努力，让更多人感受到这份真诚和诚意。"

亲和力表达：主播需要展现出亲和力，让观众感觉到亲切和温暖。主播可以通过亲切的语言、笑容，甚至适当的幽默表达来增加与观众的情感连接。

话术示例

"大家好，我是×××，非常高兴今天能和大家相约在这里，与大家分享我们的农产品和农民的故事。希望大家能喜欢我们的直播，一起度过愉快的时光。"

"大家好，我是×××，今天看到这么多亲切的留言和支持，心里真的感到很温暖。我就像你们身边的一个朋友一样，和你们聊聊天，分享分享心得。不用客气，就当我们是家人一样，一起来享受这个美好的时刻吧！"

"大家好，我是×××，我这一身农民打扮是不是很朴素呢？哈哈，别担心，我可不是来搞笑的，只是想给大家一个活泼的氛围。希望今天的直播可以给大家一个愉快和放松，我们一起来享受农产品的世界吧！"

鼓舞情绪：在直播中，主播可以适当鼓舞观众的情绪，鼓励他们积极参与，增强对产品的认同和喜爱。

话术示例

"希望大家都能积极参与我们的互动环节，让我们的直播更加热闹有趣。我们一起助农、一起分享，让我们的农产品走向更广阔的市场。"

"大家快来和我们互动吧，留言告诉我们你最喜欢的农产品是什么，或者分享你跟农产品相关的故事。让我们一起点亮这个直播间，让农产品的故事传遍大江南北！相信你们的参与会给我们更多动力和支持，谢谢大家！"

"通过我们的直播，希望大家可以更加了解和喜爱我们的农产品。和大家分享这些精彩的农产品故事也是为了鼓励大家支持当地的农业，让更多人能享受到我们优质的农产品。让我们携手助农、一起分享，让农产品走向更广阔的市场，让更多人受益！"

诚恳承诺：在助农直播中，主播可以通过诚恳的承诺来表达自己的决心和责任感，让观众感受到主播对农产品和观众的真诚关怀。

> 话术示例

"我承诺，我们的产品是经过精心挑选和严格筛选的，保证品质优良，请您放心购买和使用。我们将做到诚信经营，为大家提供最优质的农产品和服务。"

"我保证，我们不仅提供优质的农产品，更重要的是我们对农民和土地的尊重和关怀。我们将继续致力于可持续生产，保护环境，关爱农民的生活。我们的产品不只是商品，更是我们用心的结晶，我们会永远为您负责，用心经营每一份产品。"

"我承诺，我们将竭尽所能为您提供最好的农产品和最贴心的服务。我们坚守诚信原则，对产品的质量和安全负责到底。我们愿意用行动来证明我们的诚意与决心，为您带来放心、安心的购物体验。谢谢您对我们的信任与支持！"

其次，在信息方面，信息在助农直播中是非常重要的，主播需要通过精准、清晰、逻辑性强的语言向观众传递农产品、乡村旅游、乡村文化和农业科技的相关信息，让观众了解产品的特点、优势和品质，从而提高其购买决策的信心和准确度。

·精准：主播需要针对不同的受众群体，制定不同的信息策略和话术，让观众能够理解和接受其所传递的信息。

·清晰：主播需要使用简单、易懂的语言，避免使用行业术语和专业词汇，以便观众能够清晰地理解其所传递的信息。

·逻辑性强：主播需要按照逻辑和结构有条不紊地介绍产品和解读产品信息，从而让观众能够明了其所传递的信息。

在助农直播中，信息的传递要准确、清晰、简洁，同时又能引起观众的兴趣。主播需要在直播中有效地传递农产品信息、农产品知识等相关信息。

示例 6-8　信息方面的话术技巧和范式

清晰表述农产品信息：提供清晰、准确的产品信息是助农直播的关键，主播需要在介绍产品时把产品的名称、功能、用途、品质等信息准确地传达给观众。

话术示例

"这款产品是我们当地新鲜采摘的有机水果，生产流程严格按照无公害生产规程执行，保持了原汁原味的口感，富含丰富的维生素和营养成分。"

"这款产品是我们农场新上市的有机蔬菜，它们经过无污染的耕种、严格把控生长过程，保证了产品的新鲜和营养。每一种蔬菜都经过严格筛选，保证了其口感和营养成分的完美呈现。我们希望通过助农直播让更多的朋友们了解并品尝到我们的有机蔬菜，让你们的餐桌更加健康美味！"

"这是我们当地特产的优质花生油，我们是专业的冷榨花生油生产商。我们保证产品无添加，这款花生油萃取自当地的优质花生，保留了花生油的原汁原味和丰富的营养成分。我们期待通过助农直播将这款当地的优质花生油带到更多家庭，并与大家分享我们的绿色、健康理念。"

专业知识分享：主播可以通过适时分享专业知识的方式提供农产品的种植、养护、加工等方面的知识，为观众提供更多的信息和教育价值。

话术示例

"这款农产品的种植周期是××天，采摘时间一般在××季节,以保证产品的成熟度和口感。"

"大家知道,这款优质的水果需要精心的种植和养护。比如,我们树上的柑橘就需要定期的修剪和施肥,这样才能保证果实的甜美。同时,我们还采用有机农业的方法,避免使用化学肥料和农药,从而保证产品健康和安全。在收获和加工过程中,我们也坚持执行严格的规范,确保产品的品质和新鲜度。希望通过这次直播让大家了解到我们对农产品精细化管理的用心,也希望能够传播更多的绿色种植理念给大家。"

"你知道吗?这种茶叶的采摘时间和采摘技巧对于茶叶的口感和品质影响非常大。我们茶叶园采用人工手工采摘,保证了每一片茶叶都是在最佳的时候被采摘下来,所以口感非常鲜爽。在加工过程中,我们还是采用传统的工艺,让每一片茶叶都充分释放出它的香气和营养,这也是我们这款茶叶深受顾客喜爱的原因之一。希望通过助农直播,让更多的朋友了解到茶叶的采摘、制作过程,也能更加喜欢我们的茶叶产品。"

数据支撑:在介绍农产品时,主播可以适当地提供一些相关的数据支撑,例如产品的产量、销售量、营养价值等,以数据说话更有说服力。

话术示例

"我们去年的销售量达到了××吨,产品的甜度指标达到了国家AAA级标准,得到了消费者的一致好评。"

"大家知道吗?我们这片果园的苹果甜度可达到18,这是通过专业检测机构测试的数据。这意味着我们的苹果口感非常甜美,深受消费者喜爱。除此之外,我们的果园采用了无公害种植和有机肥料,保证产品健康和安全。我们希望通过这次直播让更多的朋友了解我们苹果的品质和营养价值,并且期待您品尝到我们的新鲜苹果,享受到来自自然的甜蜜味道。"

特色突出:在介绍产品信息时,主播需要突出产品的特色和优势,例如特殊的产地、独特的加工工艺、特殊的口感等,让观众对产品记忆深刻。

话术示例

"我们这款产品的特色在于采用了传统的手工加工工艺,保留了其原汁原味的口感,每一口都是新鲜和美味的享受。"

"大家好,今天我们要介绍的是来自新疆的特色产品——新疆红枣。新疆是个阳光充足、气候干燥的地方,这里出产的红枣颗粒饱满、口感香甜,而且富含丰富的维生素和矿物质,是一种绝佳的健康零食。我们的红枣经过精心挑选和加工,保持了红枣的原汁原味,深受广大消费者的喜爱。如果你喜欢天然健康的零食,一定不能错过我们的新疆红枣。"

"下面给大家介绍一下我们的特色蜂蜜产品。我们的蜂蜜来自槐花花蜜,槐花是一种香气宜人的花草,这使得我们的蜂蜜带有浓浓的槐花花香,口感清新甜美。而且我们的蜂蜜执行严格的生产工艺,保持了蜂蜜的营养成分,让消费者能够享受到最纯正、天然的蜂蜜滋味。如果你喜欢享受来自大自然的芬芳,一定要尝尝我们的槐花蜂蜜,这会给你带来别样的味蕾体验。"

对比说明:在介绍产品时,可以适当与其他同类产品进行对比说明,从而突出自家产品的优势和独特之处,让观众更加直观地了解产品的优劣。

> 话术示例

"相比于市场上其他同类产品,我们的产品更注重原产地的选择和种植技术,这保证了产品的口感和品质。"

"大家都知道,市面上有很多种橙子,但是褚橙可与其他橙子有着明显的区别。首先,我们的褚橙是来自中国最优质的橙子产地之一,我们所选用的果园其地理环境和气候条件都是最优越的。这种独特的环境赋予了我们的褚橙更为鲜美的口感和丰富的果汁,远高于其他橙子的品质。此外,我们的褚橙采用了最为先进的种植和采摘技术,保证每一颗橙子都饱满多汁,酸甜可口。相比之下,其他橙子可能品质不一、口感不佳。因此,如果你想品尝到最优质的新鲜橙子,那么选择褚橙绝对是你明智的选择!"

再次,在互动方面,互动在助农直播中也非常重要,主播需要通过提问、回答、引导等方式,与观众进行积极的互动和沟通,增强观众的参与感和忠诚度。

· 提问:主播需要采用开放性问题和封闭性问题相结合的方式,引导观众进行积极的回答和参与。

· 回答:主播需要对观众的提问进行积极的回答和解答,让观众感受到主播的专业度和亲和度。

· 引导:主播需要通过奖励机制、优惠政策等方式引导观众进行购买决策和转化行动,增加直播的商业价值。

在助农直播中,互动是非常重要的环节,能够增加观众参与感,提升直播的活跃度和趣味性。有效的互动可以增强观众的参与感和忠诚度,增加他们对产品的关注度和认同感。

示例6-9　互动方面的话术技巧和范式

提问互动：主播可以通过向观众提出问题的方式引发观众思考和回答，增加他们的参与感，同时主播也可以了解观众的反馈和需求。

话术示例

"大家猜一猜，这款特色农产品的主要产地是哪里？留言告诉我你们的答案，我等着你们的回答哦"

"在你们眼中，什么是一款完美的橙子呢？是丰富多汁的口感？还是甜度酸度恰到好处？又或者是外皮光滑的外观？让我们一起来探讨，你心目中的完美橙子是怎样的呢？"

话题讨论：主播可以选择一些热门话题或者与农产品相关的话题，引发观众的讨论和互动，增加直播的参与感和趣味性。

话术示例

"今天我们就来讨论一下如何辨别新鲜水果，大家分享一下你们的经验和心得，让我们一起学习，一起成长。"

"大家好，今天我们的话题是喝茶可以养生。茶叶自古以来就被赞誉为一种养生的好饮品，不仅清热解毒、提神醒脑，而且很多种茶叶对身体还有不同的保健作用。你们平时喜欢喝什么茶？你们觉得喝茶对身体有什么好处？欢迎大家踊跃发言，一起来分享和讨论喝茶养生的话题吧！"

互动游戏：主播通过一些小型的有奖互动游戏，吸引观众参与，提升直播的趣味性和互动性，增强观众的留存意愿和互动体验。

> 话术示例

"接下来我们来玩一个猜价游戏,猜中价格的观众将有机会获得我们的特色产品一份,快来猜一猜吧!"

"现在是我们的抽奖时间!只要在弹幕中发送指定关键词,就有机会参与抽奖并赢取丰厚奖品哦!赶紧动动手指,在弹幕里发送'幸运抽奖'这个关键词吧!我们将在接下来的两分钟内从发送关键词的观众中随机抽取一位幸运儿送上我们准备的精美礼品!快来参与吧,抓住机会,赢取大奖!"

红包福利:在直播中适时派发红包福利,吸引观众参与,促进直播的热度和活跃度,同时也提高观众的留存意愿和参与度。

> 话术示例

"今天我们会在直播中放出一些红包,希望大家能抓紧时间参与,抢到红包的幸运观众将获得特别的福利哦。"

"亲爱的观众朋友们,现在是我们的红包时刻!谁说只有在线下抢红包才刺激?在这里,我们也有丰厚的红包福利等着大家!只要在弹幕中发送指定关键词,就有机会获得我们准备的红包惊喜哦!赶紧动动手指,在弹幕里发送'红包福利'这个关键词吧!我们将在接下来的一分钟内随机抽取若干位幸运观众,并派发丰厚红包!快来参与吧,抓住机会,获得红包惊喜!"

互动反馈:主播可以积极地回应观众的评论和提问,与观众进行实时的互动和回馈,增加观众的参与感和忠诚度。

> 话术示例

"谢谢小明的提问,关于这个问题我来为你解答……"

"感谢大家的热情参与和留言！我看到了大家的评论和提问，现在就来和大家进行互动回馈哦！首先，谢谢小明的提问，关于这个话题……接着，还有小红说的观点也很有意思，我个人的看法是……。还有很多朋友都在留言，我都会认真看并尽量回复。在这里，我希望能够和大家保持畅快的沟通，让我们的直播互动更加生动和有趣。希望大家能够继续在弹幕上写下你们的留言和问题，我会尽力回复的！"

最后，在行动方面，行动在助农直播中也非常重要，主播需要通过优惠、购买、分享等方式，引导观众进行购买决策和转化行动，从而促进农产品的销售和乡村经济的发展。

- 优惠：主播需要在直播中提供一些优惠活动、折扣券等吸引观众进行购买。
- 购买：主播需要在直播中强调产品的特点和优势，引导观众进行购买决策，并提供便捷的购买方式。
- 分享：主播需要鼓励观众将直播的内容、产品信息分享给身边的朋友、家人等，扩大产品的传播范围和影响力。

在助农直播中，行动方面的话术技巧是指主播如何引导观众进行购买并参与农产品的销售。主播需要通过有效的话术技巧引导观众购买农产品或参与相关的活动，从而达到直播的销售和营销目的。

示例 6-10　行动方面的话术技巧和范式

促销引导：在展示和介绍产品的过程中，主播可以结合产品特点和优势，适时引导观众进行购买，提供促销信息和购买方式。

话术示例

"这款产品现在正在进行特惠促销活动，只要在直播结束前下单购买，还可享受××折优惠哦，赶快动起来吧！"

限时优惠：主播通过提供限时的优惠活动，促使观众抓紧时间参与购买，增加促销效果和紧迫感。

> 话术示例

"这款产品只有今天有限时优惠，大家抓紧时间下单吧，错过了可是要等很久才能再享受到这样的优惠啦！"

团购互动：主播组织团购活动，可以让观众通过集合购买的方式达到批量购买或者优惠价格的目的，加强促销效果。

> 话术示例

"我们这里有个团购活动，只要有××人报名参与，每个人都可以享受到团购价，快邀请你的小伙伴一起参与吧！"

互动争夺：主播通过一些抽奖、竞猜等互动方式，激发观众的购买欲望和参与热情，促使他们参与购买并且提高直播的互动性。

> 话术示例

"接下来我们将进行一场争夺活动，只要是在规定时间内购买产品的观众就将有机会获得我们的特别奖励，快来参与抢夺吧！"

合作推广：主播与观众进行合作共赢的推广活动，例如邀请观众成为代言人或者合作品牌大使，从而加强产品的推广和增加其销量。

> 话术示例

"我们正在寻找优秀的代言人合作，如果你喜欢我们的产品并且善于表达，不妨加入我们的代言人团队，让更多的人了解我们的产品。"

6.4.3 不同场景下的话术

助农直播的话术在不同场景下需要针对不同情况进行调整和转化,下面将从产品介绍、促销、互动、引导语三个方面提供不同场景下的话术示例。

(1)产品介绍场景

产品介绍是助农直播的重点内容,主播需要通过生动、详细的语言向观众介绍农产品的特点、优势、产地、加工工艺等信息,让观众对产品有更加详细和全面的了解。

• 蔬菜类产品介绍:蔬菜类产品介绍是助农直播的重点内容之一,主播需要通过生动、详细的语言向观众介绍蔬菜产品的特点、优势、产地、加工工艺等信息,让观众对于产品有更加详细和全面的了解。在进行蔬菜类产品介绍时,主播可以着重介绍蔬菜的营养价值、种植方法、生长环境、采摘方式等方面的内容。

示例 6-11 蔬菜类产品介绍的主要要点和范式

产品介绍开场:主播可以在开始产品介绍时用热情洋溢的语言打招呼,并简要介绍今天将要介绍的蔬菜产品,引起观众的兴趣。

话术示例

大家好,欢迎来到今天的助农直播,今天我将向大家介绍我们的×××蔬菜产品。这是一种口感爽脆、营养丰富的蔬菜,在生产和加工过程中,我们使用了独特的技术和方法……

产品特点介绍:主播可以详细介绍蔬菜产品的特点,包括外观特征、口感、口味、香味等,让观众对产品有直观的认识。

> 话术示例

"这种×××蔬菜果形鲜美,颜色艳丽,富含丰富的维生素和矿物质,口感鲜脆,清甜可口,食用后口中留香……

营养价值介绍:主播可以介绍产品的营养价值,包括含有的营养成分、对人体健康的益处,引起观众对产品的关注和认同。

> 话术示例

我们的×××蔬菜富含维生素C、维生素E、膳食纤维等营养成分,对于增强免疫力、促进消化、美容养颜等方面都有很好的作用……

产地和种植方式介绍:主播可以介绍产品的产地和种植方式,包括种植环境、种植技术等,让观众了解产品的种植过程和环境。

> 话术示例

我们的×××蔬菜主要产自×××地区,这里气候温和、土壤肥沃,是种植×××的理想地方。我们采用了无公害、绿色种植技术,确保了产品的品质和安全性……

采摘和加工工艺介绍:主播可以介绍产品的采摘和加工工艺,包括采摘时间、处理方式、加工工艺等,让观众了解产品的加工过程和质量保证。

> 话术示例

我们的×××蔬菜采摘后经过精细的挑选和清洗处理,采用了特殊的保鲜技术,确保产品新鲜、口感好。我们注重产品的每一个细节,只为让您吃到最美味、最放心的蔬菜性……

• 水果类产品介绍:水果类产品介绍是助农直播的重要环节之一,主播需要以生动、详细的语言向观众介绍水果产品的特点、优势、产地、加工工艺等信息,以便让观众对产品有更详细和全面的了解。在进行水果类产品介绍时,主播可以着重介绍水果的口感、口味、营养价值、产地、采摘方式等方面的内容。

示例 6-12　水果类产品介绍的主要要点和范式

产品介绍开场:主播可以用热情洋溢的语言打招呼,并简要介绍今天将要介绍的水果产品,以引起观众的兴致。

话术示例

大家好,欢迎来到今天的助农直播,今天我将向大家介绍我们的×××水果产品。这是一种口感清脆、甘甜可口的水果,在其生长和采摘过程中,我们使用了独特的技术和方法……

产品特点介绍:主播可以详细介绍水果产品的特点,包括外观特征、口感、口味、香气等,让观众对产品有直观的认识。

话术示例

这种×××水果果形饱满,色泽鲜艳,果肉细腻,口感清爽,甜度适中,同时带有淡淡的芳香,非常适合作为零食或水果沙拉的原料……

营养价值介绍:主播可以介绍产品的营养价值,包括含有的营养成分、对人体健康的益处,以引起观众对产品的关注和认同。

话术示例

我们的×××水果富含维生素 C、维生素 A 等营养成分,对于增强免疫力、美白肌肤、降低血压等方面都有很好的帮助……

产地和种植方式介绍:主播可以介绍产品的产地和种植方式,包括种植环境、种植技术等,使观众了解产品的种植过程和环境。

话术示例

我们的×××水果主要产自×××地区,那里阳光充足、气候温和,是水果生长的理想环境。我们采用了无公害、绿色种植技术,确保了产品的品质和安全性……

采摘和处理方式介绍:主播可以介绍产品的采摘和加工方式,包括采摘时间、处理方式、保鲜技术等,让观众了解产品的采摘加工过程和质量保证。

话术示例

我们的×××水果采摘后经过精细的挑选和包装,采用了先进的保鲜技术,确保产品新鲜、口感佳。我们非常注重产品的每一个细节,希望让您吃到最美味、最放心的水果……

- 农副产品介绍:农副产品是指农业生产和农村经济开发所产生的农产品以外的产品,包括畜产品、水产品、禽蛋、蜂产品、农林副产品等。在助农直播中,农副产品的介绍同样是重要的环节。主播需要以生动、详细的语言向观众介绍农副产品的特点、优势、产地、加工工艺等信息,以便让观众对产品有更详细和全面的了解。在介绍农副产品时,主播可以从产品的品质特点、营养价值、产地特色、加工工艺等多个方面进行详细的介绍。

示例6-13 农副产品介绍的要点和范式

产品介绍开场:主播可以用热情洋溢的语言打招呼,并简要介绍今天将要介绍的农副产品类型，以引起观众的兴致。

> 话术示例

大家好，欢迎来到今天的助农直播，今天我将向大家介绍我们的×××农副产品。这是一种口感鲜美、营养丰富的产品，在生产和加工过程中，我们使用了独特的技术和方法……

产品特点介绍：主播可以详细介绍农副产品的特点，包括外观特征、口感、味道、香气等，让观众对产品有直观的认识。

> 话术示例

我们的×××农副产品色泽鲜艳，口感细腻，充满了浓郁的原产地特有风味，无论是直接食用还是加工后都能为您带来美妙的味蕾享受……

营养价值介绍：主播可以介绍产品的营养价值，包括含有的营养成分、对人体健康的益处，以引起观众对产品的关注和认同。

> 话术示例

我们的×××农副产品富含蛋白质、维生素、矿物质等营养成分，对于增强体质、增加营养、健康保健等方面都具有独特的优势……

产地和生产方式介绍：主播可以介绍产品的产地和生产方式，包括原产地特色、生产工艺等，使观众了解产品的生产过程和环境。

> 话术示例

我们的×××农副产品主要产自×××地区，那里气候温和、土地肥沃，那里的环境为产品提供了独特的品质保证。我们注重产品的生产工艺，均采用环保生产方式，确保了产品的品质和安全性……

加工工艺和品质保证介绍：主播可以介绍产品的加工工艺和品质保证，包括加工方式、质量把控等，让观众了解产品的加工过程和品质保证。

话术示例

我们的×××农副产品经过精心的挑选和加工处理，在加工过程中采用了先进的技术和设备，确保产品的口感和品质。我们十分注重产品的品质和安全，希望让您吃到最放心、最美味的农副产品……

（2）促销场景

促销是助农直播中的常见场景，主播需要通过折扣、优惠、赠品等方式，吸引观众进行购买，并提高产品的销售量和商业价值。

• 折扣促销：折扣促销是助农直播中常见的销售策略，主播在直播中通过给予产品折扣、提供优惠、赠送礼品等方式吸引观众进行购买，从而提高产品的销售量和商业价值。在进行折扣促销时，主播需要通过具体的介绍、吸引人的优惠信息、销售技巧等，来引导观众产生购买欲望。

示例6-14 折扣促销的介绍要点和范式

折扣促销介绍开场：在进行折扣促销时，主播可以在直播开场首先介绍今天的促销活动内容，以引起观众的兴趣。

话术示例

大家好，欢迎来到今天的助农直播。今天我们为大家准备了丰富的折扣促销活动，包括×××产品特惠、买赠活动、满减优惠等，欢迎大家积极参与……

产品特惠介绍：主播可以详细介绍参与促销的产品的特惠内容，包括原价、折扣后价格、优惠力度等，让观众清楚了解到促销的幅度。

话术示例

首先介绍一下我们的×××产品，原价是×××元，现在参与折扣促销活动只需×××元，优惠幅度高达××%，绝对是超值的购物机会……

促销活动说明：主播可以详细介绍促销活动的具体内容，包括购买方式、时间限制、数量限制等，让观众了解参与促销的具体规则。

话术示例

这次促销活动的购买方式非常简单，只需要在直播中私信我就可以享受到优惠价。此外，活动时间为×××，数量有限，先到先得，欢迎大家抓紧时间参与哦……

促销赠品介绍：主播可以介绍购买产品所附带的赠品内容，例如赠送小礼品、满额赠送等方式，增加观众购买产品的吸引力。

话术示例

除了产品特惠外，购买×××产品还能获得×××礼品一份，数量有限，先到先得，不容错过……

现场购买演示：在介绍完促销内容后，主播可以现场演示购买流程，引导观众进行购买，提高促销活动的实效性。

> 话术示例

接下来，我现场演示一下如何购买产品，大家可以看一下流程，跟着我一起来，轻松享受到促销的优惠，快来抢购吧……

- 赠品促销：赠品促销是助农直播中常见的销售策略，主播在直播中通过赠送产品的方式吸引观众进行购买，提高产品的销售量和商业价值。在进行赠品促销时，主播需要通过具体的介绍、吸引人的赠品内容、销售技巧等来引导观众产生购买欲望。

示例 6-15 赠品促销的介绍要点和范式

赠品促销开场介绍：在进行赠品促销时，主播可以在直播开场首先介绍今天的促销活动内容，以引起观众的兴趣。

> 话术示例

大家好，欢迎收看今天的助农直播。今天我们为大家准备了丰富的赠品促销活动，购买指定产品即可获得精美赠品，数量有限哦，欢迎大家积极参与。

产品特惠和赠品介绍：主播可以详细介绍参与促销的产品的特惠内容以及赠品的种类和价值，让观众清楚了解到促销的优惠内容。

> 话术示例

首先来介绍我们的×××产品，它有丰富的营养，口感鲜美。现在购买该产品就可以获得我们特别准备的×××赠品，该赠品是由我们特别挑选的,具有特别的价值。

赠品说明和优惠活动讲解:主播可以详细介绍赠品的具体内容和获得赠品的方式,同时解释赠品的特殊价值,增加观众对促销的兴趣。

话术示例

这次促销活动非常简单,只要购买指定产品就可以获得丰厚的赠品。我们的赠品种类多样,有明显的实用性和观赏性,相信大家一定会喜欢。

赠品展示和实物演示:在介绍完赠品内容后,主播可以进行赠品的具体展示,通过展示赠品的图片或实物,增强观众的购买决策。

话术示例

现在我所持的就是我们的×××赠品,它精美绝伦,具有很高的观赏性和实用价值。我相信只要您亲自看到它,一定会非常喜欢。快来参与吧,抓住机会获取这个美丽的赠品。

销售引导和购买流程演示:在介绍完赠品后,主播可进行购买流程的演示,引导观众进行购买,提高促销活动的实效性。

话术示例

接下来我将演示一下购买产品以及获得赠品的具体流程,我们会在直播中为您提供特别的购买链接,让您更加快捷地参与到我们的优惠活动中。

· 新品促销：新品促销是助农直播中常见的销售策略，主播通过直播介绍新上市的产品，同时提供相应的折扣、优惠或赠品等方式，吸引观众进行购买，提高产品的销售量和商业价值。

示例 6-16　新品促销时的介绍要点和范式

新品促销介绍开场：在进行新品促销时，主播可以在直播开场首先介绍今天的促销内容，引起观众的兴趣。

话术示例

大家好，今天我们有一个重要的新品推介活动。我们将会向大家介绍一款最新上市的×××产品，同时我们还准备了一些特别的优惠来感谢大家一直以来的支持。

产品介绍和特点说明：主播可以详细介绍新品的产品特点、优势以及与同类产品的对比，让观众了解到新品的独特之处。

话术示例

我们的新产品×××采用了最新的种植技术，保证了更高的营养价值和更新鲜的口感。相较于市场上其他同类产品，我们的产品有着明显的优势。

新品优惠和促销活动讲解：主播可以介绍与新品相关的折扣、满减、优惠券等促销活动，并解释涉及促销的具体规则。

话术示例

除了介绍新品外，今天我们还为购买新品×××的观众提供了不同幅度的折扣，顾客可以按照购买数量获得更多的优惠。此外，我们还准备了购买即送的优惠礼品哦！

现场使用体验和购买方式演示：主播可以展示新品的现场使用效果或者通过演示购买流程来引导观众的购买决策，增加促销活动的实效性。

> 话术示例

现在，我会对新品×××进行一些现场演示，让大家直观地感受到产品的品质和使用效果。同时在直播中，我们也会提供购买链接，或者您也可以私信我购买产品享受到优惠哦。

反馈和互动环节：在介绍完毕后，主播可以邀请观众就促销活动提出疑问或者留下反馈，以增进与观众的互动。

> 话术示例

如果大家对新品或者促销活动有任何疑问，都可以在直播中提出来哦。我们也欢迎大家购买后留下使用感受和建议，以便我们为您提供更好的服务。

(3) 产品质量问题

产品质量问题可能包括各种方面，包括原材料、加工工艺、质量控制等。在助农直播中，顾客可能提及产品存在的一些质量问题，这时主播需要及时回应并解决，以维护产品的声誉和客户的满意度。

示例 6-17　产品质量问题及其回复方式的范式

一、常见的产品质量问题

(1) 原材料问题：产品使用的原材料可能存在质量不良、污染或添加有害物质等问题，可能危害到产品的安全和品质。

(2) 工艺问题：产品的加工工艺可能存在瑕疵，导致产品容易损坏、不耐用或者影响使用效果。

(3)质量控制问题:生产过程中可能出现质量控制不严导致的各种问题,如变质、发霉、变味等。

(4)外包装问题:产品外包装可能存在瑕疵、破损、不符合标准等问题。

(5)服务质量问题:购买后的售后服务、客户服务等方面出现的问题,如投诉处理不及时、服务态度恶劣等。

二、如何回复顾客的质量问题

(1)诚实面对问题:对于顾客提出的质量问题,主播需要以诚实的态度回复,承认并面对存在的问题。

(2)解释原因:对于质量问题的存在原因,主播需要向顾客做出解释,并承担相应的责任。

(3)提供解决方案:主播需要主动提出解决问题的方案,如退款、换货、维修或者改进产品等。

(4)及时回复:主播需要在第一时间回复顾客关于产品的质量的问题,让顾客感受到主播对问题的重视和解决态度。

(5)专业回复:主播采用专业的语言和态度对产品的质量问题进行回复,并提供产品的相关知识和技术支持。

三、产品质量问题回复

(1)顾客提及产品存在质量问题,例如购买的蔬菜出现变质问题。

话术示例

非常抱歉您购买我们的蔬菜时遇到了这样的问题,我们对您的不愉快经历深感抱歉。我们立即对此进行调查处理。首先,我们会确保采购的原材料的质量,并检查整个加工流程,以避免这种问题再次发生。同时,我们可以为您提供退款或者免费的换货服务,以表达我们的诚意和歉意。如果您对我们的产品还有任何其他问题或疑问,我们将随时为您提供帮助。

(2)顾客提及外包装破损和商品损坏问题。

话术示例

非常感谢您给我们反馈这个问题,我们非常重视该问题。我们正在调查我们的包装和运输流程,以确保产品在运输过程中得到更好的保护。同时,我们也会为您提供一个全额退款或者以更好的包装重新发货的服务,希望能够得到您的谅解和信任。我们的目标是保证您每次购买都得到最好的产品以及服务。"

(3)顾客"具体问题内容"的回答示例。

顾客问题:这个产品是否经过农药残留检测?

话术示例

我们的农产品经过了严格的农药残留检测和筛选,保证了每一个产品的质量和安全性。同时,我们也鼓励顾客在购买时选择有机、绿色的农产品,因为有机、绿色的农产品更加健康和安全。

顾客问题:这个产品的营养价值如何?

话术示例

我们的农产品采用最优质的种植和加工工艺,保证了产品的营养价值和口感。同时,我们也鼓励顾客在购买时选择符合自己饮食需求和口味偏好的产品。

顾客问题：这个产品的产地是否真实可信？

> 话术示例

我们的农产品均来自于特殊的产地，具有独特的地域特色和优势。同时，我们也提供了产地认证和质量检测服务，让每一位顾客都能够放心购买。

顾客问题：这个产品的保存期限和保存方法是怎样的？

> 话术示例

我们的农产品保存期限和保存方法都在产品包装上有详细的标示，建议顾客在使用前认真查看。同时，我们也提供了售后服务，对于顾客在使用过程中出现的任何问题，我们都会及时进行解决。

顾客问题：这个产品是否存在假冒伪劣的情况？

> 话术示例

我们的农产品均是正品，我们有专业的采购团队和质控团队对每一个产品进行审查和筛选，保证了产品的质量和信誉。同时，我们也会配合公安机关和相关部门打击假冒伪劣产品的行为。

(4)产品使用问题

产品使用问题在助农直播中可能涉及到产品的质量、效果、使用方法等方面。主播需要及时回应顾客的问题，解决顾客的疑惑，以维护产品的声誉和客户的满意度。

示例 6-18　常见的产品使用问题及其回复方式的范式

一、常见的产品使用问题

(1)使用方法问题：顾客关心产品的使用方法，包括使用步骤、使用量、使用时间等。

(2)存放方法问题：顾客关心产品的存放方法，包括保存期限、储存温度、储存环境等。

(3)适用人群问题：顾客关心产品适合哪些人群食用，包括是否适合儿童、孕妇、老人等。

(4)食用注意事项问题：顾客关心产品食用时需要注意哪些事项，包括食用量、食用时间、搭配食材等。

(5)产品效果问题：顾客关心产品的效果表现，包括产品的功效、效果、效果时间等。

二、产品使用问题回复示例

顾客问题：这个产品的使用方法是怎样的？

话术示例

我们的农产品使用方法非常简单，可以参考产品包装上的说明或者咨询我们的客服人员。如果您有任何问题或者疑问，我们也会随时为您提供解决方案。

顾客问题：这个产品的存放方法是怎样的？

话术示例

我们的农产品保存期限和保存方法都在产品包装上有详细的标示，建议顾客在使用前认真查看。同时，我们也提供了售后服务，对于顾客在使用过程中出现的任何问题，我们都会及时进行解决。

顾客问题：这个产品是否适合儿童食用？

话术示例

我们的农产品均符合国家相关标准和规定，可以放心食用。但是，不同年龄段的人群对于食品的需求和限制不同，建议顾客在食用前咨询医生或者营养师的建议。

顾客问题：这个产品食用需要注意哪些事项？

话术示例

我们的农产品在食用前需要注意控制食用量、搭配食材和食用时间等。同时，我们也提供了食材搭配的建议和食品安全知识帮助顾客更好地掌握食品食用的小技巧。

顾客问题：这个产品使用后会有什么效果？

话术示例

我们的农产品均具有独特的功效和效果，比如保健、美容、减肥、滋补等。但是，产品的效果和效果时间也受到很多因素的影响，建议顾客在使用前做好相关功效和效果的了解和评估。

(5)购买流程问题

在助农直播中，观众购买农产品的流程也是顾客关心的问题之一。

示例6-19　常见的购买流程问题及其回复方式的范式

一、常见的购买流程问题

(1)购买方式问题：顾客关心购买方式，包括线上购买、线下购买、预约购买等。

(2)支付方式问题:顾客关心支付方式,包括支付宝、微信支付、银行卡支付、货到付款等。

(3)配送方式问题:顾客关心配送方式,包括快递、自提、送货上门等。

(4)配送时效问题:顾客关心配送时效,包括发货时间、到货时间、快递时效等。

(5)售后服务问题:顾客关心售后服务,包括退换货、质量问题、客服服务等。

二、购买流程问题回复示例

顾客问题:这个产品可以怎样购买?

话术示例

我们的农产品可以通过线上购买、线下购买、预约购买等方式进行购买。您可以选择适合自己的购买方式。

顾客问题:这个产品可以使用哪些支付方式?

话术示例

我们的农产品可以使用支付宝、微信支付、银行卡支付、货到付款等多种支付方式。您可以选择适合自己的支付方式。

顾客问题:这个产品的配送方式是怎样的?

话术示例

我们的农产品配送方式包括快递、自提、送货上门等多种方式。您可以选择适合自己的配送方式。

顾客问题：这个产品的配送时效是怎样的？

话术示例

我们的农产品配送时效受到很多因素的影响，包括发货时间、到货时间、快递时效等。一般情况下，我们会尽力保证配送时效。

顾客问题：如果购买的产品有质量问题怎么办？

话术示例

我们的农产品都经过了严格的质量检测和筛选，如果您在使用过程中发现产品存在质量问题，可以联系我们的客服人员进行退换货或者联系售后服务进行处理。我们会尽力保障每一位顾客的权益。

(6)引导语

主播直播引导语可以根据不同的目的和情境分为几种类型，欢迎型、互动型、转发型、打赏型、反馈型。

示例6-20　直播引导语的类型说明和范式

欢迎型引导语：用于欢迎观众的到来，并鼓励他们关注直播间或者关注主播。

话术示例

"嘿，大家好！感谢大家的到来，点个关注吧，这样就能第一时间看到我的直播啦！"

"欢迎新朋友的加入，喜欢我的直播就不要错过每一次，赶紧点个关注吧，这样就不会错过精彩的内容哦！"

"嗨，各位老铁，感谢一直支持我的朋友们！还没有关注我的话就赶紧点一下头像吧,这样就能时刻关注到我的最新动态哦!欢迎来到直播间,点关注不迷路!"

互动型引导语:鼓励观众参与直播互动,留言、提问或者参与投票等。

话术示例

"嘿,大家好!今天我们准备了超级丰富的福袋活动!点击左上角'参与福袋',就有机会获得我们送出的神秘礼物哦!所以赶快参与,不要错过这个机会啦!"

"非常感谢大家的到来,我希望这不只是我的直播间,更是我们的聚会地点!所以,如果有任何想法或者建议,都欢迎大家留言告诉我,我们一起来进行互动交流吧!"

"欢迎大家来到直播间!大家有什么想对我说的话,或者有什么问题想问的都可以留言告诉我,我会随时和大家互动交流的!"

转发型引导语:鼓励观众分享直播内容,吸引更多的观众加入。

话术示例

"大家好!欢迎来到我的直播间!如果你觉得这里的内容有趣或者有价值,不妨把直播链接分享给你的朋友或者家人,让更多的人一起加入我们的直播,一起分享快乐和乐趣!"

"感谢大家的观看!如果你觉得这里的内容有意思的话,不妨把直播链接转发到你的朋友圈或者社交平台上,让更多的人看到我们的直播,一起互动交流!"

"嘿,亲爱的观众们!如果你认为这里的直播很棒,那就别忘了把直播链接分享给你的朋友们,让更多的人加入我们的直播,和我们一起度过这段有意义的时光!"

打赏型引导语:鼓励观众进行打赏支持,例如鼓励送礼物或者打赏道具。当涉及到打赏型的引导语时,可以使用以下三种话术示例。

话术示例

"亲爱的观众们,如果你喜欢我的直播,想要给我一些支持的话,可以考虑送我一些礼物或者打赏道具。你们的支持将会激励我做出更多精彩的内容!谢谢大家!"

"大家好!在直播过程中,你们可以通过送礼物或者打赏道具来表达你们对我的欣赏和支持。每一份礼物和每一次打赏都会成为我继续努力的动力,感谢大家的支持!"

"嘿,亲爱的观众们!如果你觉得我的直播精彩绝伦,不妨考虑送我一些礼物或者打赏道具,这不仅是对我工作的认可,也是对我们共同努力和成长的一种支持,谢谢大家的慷慨!"

反馈型引导语:直播中主播反馈观众的留言和提问,增强互动性。

话术示例

"大家好!在直播过程中,如果你有任何的留言或者提问,都可以随时在消息区留言,我会尽量在直播中给予反馈和回复,让我们一起增加互动,共同打造一个活跃的直播社区!"

"欢迎大家来到我的直播间!在直播过程中,我会时刻关注你们的留言和提问,欢迎大家积极参与互动,我会尽量在直播中给予反馈和回复,让我们一起建立更紧密的互动联系!"

"嗨,亲爱的观众们!直播过程中如果你有什么想说的话或者想问的问题,都可以随时在消息区留言,我会尽量在直播中做出回应,我们一起互动交流,打造更加丰富的直播体验!"

(7)面对质疑

在助农直播过程中,来自消费者的质疑可能涉及方方面面。

・产品质量:消费者可能会对产品的质量表示质疑,包括产品的新鲜度、安全性、生产环境等方面的问题。合适的回复能够解答消费者的质疑,同时给予消费者合理的解释和保证,从而增加消费者对产品质量的信心。

示例6-21 常见的产品质量的质疑及回复方式的范式

消费者(新鲜度质疑):这个水果看起来不够新鲜,是否是新鲜采摘的?

话术示例

我们的水果都是当天新鲜采摘的,保证新鲜度,如果您发现质量不好,我们可以提供退换货服务。

消费者(安全性质疑):这些食品是否经过安全检测?有无农药残留?

话术示例

我们所有的食品都通过了严格的安全检测,符合食品安全标准,消费者可以放心购买食用。

消费者(生产环境质疑):请问产品的生产环境是否有机,符合有机食品标准吗?

话术示例

我们的产品生产环境获得了有机认证,确保无污染,且符合有机食品标准,可信赖。

• **价格合理性**:消费者可能会对产品的价格提出疑问,包括与市场价格的比较、价格与质量的匹配度等方面的疑虑。

示例 6-22　常见的价格合理性质疑及回复方式的范式

消费者(价格高于市场价格质疑):为什么你们这里的产品比市场上的其他店铺贵?

话术示例

我们的产品采用了特殊的种植/养殖方式,保证了品质和产量,所以价格会略高一些。同时,我们也提供了更好的售后服务和保障。

消费者(价格低于市场价格质疑):你们为什么这么便宜？难道是过期或者不新鲜的吗？

话术示例

我们的产品直接从农户手中/产地采购,减少了中间环节,因此价格相对较低。我们保证产品的新鲜度和品质,大家可以放心购买。

消费者(价格与质量匹配度质疑):这个价格对应的质量值得吗？会不会贵了一点？

话术示例

我们的产品质量有严格的检验和监管,并且经过消费者的多次认可和好评。虽然价格相对较高一些,但它反映了我们持续努力提供高质量产品的成本和价值。

• 产地真实性：消费者可能会对产品的产地提出疑问，包括是否属实、是否符合宣传等方面的疑虑。

示例 6-23　常见的产地真实性质疑及回复方式的范式

消费者（产地真实性质疑）：你们宣传的产地是否属实？有没有可能是伪造的？

话术示例

我们的产品产地都经过严格甄别，符合国家相关标准，保证真实性。我们可以提供产地证明或者检验报告作为证明。

消费者（是否符合宣传质疑）：你们宣传的产地是有名的产区吗？生产的环境是否真的那么好？

话术示例

我们确保宣传的产地是真实的，而且我们的生产环境符合相关认证要求，所有产品都经过严格的质量检查，保证了产品的品质。

消费者（是否符合产品特性质疑）：我听说你们这个产地的产品特别好，但我拿到的产品和传闻中的不太一样，是否是真的？

话术示例

我们的产品是有一定的自然波动性，可能会有一些差异，但这并不影响产品的品质。我们会尽量保持产品的一致性，同时也欢迎您提供宝贵的反馈意见，以帮助我们不断改进产品。

•售后服务:消费者可能会质疑售后服务,包括退换货政策、配送服务等方面的问题。消费者能够通过好的回复了解到主播对售后服务的重视和承诺,从而增强对产品和购买的信心。

示例6-24 常见的售后服务的质疑及回复方式的范式

消费者(退换货政策质疑):如果我购买了产品后不满意,是否可以退换货?退货流程是否复杂?

|话术示例|

我们有完善的退换货政策,消费者可以在一定期限内进行退换货,只要产品未经使用且符合退货条件。我们会为消费者提供简单方便的退货流程,确保消费者权益。

消费者(配送服务质疑):产品配送是否及时?有没有延迟和丢失的情况?

|话术示例|

我们会确保产品及时配送,避免延迟和丢失情况。如果出现意外情况,我们会尽快与物流公司联系处理,并为消费者提供相应的补偿和解决方案。

消费者(售后服务质疑):购买产品后,有关产品使用和储存的问题,是否有售后服务人员提供指导?

|话术示例|

我们提供专业的售后服务支持,消费者可以随时联系我们的客服人员询问产品使用和储存的问题,我们会尽快做出解答并帮助消费者解决问题。

・营销宣传:消费者可能会对销售方的营销宣传提出质疑,包括宣传内容的真实性、夸大宣传等方面。好的回复能够展示主播对营销宣传的诚信和负责任态度,增加消费者对产品的信任感。同时,主播可以提供相关证明和解释,让消费者对宣传内容的真实性产生更多信心。

示例 6-25　常见的营销宣传的质疑及回复方式的范式

消费者(宣传内容真实性质疑):你们宣传的产品功效是否真实存在?有没有夸大宣传?

话术示例

我们的宣传内容都经过实验和验证,并符合相关法规的要求。我们可以提供相关证明或者测试结果,确保宣传内容的真实性。

消费者(价格优惠质疑):你们宣传的产品价格很优惠,是否真的有这么划算?

话术示例

我们通过线上销售和直播模式优化了供应链和成本,使得产品价格更有优势。我们保证产品的品质不受影响,大家可以享受到在其他销售渠道无法获得的优惠价格。

消费者(宣传承诺兑现质疑):你们在宣传中承诺的赠品、服务是否能够兑现?

话术示例

我们对宣传中的承诺非常重视,会尽力兑现。如果因为特殊情况无法提供或无法兑现,我们会及时通知消费者并提供合理的解决方案,确保消费者的权益。同时,我们也会加强内部的沟通和协调,避免类似情况的再次发生。

(8)面对异议

在助农直播中,主播会面对来自消费者的四种异议。

一是不信任:消费者对于产品的质量、真实性或者售后服务存在怀疑,缺乏信任感。

二是没有需求:消费者认为自己并不需要当前展示的产品或者对该产品的需求不强烈。

三是没有紧迫感:消费者对产品的购买没有紧迫感,觉得可以等待或者没有必要马上购买。

四是没有资金:消费者承认产品的价值,但由于经济原因无法立即购买或者认为商品价格超出了自己的承受范围。

这些异议在助农直播当中的含义是消费者对产品、购买行为或者自身的经济状况存在疑虑或者不确定感,这可能会影响他们对产品的购买决策。

针对这些异议,主播可以通过提供更多的产品信息证明产品的质量和真实性,提供购买的理由和动机,例如特别的优惠活动或者限时促销,以及提供更多的购买方式和支付方式来解决这些问题。此外,主播也可以通过分享消费者的使用心得和体验,或者与其他消费者一同分享的方式来增加消费者的信任感。

在助农直播中,主播面对消费者的异议,可以按照以下步骤来处理。一是倾听和理解:主播需要认真倾听消费者的异议,并理解他们的意见和疑虑。这可以通过直播弹幕、用户评论等形式进行。二是解释和证明:主播可以清晰地解释产品的特点、优势、质量保证和真实性,并提供相关的证明、认证或者实例,以消除消费者的疑虑。例如提供产品的相关检测报告、官方认证等证明材料。三是提供个性化的解决方案:针对消费者的不信任、无需求、无紧迫感或没有资金等异议,主播可以提供个性化的解决方案。例如:

针对不信任,主播可以提供售后承诺、退换货政策等措施;针对无需求,主播可以通过展示产品的适用场景和实际效果来唤起观众的兴趣;针对无紧迫感,主播可以提供限时促销或特别优惠等创造购买动机;针对没有资金,主播可以提供分期付款、购物金优惠等灵活的支付方式。四是关注消费者体验和口碑:主播可以积极关注消费者购买后的使用体验和反馈,并及时回应和解决他们的问题,以及传递满意顾客的口碑和推荐。五是持续沟通和改进:主播应该与消费者保持持续的沟通,聆听他们的意见和建议,并不断改进产品和服务。

6.5 结 论

6.5.1 助农直播带货主播话术的重要性和应用价值

助农直播带货是一种新兴的销售方式,在这样的直播环境中,主播的话术和表达方式对于产品的销售和顾客的购买意愿起着至关重要的作用。

具体来说,助农直播带货主播话术的重要性和应用价值可以从以下几个方面进行详细阐述。

(1)引导和激发购买欲望

在助农直播中,主播的话术能够引导顾客的购买欲望,让顾客对产品产生兴趣和渴望。主播需要通过生动的描述赞美产品的特点和功效、分享产品的使用体验等激发顾客的购买欲望,全方位展示产品的魅力和价值。主播可以通过对产品的独特性、品质和性价比等特点进行突出描述让顾客在观看直播时产生对产品的渴望,从而增强其购买的决心。而对于美食类产品,主播则可以采取生动形象的方言来宣传产品,通过示范制作或品尝美食的方式来引发购买欲望。通过言语和表情的表达,主播可以有效地吸引观众的注意力,引导并激发顾客的购买欲望。

(2)产品的特点和优势突出

主播的话术需要精准地对产品的特点和优势进行突出描述,向观众传达产品的独特之处。通过语言描述和举例说明,让观众了解到这款产品相较于其他产品的优势,并让其明白购买这款产品的价值所在。主播可以通过直观的比较、故事讲述、数据统计等方式突出产品的特色和性能,将产品的优势及其与其他同类产品的差距清晰地传达给观众。这种突出产品特点和优势的话术能够让观众更直观地感受产品的优越之处,从而增强他们的购买决心。

(3)产品的使用说明和效果展示

主播需要清晰且生动地向观众介绍产品的使用方法并展示产品的效果,让顾客了解产品的实际使用效果。主播可以通过生动地描述自身或他人使用产品的经验,同时结合图片、视频等方式,让观众对产品有更为直观的了解,从而对产品有客观的认知和判断。在这一过程中,主播需要以亲和力和专业度来向观众传递产品的使用技巧、使用效果和使用体验,让购买者认识产品、感受产品,并最终决定购买产品。

(4)与顾客的互动和建立信任关系

主播的话术应该能够与观众进行有效地互动,并建立与观众的信任关系,让观众在直播中对主播产生信赖感,增强其购买产品的信心。主播需要在直播中及时回应观众的提问和留言,与观众积极互动,解答顾客的疑问,提供购买建议,并对观众反馈的问题进行耐心地回复。此外,主播还可以通过对产品的真实评价和推荐、分享个人的购买经验与感受等方式让观众感受到主播对产品的真诚的和专业的认可,从而与观众建立起信任关系。通过亲切的话语和真诚的态度,主播可以让观众产生一种亲近感和信赖感,从而更愿意通过主播的话术来完成购买决策。

(5)巧妙的促销和优惠策略

主播的话术需要巧妙地结合各种促销和优惠策略,如限时折扣、满减优惠、赠品等,再通过语言和表达方式将这些优惠活动清晰地呈现给观众。主播可以通过描述产品的性价比、推荐搭配购买或团购等方式来引导观众进行购买决策,从而促成销售。

此外,主播的话术也需要灵活应对不同情况,对观众提出的问题或疑虑进行巧妙的解答,结合各种促销活动来减轻观众购买时的犹豫和顾虑,增强他们的购买意愿,使得更多的观众参与直播带货并完成购买。

(6)传递正能量和社会责任感

在助农直播中,主播的话术也需要注重传递正能量和社会责任感,主播通过言辞和行为来传达对农产品和农民的尊重与支持,让观众感受到主播对助农活动的真诚和热情。主播可以通过故事、情感的表达和社会责任宣传来影响观众,引发观众对助农直播的认同和支持,激发他们对农产品的购买热情。

此外,主播还可以通过分享农产品背后的故事、生产背景等方式来增加产品的亲和力和故事性,让观众更容易对产品产生认同感和信任感。这种传递正能量和社会责任感的话术不仅能够促进产品的销售,更能够为主播树立良好的社会形象,提升其在助农直播带货中的影响力和感召力。

综上所述,助农直播带货主播的话术不仅仅是简单的产品介绍和推广,更是一种通过言辞表达和情感共鸣来引导顾客购买的实际互动过程。良好的话术能够促进产品的销售、增加观众对产品的了解、与观众建立起信任的关系,因而在助农直播带货中发挥着至关重要的作用。

6.5.2　未来的主播话术改进方向和建议

助农直播主播话术设计是帮助主播提高话术技巧和效果的重要工具,未来可以从以下几个方面进行优化。

(1)个性化定制

助农直播主播话术设计可以根据不同主播的特点和需求进行个性化定

制,提供更加精准和有效的话术指导。例如,可以根据主播的性格、口才和表达能力等提供不同的话术模板和技巧,让主播更加自信和流畅地进行直播。

(2)数据驱动

助农直播主播话术设计可以通过数据分析和挖掘提供更加科学和实用的话术指导。例如,可以通过观众的反馈和购买数据等了解观众的需求和偏好,提供更加符合市场需求的话术模板和技巧,提高销售转化率和观众参与度。

(3)多媒体融合

助农直播主播话术设计可以通过多媒体融合提供更加生动和直观的话术指导。例如,可以通过视频、音频和图片等多种形式展示话术技巧和案例,让主播更加深入地理解和掌握话术技巧,提高话术效果和表现力。

(4)人工智能辅助

助农直播主播话术设计可以通过人工智能辅助提供更加智能和高效的话术指导。例如,可以通过语音识别和自然语言处理等技术对主播的话术进行实时分析和优化,从而提供个性化的建议和指导,让主播更加快速和准确地进行直播。

(5)社群互动

助农直播主播话术设计可以通过社群互动提供更具互动性和实用性的话术指导。例如,可以通过社交媒体和在线论坛等平台与主播和观众进行互动和交流,了解市场需求和反馈,提供更加贴近实际的话术模板和技巧,增加工具书的实用性和参与度。

综上所述,助农直播主播话术设计未来可以从个性化定制、数据驱动、多媒体融合、人工智能辅助和社群互动等方面进行优化,提供更加精准、科学、生动、智能和更具互动性的话术指导,帮助主播更加成功地进行助农直播。

7 研究结论与对策建议

本章的主要工作有两点,首先是在前两章的基础上对主要研究结论加以讨论,并在研究结论的基础上提出管理启示。其次是归纳出本研究的创新点,指出本研究的不足之处并且对未来研究进行展望。

7.1 研究结论

本研究针对助农直播情境下主播叙事方式对消费者购买意愿的影响这一研究问题,运用扎根理论研究方法进行探索性研究,构建了助农直播场景下主播叙事方式对消费者购买意愿的理论模型框架,并在此基础上提出了变量之间的关系假设,最后用实验的方法进行验证。结果讨论主要包含五个方面的内容:在扎根理论的基础上提出叙事方式的划分方式,界定叙事身份和叙事策略的概念并对其维度进行划分;构建了助农直播中主播叙事方式对消费者购买意愿影响的理论模型,揭示了主播叙事方式对消费者购买意愿影响的内在作用路径;证实了消费者的内在作用路径在主播叙事方式对消费者购买意愿影响中的中介作用;证明了空间距离在主播叙事方式对消费者购买意愿的影响之间的调节作用;证明了产品涉入度在主播叙事方式对消费者购买意愿的影响之间的调节作用。最终,本研究主要得到以下研究结论。

一是界定了主播叙事身份和叙事策略概念并对其维度进行划分。本研究通过扎根理论研究方法对助农直播场景下主播叙事方式对消费者购买意愿影响的作用机理进行探索。本研究将助农直播情境下主播叙事方式界定为：助农直播中，主播向消费者展示和推荐商品时所展示的特征和内容，包含叙事身份和叙事策略。而叙事身份是所有直播都具有的共同特征，它包含两种叙事身份，分别为当局者叙事身份和旁观者叙事身份。当局者叙事身份指的是助农直播的主播是助农事件的亲身经历者，或者可以说是与被助农群体来自同一个文化群体，与他们享有类似的或相同的生活习惯、生活方式或生活经历的人，比较典型的身份是当地居民或者当地官员，例如当地蜂农、茶农、县长等；旁观者身份指的是主播并非助农事件的亲身经历者或者说是来自被助农群体之外的人，与这个群体没有从属关系和相似的生活体验，比较典型的身份是来自平台的主播，例如李佳琦、烈儿宝贝，等等。

在叙事策略的划分上，本书结合扎根理论研究的结果，依照"早期面对外部压力"和"对未来热情与决心"两个维度对叙事策略进行划分，"早期面对外部压力"和"对未来热情与决心"都高的称为示弱叙事策略，在示弱叙事策略中，主播主要呈现的内容是农户的艰难曲折的经历和面对的困境，以及面对困境不断努力的故事内容，"早期面对外部压力"和"对未来热情与决心"较低的称为示强叙事策略，此时主播呈现的是农户的外在优势，例如优越的自然环境、独到的技术手段，等等。

二是构建了助农直播中主播叙事方式对消费者购买意愿影响的理论模型。

经过探索性研究，本书构建了包含主播的叙事身份、叙事策略、共情、主播认同、购买意愿、空间距离和产品涉入度等 7 个变量的理论模型，构建了主播叙事方式对消费者购买意愿的内在作用路径，认为主播叙事方式主要通过消费者内在状态影响消费者购买意愿，主要揭示了共情和主播认同在叙事方式对消费者购买意愿影响过程中的中介作用,以及空间距离和产品涉入度在主播叙事方式对消费者购买意愿影响过程中的调节作用。

三是证明了主播的叙事身份和叙事策略对消费者购买意愿的直接影响作用。本研究采用实验法,通过实验一至实验四4个实验和4种助农实验材料,利用独立样本 T 检验就叙事身份对消费者购买意愿影响的关系假设进行检验。4个实验都稳定的得出结果,相对于主播采取旁观者身份,助农直播中主播采取当局者身份更容易引发消费者积极的购买意愿。类似的,通过实验五至实验六的2个实验和2种助农实验材料,利用独立样本 T 检验的方法,得出结论,相对于采取示强叙事策略,主播采取示弱叙事策略更容易引发消费者积极的购买意愿。

四是证实了共情和主播认同在叙事方式对消费者购买意愿影响过程中的中介作用。本研究采取 Bootstrap 方法对于共情和主播认同的中介作用关系假设进行了检验。结果表明:共情和主播认同在主播的叙事身份对消费者购买意愿的影响中起中介作用,并且在空间距离和产品涉入度的有效调节的中介作用下结果依然成立;共情和主播认同在主播叙事策略对消费者购买意愿的影响中起中介作用,并且在空间距离和产品涉入度的有效调节的中介作用下结果依然成立。

五是空间距离在主播叙事方式对消费者购买意愿的影响中的调节作用,本研究利用双因素方差分析和 Bootstrap 方法对于空间距离的调节作用进行检验。结果表明:空间距离在主播的叙事身份对消费者购买意愿的影响中起调节作用,并分别用模型4和模型7进行了在调节情况下的中介效应检验,检验结果显著;类似的,空间距离在主播叙事策略对消费者购买意愿的影响中起调节作用,Bootstrap 的模型4和模型7的结果也证实了假设。

六是产品涉入度在主播叙事方式对消费者购买意愿的影响中的调节作用。本研究利用双因素方差分析和 Bootstrap 方法对于产品涉入度的调节作用进行检验。结果表明:产品涉入度在主播的叙事身份对消费者购买意愿的影响中起调节作用,并分别用模型 4 和模型 7 进行了在调节情况下的中介效应检验,检验结果显著;类似的,产品涉入度在主播叙事策略对消费者购买意愿的影响中起调节作用,Bootstrap 的模型 4 和模型 7 的结果也证实了假设。

7.2 对策建议

7.2.1 政府组织层面的对策建议

(1)出台详细的直播电商扶持政策

出台详细的直播电商扶持政策对于促进助农直播的发展具有重要意义。随着直播电商的兴起,这种新型的商业模式为拓宽农产品销售渠道、增加农民收入提供了新的机遇。出台详细的扶持政策能够为直播电商提供良好的发展环境,进一步激发市场活力和社会创造力,推动农村经济转型升级。

通过出台扶持政策,不仅可以规范行业发展,明确直播电商行业的准入条件、运营规范、监管措施等,促进直播电商行业健康有序发展,还可以促进产业升级,通过政策引导推动直播电商技术和服务创新,促进产业链上下游协同发展,同时,加大对直播电商的财政、税收等支持,可以提高直播电商企业的市场竞争力,强化商品质量控制、售后服务等标准,保障消费者的合法权益。

政府可以通过制定专项政策文件,明确直播电商发展的目标、扶持措施、监管机制等内容。此外,还可以设立专项基金或提供贷款贴息、税收减免等优惠政策,减轻直播电商企业的财务负担。优化营商环境,简化行政审批程序,提供一站式服务,降低直播电商企业的运营成本。加强人才培养,支持职业培训和教育项目,培养直播电商所需的各类专业人才。

以芜湖市为例,政府出台了《关于支持直播电商产业高质量发展的若干政策规定的通知》,旨在支持直播电商的高质量发展。该政策覆盖了直播电商全链条,包括对直播电商基地、网络直播经纪机构、直播电商企业、主播个人等的支持。支持内容包括贡献激励、人才认定、租金补助等。这一系列扶持政策的出台,不仅促进了直播电商行业的快速发展,还为当地农户提供了新的销售渠道,有效带动了农产品销售,增加了农民收入。

另一个案例是海宁市,海宁市新出台的直播电商扶持政策旨在将海宁市打造成全国直播电商之都,支持对象覆盖了直播电商全产业链。政策包括贡献激励、人才认定、租金补助等,特别强调了对直播电商基地、网络直播经纪机构、直播电商企业、主播个人等的支持。这些扶持政策有效地推动了海宁市直播电商产业的发展,吸引了众多企业和人才入驻,形成了较为完善的直播电商生态系统,为当地农户提供了更多销售农产品的机会。

(2)制定直播行业的法规与标准

随着直播电商的兴起,尤其是助农直播的蓬勃发展,制定相应的法规与标准变得尤为重要。一方面,这有助于规范市场秩序,保障消费者的权益;另一方面,也有利于提高农产品的质量标准,促进整个产业链的健康发展。制定直播行业的法规与标准,对于维护公平竞争环境、提升直播服务质量、保障农产品安全具有重要意义。

通过制定明确的直播营销行为规范,可以保护消费者的知情权和选择权,避免虚假宣传、欺诈等行为的发生。确立农产品的质量标准,确保直播销售的产品达到一定的安全和质量要求,提升消费者的信任度。加强对直播平台和主播的监管,打击违法违规行为,维护健康的市场竞争环境。通过标准化建设,提高整个产业链的效率,促进农产品直播销售的可持续发展。

政府可以通过制定和完善直播行业的相关法律法规,如互联网直播营销信息内容服务管理规定等,明确直播营销行为的基本准则。建立一套完整的直播农产品质量标准体系,包括但不限于产品分类、质量检验、包装标识等方面的标准。建立健全的监管机制,包括设立专门的监管机构、实施动态监测、定期评估等,确保法规与标准的有效执行。通过各种渠道加强对直播行业从业人员的法律法规和标准培训,提高其合规意识。

以《网络主播行为规范》发布及其影响为例,为加强网络直播行业的规范化管理,相关部门发布了《网络主播行为规范》,对网络主播的行为进行了明确规定,特别是针对需要较高专业水平(如医疗卫生、财经金融、法律、教育)的直播内容,要求主播取得相应的执业资质,并向直播平台进行执业资质报备。该规范不仅对主播的行为进行了限制,还要求直播平台加强内容审核和技术支持,确保直播内容合法合规。这一举措有效地提升了直播行业的整体素质,保障了消费者的权益,特别是对于农产品直播来说,提高了消费者的信任度,促进了农产品销售的增长。

(3)建立直播农产品标准体系

在直播农产品领域中,政府扮演着至关重要的角色。作为规划者,政府需要制定符合市场需求和发展趋势的政策导向;作为监督者,政府必须确保市场参与者遵守相关法律法规,维护市场秩序;作为服务者,政府还需要提供必要的技术支持和服务,如技术培训、信息共享平台等。例如,在《农产品电子商务管理办法》中明确规定了电商平台应承担的责任以及对农产品质量的要求,这些规定为直播农产品市场提供了明确的指导方向。

为了有效推进直播农产品标准化体系的建设,政府应采取一系列综合措施确保标准化工作的顺利实施。政府需要成立专门的工作小组,邀请行业专家、学者及相关利益方共同参与,确保制定的标准既科学合理又能反映市场需求。例如,国家标准局发布《电子商务直播售货质量管理规范》,明确了农产品质量分级、包装要求以及物流配送等各环节的标准。经过多轮讨论和修订后,最终确定的标准需由相关部门正式发布,并通过各种渠道广泛宣传，确保所有相关方了解新的标准要求。

为了确保标准的有效实施，政府还需通过举办研讨会、培训班等形式向农产品生产者、电商平台和物流服务商等传播标准化理念和技术要求，提高他们的标准化意识。为此，政府农业部门联合多家培训机构，针对农民、电商主播和物流工作人员多次举办标准化培训班。通过理论讲解与实操演练相结合的方式，政府提高了他们的标准化操作能力。

所有参与直播农产品销售的主体都应按照标准要求开展经营活动，包括生产、加工、包装、物流配送等各个环节。政府应设立专门机构负责标准的执行监督工作，确保所有参与方都能够严格遵守相关标准，还应设立农产品直播标准化监督管理办公室，负责日常监督工作。同时，利用先进的信息技术手段，如区块链技术，来记录农产品从生产到销售的全过程，确保信息透明可追溯。

政府还可以通过定期评估标准化的效果，收集市场反馈信息，了解标准化实施过程中遇到的问题，并根据评估结果和市场反馈，及时调整和完善标准体系，使其更加适应市场发展需求。经过一段时间的运行，政府农产品直播标准化监督管理办公室收集了大量的反馈信息，发现了一些标准实施中的不足之处。基于这些信息，他们对原有的标准进行了修订，增加了更多实用性和操作性更强的内容。

（4）基础设施建设与服务配套

随着互联网技术的快速发展，直播电商已成为农产品销售的重要渠道之一。然而，许多农村地区仍面临信息通信基础设施落后的挑战，这直接制约了当地农户利用直播电商进行销售的能力。因此，政府加大对农村地区信息通信基础设施的建设力度具有重要意义。此举不仅能缩小城乡数字鸿沟，还能促进农村经济发展，提升农民收入水平。

加大投入，可以显著扩大农村地区的网络覆盖范围和提升网络质量，为助农直播提供稳定的技术支持。高速稳定的网络连接能够减少直播过程中的延迟和卡顿现象,提升消费者的观看体验,进而增加购买意愿。优质的网络条件有助于农户拓展销售渠道,通过直播平台将农产品销往全国各地其至海外市场。此外,良好的信息通信基础设施还有助于农户获取最新的市场信息和技术知识,使农产品的生产和销售更加高效。

政府可以通过制定相关政策,鼓励电信运营商加大在农村地区的网络设施建设投入。政府还可以与电信运营商合作,共同出资建设信息通信基础设施,实现资源共享。政府要引入新技术,如 5G、物联网等,提高网络设施的智能化水平,提升用户体验。此外,政府还应加强对农村地区信息通信技术人才的培养和培训,提升当地居民使用新技术的能力。以中国联通为例,在响应国家"宽带中国"战略的过程中,中国联通在多个农村地区加速推进光纤宽带网络建设,投资建设了大量光纤接入点,将光纤宽带网络延伸至农村家庭,提高了农村地区的网络覆盖密度和带宽速度。这一系列措施极大地改善了农村网民的上网体验,越来越多的农户开始尝试通过直播平台销售自家农产品。例如,中国联通的光纤宽带网络建设完成后,四川省某县农户开始利用直播平台销售特色农产品,销量明显增加,有效带动了当地经济的发展。同样,中国移动积极响应国家号召,在农村地区加快 4G 和 5G 基站的布局,增设了大量 4G 和 5G 基站,提高了农村地区的移动网络覆盖率,为直播提供了高速稳定的网络支持。这一举措极大地改善了农村直播环境,农户可以通过手机或移动设备进行直播销售,吸引了更多消费者关注。例如,中国移动的 4G/5G 基站建成后,湖北省某县茶叶农户通过直播平台成功推广了自家生产的茶叶,不仅销量增加,还提升了品牌知名度。

7.2.2 直播平台的对策建议

直播平台可以持续的进行技术研发与革新,引入最新的音视频编解码技术,确保直播画面清晰、声音同步,即使在网络条件不佳的情况下也能保持良好的直播质量。例如,采用 H.265 编码格式相比传统的 H.264 能够提供更好的压缩效率,在保证同样画质的前提下降低带宽需求,使直播内容在较低的网络条件下也能保持高质量。此外,通过自适应比特率流(ABR)技术,直播平台可以根据用户的网络状况自动调整视频质量,当网络环境变差时自动降低视频质量以保持流畅播放,当网络环境良好时则提供更高清晰度的视频流,确保用户无论何时何地都能获得最佳观看体验。为了进一步优化直播体验,平台还应优化服务器架构,通过内容分发网络(CDN)和边缘计算技术实现直播内容的快速分发,缩短延迟时间,提供无缝的直播体验。

通过集成人工智能(AI)和机器学习算法,直播平台可以对用户的历史观看记录、点赞、评论等行为数据进行深度分析,从而精准预测用户的兴趣偏好,实现个性化的直播内容推荐。例如,利用自然语言处理(NLP)技术分析用户评论,可以自动识别用户的情感倾向,为用户提供与其喜好相匹配的直播节目,提高直播内容与用户的匹配度,进而提升用户活跃度和留存率。这种个性化的内容推荐机制能够增强用户体验感,让用户更容易找到他们感兴趣的内容,同时也能够帮助主播更好地了解他的观众群体,进一步优化直播内容。

为了增强观众的参与感和社区归属感,直播平台应开发多样化的互动功能,如虚拟礼物、抽奖、投票、弹幕聊天等。通过虚拟礼物系统,观众可以向喜爱的主播赠送虚拟礼物,主播则可以在直播中对送礼的观众表示感谢,这种双向互动不仅增加了直播的娱乐性,也促进了观众与主播之间的情感联系。此外,平台还可以举办各类线上活动,如直播挑战赛、才艺展示等,鼓励观众参与其中,进一步提升直播的趣味性和吸引力。这些互动机制不仅提升了用户的参与度,还为平台带来了更多的流量和曝光,促进了社区文化的积极发展。

(1)内容监管与质量控制

直播平台需要建立健全的内容审查系统,确保直播内容健康、积极,避免低俗、暴力、色情等不良信息的传播。为此,平台应当利用先进的AI技术辅助人工审核流程,例如图像识别技术和语音识别技术,自动筛选出可能违反平台规定的直播片段。这些技术能够即时检测到不适宜的内容,如不当言语、敏感图像等,并及时通知后台进行人工复审,以确保直播内容符合法律法规的要求及社会道德标准。通过这种技术手段与人工审核相结合的方式,平台能够有效地过滤不良内容,维护直播平台的良好形象。

为了提升直播内容的整体质量,直播平台还应实施主播认证和分级管理制度。该制度旨在激励主播提供优质内容的同时,也帮助平台培养一批具有影响力的艺人主播。平台可以设立主播等级制度,根据主播的直播时长、观众数量、互动频率等多个维度进行综合评分。对于达到一定标准的主播,平台可授予官方认证标识,并给予相应的资源倾斜,比如首页推荐位、流量扶持、优先参与商业合作项目的机会等。这样的激励措施不仅能激发主播创作更高质量的内容,还能帮助平台吸引更多的观众,形成良性循环。

为了维护直播平台的秩序并打击违规行为,平台还需要设立一套明确的违规行为惩罚机制。这包括但不限于制定详细的违规行为清单以及对应的处罚措施,例如对首次违规的主播给予警告,对于多次违规或者严重违规的主播则可以采取暂停直播权限甚至永久封禁账号等措施。此外,平台还应该建立完善的违规行为举报机制,鼓励用户参与到监督工作中来,共同维护直播环境的健康与和谐。一旦接到用户举报,平台应迅速响应,调查核实后依据相关规定采取行动,确保所有用户在一个安全、积极的环境中享受直播带来的乐趣。

(2)主播赋能与激励

直播平台在构建健康生态的过程中,不仅要注重内容质量和监管,还需要重视主播的成长和发展。为此,平台应当提供一系列主播成长计划,包括但不限于免费培训课程、流量扶持、商业合作机会等资源。这些资源可以帮助主播提升专业技能,拓宽变现渠道。平台可以与专业培训机构合作,定期举办线上培训课程,内容涵盖直播技巧、内容创作、粉丝运营等方面,帮助主播提升综合素质和直播质量。通过数据分析,为主播提供个性化的发展建议,帮助其找到适合自己的直播风格和受众群体。此外,平台还可以搭建交流社群,让主播之间相互学习、共享经验,形成良好的学习氛围。

为了进一步激励主播,直播平台应设立主播激励基金,根据主播的直播表现和观众反馈给予奖励,包括现金奖励、平台虚拟货币、实物奖品等。对于表现优异、观众评价高的主播,平台可以提供额外的流量曝光,增加其直播的可见度,吸引更多观众。同时,设立年度"最佳主播"评选活动,给予获奖主播特别荣誉和丰厚奖金,以此激励主播不断提升自身能力和直播质量。平台还可以根据主播的不同发展阶段,设计多元化的激励方案,比如新晋主播的成长礼包、成熟主播的长期合作奖励等。

直播平台还应建立主播与商家之间的对接平台,简化合作流程,为主播提供更多商业合作机会。通过平台内的广告系统,商家可以根据自己的产品类型和目标受众,精准匹配合适的主播进行合作推广。平台可以为主播提供数据分析工具,帮助其了解粉丝画像和消费偏好,从而更有针对性地选择合作伙伴,提高变现效率。此外,平台还可以定期举办品牌合作活动,邀请知名企业和主播进行互动,为主播创造更多商业价值。在商业合作方面,平台还应该为主播提供法律咨询和支持,帮助他们合法合规地进行商务活动。

(3)消费者保护与服务

直播平台在保障消费者权益方面扮演着至关重要的角色。

首先,平台应建立一套完善的售后服务体系,包括便捷的退货退款服务、产品质量保证、消费者投诉处理机制等,确保消费者的权益得到充分保护。例如,可以设立7天无理由退货政策,允许消费者在收到商品后的一段时间内,如果对商品不满意,可以无条件退货退款。此外,还可以考虑延长退货期限至15天甚至更长,以便给消费者更多的考虑时间。同时,建立产品质量追溯系统,确保每一件商品都有明确的来源和质量保证,这不仅能增加消费者对平台的信任度,还能促使商家更加重视商品的质量管理。

其次,直播平台应强化直播购物的透明度,公开商品信息、价格、促销条件等,避免任何误导消费者的行为。例如,要求主播在直播中明确说明商品的价格、规格、材质、原产地等关键信息,不得进行虚假宣传。此外,平台还可以引入第三方检测机构对商品进行定期抽检,确保商品的真实性与质量。同时,平台应设立商品审核机制,确保所有上架的商品都经过严格的质量检查和真伪验证,维护消费者的利益。对于违反规定的商家,平台应采取相应的处罚措施,如警告、罚款、暂停销售权限等。

最后,直播平台应开设消费者热线和在线客服,提供24小时不间断的服务,及时解决消费者在直播购物中遇到的问题。例如,通过在线聊天、电话咨询、邮件反馈等多种渠道,确保消费者能够随时联系到客服人员,获得快速有效的帮助。同时,建立消费者反馈机制,定期收集和分析消费者的意见和建议,不断优化直播体验、提高服务质量和提升消费者满意度。此外,平台还可以引入智能客服机器人,利用人工智能技术解答常见问题,减轻人工客服的压力,提高服务效率。平台要定期组织消费者满意度调查,针对调查结果中的问题点进行改进,确保服务持续满足消费者的需求。

7.2.3 农产品企业的对策建议

(1)产品标准化与质量控制

农产品企业应当建立一套全面且严格的产品检测标准,涵盖农药残留、重金属含量、微生物污染等关键指标,并确保每个产品均符合国家食品安全规范。采用ISO 22000食品安全管理体系,结合危害分析与关键控制点(HACCP)原则,从源头到终端全程监控,确保产品的安全性和品质的一致性。此外,设立专门的食品安全监测小组负责日常监测和应急处理,一旦发现潜在的食品安全问题,能够迅速采取行动,防止不合格产品流入市场。

引入智能化、环保型包装技术,如气调包装、可降解材料、智能标签等,不仅能有效延长农产品保鲜期,还能提升产品外观美感,增强货架吸引力。使用气调包装技术,改变包装内部气体成分,延长农产品保鲜期;引入可降解材料作为包装材料,减少环境污染,符合环保趋势;运用智能标签技术,实现产品信息的实时追踪,提升供应链透明度,增强消费者信任。此外,通过设计吸引人的包装外观,增强产品在货架上的吸引力;使用温度敏感标签和湿度指示器监控运输过程中的环境变化,确保产品质量不受损害。

构建基于区块链技术的产品质量追溯系统,确保从种植、加工、包装到销售的每一个环节均可追溯,提升供应链透明度,增强消费者对产品质量的信心。利用区块链技术创建一个共享数据库,记录每一批次产品的详细信息,包括种植日期、收获批次、加工工厂、检验报告等,确保数据的真实性和不可篡改性。消费者可以通过扫描产品上的二维码直接查看产品的全部历史记录,从而建立更加稳固的信任关系。此外,企业能够更快地识别和解决问题,减少召回事件,维护品牌形象,并简化供应链流程,降低运营成本,提高效率。

定期为员工提供食品安全和质量控制方面的培训,确保每一位员工都能了解最新的行业标准和操作规范。培训员工如何在紧急情况下采取正确的行动,包括食品安全事故处理程序。通过培训增强员工的质量意识,确保每个人都认识到质量控制的重要性。开展内部质量竞赛或设立质量奖项,激励员工积极参与质量管理活动。通过各种活动和奖励制度,营造重视质量的企业文化氛围,并鼓励不同部门之间的沟通与合作,共同致力于提高产品质量。

建立高效的客户反馈机制,通过多种渠道收集消费者的反馈意见,及时了解产品存在的问题,并迅速做出调整。设立客户服务热线、社交媒体互动平台等,便于消费者反馈问题。对于消费者的反馈,企业应给予积极的回应,并根据反馈进行产品改进,以提升客户满意度。定期发布的客户满意度报告，向内外部展示改进成果和进展。

企业应保持持续改进的态度，不断探索新的技术和方法，以适应市场变化和消费者需求的变化。参与行业内的交流会和技术研讨会，与其他领先企业分享经验。与科研机构合作，开发新的农产品品种或加工技术，以提高产品的营养价值和口感。定期进行市场调研，了解消费者需求的变化，及时调整产品策略。持续开发新产品，满足市场需求；不断改进生产工艺，提高生产效率和产品质量；探索可持续发展的农业实践，减少对环境的影响，实现长期发展。

(2) 品牌塑造与市场拓展

企业可以通过直播平台直接与消费者沟通，分享品牌背后的故事，比如农场的可持续耕作实践、产品的独特营养价值等，以此建立情感连接，塑造品牌形象。直播互动不仅能够让消费者更加了解产品的来源和制作过程，还能即时获取消费者的反馈，帮助企业快速调整策略，提升市场反应速度。此外，企业还可以邀请农场主或农民亲自参与到直播中，分享他们对土地的情感和对农作物的热爱，进一步加深消费者对品牌的认同感。

与知名直播平台及具有影响力的意见领袖合作，进行品牌联名推广，迅速扩大品牌曝光度，吸引不同年龄层和兴趣爱好的新客户群。通过直播带货、产品试用、互动问答等形式，增强消费者体验，提升品牌忠诚度。企业还可以设计一些特别的直播活动，如限时优惠、独家折扣、赠品赠送等，吸引更多消费者的关注和参与。此外，与意见领袖合作时，可以选择那些与品牌价值观相契合的有影响力的意见领袖，这样可以更好地传递品牌信息，达到事半功倍的效果。

运用大数据分析工具，深入挖掘消费者的购买行为、偏好变化和市场趋势，为企业提供决策依据。例如，通过分析直播平台上的用户互动数据了解目标市场的具体需求，据此调整产品组合和营销策略，实现精准营销。企业还可以通过数据分析来评估不同营销活动的效果，比如哪些直播主题最吸引观众、哪些时间段观看人数最多等,进而优化直播内容和时间安排。此外,利用社交媒体监测工具跟踪品牌在网上的口碑和声誉,及时应对负面评论,保持正面的品牌形象。

举办特色活动,如线上农博会、直播采摘体验、季节限定产品发布会等,吸引更多目标群体的关注。这些活动不仅能让消费者更直观地感受到农产品是多么新鲜和其质量多么优良,还能增加趣味性和互动性,提升用户的参与度和品牌记忆点。企业还可以通过直播形式让消费者远程参观农场,了解农作物的成长过程,增强消费者对产品的信任感。

开发专属的品牌故事和内容营销计划,通过讲述品牌的历史背景、经营理念以及与消费者相关的故事来增强品牌的亲和力和吸引力。例如:创建视频系列,介绍农场的日常运作、农民的工作生活、产品从田间到餐桌的旅程等。此外,还可以通过故事营销的方式,讲述特定产品背后的意义,比如某个产品是如何帮助当地社区发展或者支持了可持续农业实践的,以此激发消费者的共鸣和支持。

构建多渠道营销矩阵,利用不同的社交媒体平台和直播平台来触达不同类型的消费者。例如:在抖音、快手等短视频平台上发布农产品的种植过程、采摘活动等内容;在微信公众号、微博等平台上分享健康饮食知识、食谱推荐等信息。通过多样化的渠道覆盖,不仅可以扩大品牌的受众范围,还能根据不同平台的特点制作定制化内容,提高传播效果。

(3)供应链优化与成本控制

农产品企业应整合上下游供应链资源,减少不必要的中间环节,采用集中采购、直接配送等方式,降低物流成本。通过建立长期稳定的供应关系,确保原料质量和供应稳定性,同时提升谈判优势,降低成本。此外,企业还可以构建紧密的合作伙伴网络,与多家供应商签订长期合作协议,确保原材料的稳定供应,并通过集体采购的方式以更大的采购量获得更优惠的价格。合理规划仓储位置,缩短运输距离和时间,提高物流效率,也是不可或缺的一环。

利用企业资源规划(ERP)、仓库管理系统(WMS)等数字化工具实现库存管理自动化,提高订单处理效率,减少库存积压风险。通过这些系统的实施,企业可以实现库存的实时监控,快速响应市场需求变化。采用先进的数据分析技术,如机器学习算法,构建智能预测模型,准确预估市场需求,动态调整库存水平,避免过度生产和浪费。优化订单处理流程,减少人为错误,加快订单处理速度,也是提高效率的关键。

积极响应绿色消费趋势,采用可循环、可降解的环保包装材料,减少塑料的使用,降低碳足迹。此举不仅符合现代消费者的环保意识,还能彰显企业对社会和环境的责任感,提升品牌形象。优化包装设计,减少包装材料的使用量,同时确保产品的保护功能不受影响,可以进一步降低材料消耗和运输成本。通过社交媒体、产品标签等方式积极推广环保理念,引导消费者关注可持续消费的重要性,不仅能增强消费者对品牌的认同感,还能促进整个行业的绿色发展。

(4)数据分析与市场调研

充分利用直播平台提供的销售数据、用户行为分析等信息,实时监控营销效果,调整广告投放策略,提高投资回报率(ROI)。例如,分析不同时间段的直播数据,确定最佳直播时段,优化直播内容,提升观看量和转化率。对用户的浏览习惯、购买行为等数据进行分析,实施个性化推荐和精准营销策略,提升顾客满意度和复购率。进行 A/B 测试,比较不同直播脚本、封面设计等因素对观众参与度的影响,不断优化直播内容。

定期进行市场趋势研究,关注行业动态、消费者需求变化和技术革新,预测未来市场走向,指导产品开发和战略规划。例如,通过市场调研发现年轻消费者越来越注重食品的健康属性和来源透明度,企业应加大有机、非转基因产品线的投入,满足市场需求。利用在线调查、焦点小组讨论等方法深入了解消费者的需求,识别市场缺口,开发新产品。定期进行竞品分析,了解竞争对手的产品特点、定价策略、营销手段等,为自己的产品差异化提供参考。

建立用户反馈的收集和处理机制，通过问卷调查、社交媒体监测、客户服务热线等多渠道收集消费者意见，及时识别产品和服务中的不足，并持续改进。例如，针对消费者提出的口感、包装便利性等方面的建议进行产品迭代，提升用户体验。建立快速响应机制，确保能够迅速处理消费者的投诉和建议，维护良好的品牌形象。鼓励消费者参与产品的开发过程，如通过投票选择新产品的口味或包装设计，提高消费者的参与感和归属感，同时也能获得宝贵的市场反馈信息。

参考文献

[1] 陈笃升,王重鸣.组织变革背景下员工角色超载的影响作用:一个有调节的中介模型[J].浙江大学学报(人文社会科学版),2015(3):143-157.

[2] 陈海权,张镒,郭文茜.直播平台中网红特质对粉丝购买意愿的影响[J].中国流通经济,2020,34(10):28-37.

[3] 陈瑞,郑毓煌,刘文静.中介效应分析:原理、程序、Bootstrap方法及其应用[J].营销科学学报,2013,9(4):120-135.

[4] 陈武英,卢家楣,刘连启,等.共情的性别差异[J].心理科学进展,2014,22(9):1423-1434.

[5] 丁凤琴,陆朝晖.共情与亲社会行为关系的元分析[J].心理科学进展,2016,24(8):1159-1174.

[6] 范钧,吴丽萍.在线社会支持对慢性病患者量化自我持续参与意愿的影响研究[J].管理学报,2021,18(4):597-603.

[7] 范心怡.同伴信任、观点采择对宽恕感的影响[D].上海:上海师范大学,2018.

[8] 付业勤,罗艳菊,张仙锋.我国网络直播的内涵特征,类型模式与规范发展[J].重庆邮电大学学报(社会科学版),2017,29(4):71-81.

[9] 龚潇潇,叶作亮,吴玉萍,等.直播场景氛围线索对消费者冲动消费

意愿的影响机制研究[J].管理学报,2019,16(6):875-882.

[10] 顾丽琴,高永玲.Vlogger对消费者购买意愿的影响研究——以准社会互动为中介[J].商业经济研究,2020(9):43-47.

[11] 郭婉如.助农直播中农民故事的叙事策略研究——以芒果云超市为例[D].济南:山东大学,2021.

[12] 韩箫亦.电商主播属性对消费者在线行为意向的作用机理研究[D].长春:吉林大学,2020.

[13] 黄丽媛.公益电商直播的说服效果研究[D].杭州:浙江大学,2020.

[14] 霍炜雄.劣势者效应的边界影响研究[D].南京:南京大学,2017.

[15] 蒋多,何贵兵.心理距离视角下的行为决策[J].心理科学进展,2017,25(11):1992-2001.

[16] 晋向东,张广玲,曹晶,等.强势品牌广告竞争的溢出效应[J].心理学报,2018,50(6):678-692.

[17] 孔诗晓.心理距离对基线比例忽略的影响研究[D].武汉:华中师范大学,2014.

[18] 李东进,张宇东.消费者为何放弃:量化自我持续参与意愿形成的内在机制[J].南开管理评论,2018,21(1):118-131.

[19] 李纪珍,周江华,谷海洁.女性创业者合法性的构建与重塑过程研究[J].管理世界,2019,35(6):142-160,195.

[20] 李娇.积极共情中的观点采择效应[D].天津:天津师范大学,2018.

[21] 李静芝.电视新闻深度报道的叙事者分析[D].哈尔滨:黑龙江大学,2009.

[22] 李婷婷.心理距离情境下农户农资购买决策中的信任研究[D].武汉:华中农业大学,2016.

[23] 李晓夏,赵秀凤.直播助农:乡村振兴和网络扶贫融合发展的农村电商新模式[J].商业经济研究,2020(19):131-134.

[24] 李杨.基于扎根理论的城市居民绿色出行影响因素分析[J].社会科学战线,2017(6):265-268.

[25] 刘聪慧,王永梅,俞国良,等.共情的相关理论评述及动态模型探新[J].心理科学进展,2009,17(5):964-972.

[26] 刘凤军,孟陆,陈斯允,等.网红直播对消费者购买意愿的影响及其机制研究[J].管理学报,2020,17(1):94-104.

[27] 刘若华.故事化叙事与广告传播研究[D].长春:吉林大学,2020.

[28] 刘思思.电商助农直播中消费者感知价值对传播意向的影响[D].重庆:西南大学,2021.

[29] 刘子曦.故事与讲故事:叙事社会学何以可能——兼谈如何讲述中国故事[J].社会学研究,2018(2):164-188.

[30] 毛基业,张霞.案例研究方法的规范性及现状评估——中国企业管理案例论坛(2007)综述[J].管理世界,2008(4):115-121.

[31] 孟陆,刘凤军,陈斯允,等.我可以唤起你吗——不同类型直播网红信息源特性对消费者购买意愿的影响机制研究[J].南开管理评论,2020,23(1):131-143.

[32] 彭宇泓,韩欢,郝辽钢,等.直播营销中关系纽带,顾客承诺对消费者在线购买意愿的影响研究[J].管理学报,2021,18(11):1686-1694.

[33] 漆亚林,郝源.融媒体环境下移动直播的类型特征与视听机制[J].电视研究,2018(9):23-26.

[34] 冉雅璇,卫海英.品牌仪式如何形成?——基于扎根理论的探索性研究[J].经济管理,2017,39(12):108-121.

[35] 热拉尔·热奈特.叙事话语——新叙事话语[M].王文融,译.北

京:中国社会科学出版社,1990.

[36] 邵翔.淘宝直播购物平台可供性影响顾客购买意愿的机理研究——基于顾客契合的视角[D].杭州:浙江工商大学,2020.

[37] 沈正舜,李怀斌.示弱还是示强? 品牌传记与消费者品牌态度:移情的中介作用[J].外国经济与管理,2019,41(6):138-152.

[38] 孙炳海,苗德露,李伟健,等.大学生的观点采择与助人行为:群体关系与共情反应的不同作用[J].心理发展与教育,2011,27(5):491-497.

[39] 田晓玲.品牌拟人化对消费者购买行为的影响研究[D].济南:山东财经大学,2021.

[40] 童杰.足球解说中加强故事性的探索[D].上海:上海体育学院,2021.

[41] 喻昕,许正良,等.网络直播平台中弹幕用户信息参与行为研究——基于沉浸理论的视角[J].情报科学,2017,35(10):147-151.

[42] 王建明,王俊豪.公众低碳消费模式的影响因素模型与政府管制政策——基于扎根理论的一个探索性研究[J].管理世界,2011(4):58-68.

[43] 王江坤.基于ELM模型的网络消费行为研究[D].杭州:浙江财经大学,2016.

[44] 王宁.消费与认同——对消费社会学的一个分析框架的探索[J].社会学研究,2001(1):6-16.

[45] 王秀芝,胡晓红,杨晓燕.捐赠者的非营利组织劣势者感知对捐赠行为的影响——捐赠者的劣势者自我认同的调节作用[J].社会工作与管理,2017,17(1):12-17.

[46] 王雁飞,黄佳信,朱瑜.基于认知—情感整合视角的包容型领导与

建言行为关系研究[J].管理学报,2018,15(9):1311-1318.

[47] 王振兴.局外人与局内人[D].北京:中国社会科学院,2014.

[48] 吴娜,宁昌会,龚潇潇.直播营销中沟通风格相似性对购买意愿的作用机制研究[J].外国经济与管理,2021,42(8):81-95.

[49] 谢雅萍,陈小燕,叶丹容.创业激情有助于创业成功吗?[J].管理评论,2016,28(11):170-181.

[50] 徐富明,蒋多,张慧,等.心理距离对基线比例忽略的影响[J].心理学报,2016,48(10):1292-1301.

[51] 徐岚,赵爽爽,崔楠,等.故事设计模式对消费者品牌态度的影响[J].管理世界,2020(10):76-94.

[52] 荀源.助农直播中信息源特性对冲动性购买意愿的影响研究[D].济南:山东大学,2021.

[53] 严进,杨珊珊.叙事传输的说服机制[J].心理科学进展,2013,21(6):1125-1132.

[54] 杨晨,王海忠,钟科."示弱"品牌传记在"蛇吞象"跨国并购中的正面效应[J].中国工业经济,2013(2):143-155.

[55] 姚建平.消费认同[M].北京:社会科学文献出版社,2006.

[56] 姚倩.不同产品涉入度水平下价格及卖家信誉对消费者在线购买决策的影响研究[D].杭州:浙江大学,2015.

[57] 叶生洪,吴国彬,郝爽.员工沟通行为与品牌个性的匹配性对顾客品牌态度的影响[J].外国经济与管理,2017,39(7):91-104.

[58] 赵冬玲.网络直播时代的品牌曝光和销售转化探究——以购物类直播平台为例[J].商业经济研究,2018(1):62-64.

[59] 郑丽.旁观者因素对不公平感及相关决策的影响[D].上海:华东师范大学,2019.

[60] 钟科,王海忠,杨晨.人们何时支持弱者?营销中的劣势者效应研

究述评[J].外国经济与管理,2014,36(12):13-21.

[61] 钟毅平,杨子鹿,范伟.自我—他人重叠对助人行为的影响:观点采择的调节作用[J].心理学报,2015,47(8):1050-1057.

[62] 周盈,周海燕,余露.直播助农模式下主播行为对受众购买决策影响机制[J].商业经济研究,2021(19):96-99.

[63] 兹维坦·托多洛夫.文学作品分析[M].张寅德,译.北京:中国社会科学出版社,1989.

[64] Abelson R, Schank R. Knowledge and Memory: The Real Story[M]. Hillsdale, NJ: Lawrence Erlbaum Associates,1995.

[65] Abma T A. Learning by Telling: Storytelling Workshops as an Organizational Learning Intervention [J]. Management Learning, 2003, 34(2): 221-40.

[66] Aguiar P, Vala J, Correia I, et al. Justice in Our World and in that of Others: Belief in a Just World and Reactions to Victims [J]. Social Justice Research, 2008, 21(1): 50-68.

[67] Allison S T, Messick D M. Effects of Experience on Performance in a Replenishable Resource Trap[J]. Journal of Personality and Social Psychology,1985, 49(4): 943-948.

[68] Antonetti P, Maklan S. Identity Bias in Negative Word of Mouth Following Irresponsible Corporate Behavior: A Research Model and Moderating Effects[J]. Journal of Business Ethics, 2018, 149(4): 1005-1023.

[69] Appel M, Richter T. Persuasive Effects of Fictional Narratives Increase Over Time[J]. Media Psychology, 2007, 10(1): 113-134.

[70] Apsler R, Sears D O. Warning, Personal Involvement, and

Attitude Change[J]. Journal of Personality and Social Psychology, 1968, 9(2): 162-166.

[71] Aron A, Aron E N, Tudor M, et al. Close Relationships as Including Other in the Self[J]. Journal of Personality & Social Psychology, 1991, 60(2): 241-253.

[72] Bagozzi R P, Moore D J. Public Service Advertisements: Emotions and Empathy Guide Prosocial Behavior[J]. Journal of Marketing, 1994, 58(1): 56-70.

[73] Bal M. Narratology: Introduction to the Theory of Narrative[M]. Toronto: University of Toronto Press, 2009.

[74] Bandura A. Social Foundations of Thought and Action: A Social Cognitive Theory[M]. Englewood Cliffs, NJ: Prentice-Hall, 1986.

[75] Bundura A. Social Cognitive Theory in Cultural Context[J]. Journal of Applied Psychology: An International Review, 2002, 51(2): 269-290.

[76] Bar-Anan Y, Liberman N, Trope Y. The Association Between Psychological Distance and Construal Level: Evidence From an Implicit Association Test[J]. Journal of Experimental Psychology: General, 2006, 135(4): 609-622.

[77] Batson C D, Shaw L L. Evidence for Altruism: Toward a Pluralism of Prosocial Motives[J]. Psychological Inquiry, 1991, 2(2): 107-122.

[78] Batson C D. Prosocial Motivation: Is it Ever Truly Altruistic?[J]. Advances in Experimental Social Psychology, 1987, 20(1): 65-122.

[79] Batson C. Self-Report Ratings of Empathic Emotion, in Empathy and its Development[M]. Nancy Eisenberg & Janet Strayer, eds. New York: Cambridge University Press, 1987.

[80] Batson C D, Ahmad N. Four Motives for Community Involvement[J]. Journal of Social Issues, 2002, 58(3): 429-445.

[81] Beatty S E, Kahle L R, Homer P. The Involvement-Commitment Model: Theory and Implications[J]. Journal of Business Research, 1988, 16(2): 149-167.

[82] Beech N. Narrative Styles of Managers And Workers: A Tale of Star-Crossed Lovers[J]. Journal of Applied Behavioural Science, 2000, 36(2): 210-228.

[83] Bell R, Marshall D W. The Construct of Food Involvement in Behavioral Research: Scale Development and Validation[J]. Appetite, 2003, 40(3): 235-244.

[84] Bennett A, Royle N. An Introduction to Literature, Criticism and Theory[M]. London: Routledge, 2016.

[85] Bitner M J. Servicescapes: The Impact of Physical Surroundings on Customers and Employees[J]. Journal of Marketing, 1992, 54(1): 71-84.

[86] Blatt B, LeLacheur S F, Galinsky A D, et al. Does Perspective-Taking Increase Satisfaction in Medical Encounters?[J]. Academic Medicine, 2010, 85(9): 1445-1452.

[87] Bloch P H, Richins M L. A Theoretical Model for the Study of Product Importance Perceptions[J]. Journal of Marketing, 1983, 47(2): 69-81.

[88] Bloch P H. Involvement Beyond the Purchase Process: Conceptual Issues and Empirical Investigation[M]. New York: John Wiley, 1982.

[89] Boje D M. Stories of the Storytelling Organization: A Postmodern Analysis of Disney as "Tamara-Land"[J]. Academy of Management Journal, 1995, 38(4): 997-1035.

[90] Boroditsky L. Metaphoric Structuring: Understanding Time Through Spatial Metaphors[J]. Cognition, 2000, 75(1): 1-28.

[91] Browning L D. Lists and Stories as Organizational Communication[J]. Communication Theory, 1992(2): 281-302.

[92] Bruner J. Acts of Meaning: Four Lectures on Mind and Culture (Jerusalem-Harvard Lectures)[M]. Cambridge, MA: Harvard University Press, 2012.

[93] Caputo N M, Rouner D. Narrative Processing of Entertainment Media And Mental Illness stigma[J]. Health Communication, 2011, 26(7): 595-604.

[94] Celsi R L, Olson J C. The Role of Involvement in Attention and Comprehension Processes[J]. Journal of Consumer Research, 1988, 15(2): 210-224.

[95] Chang H, Zhang L, Xie G X. Message Framing in Green Advertising: The Effect of Construal Level and Consumer Environmental Concern[J]. International Journal of Advertising, 2015, 34(1): 158-176.

[96] Chatman S. Story and Discourse: Narrative Structure in Fiction And Film[M]. Ithaca, NY: Cornell Univ. Press, 1978.

[97] Chen C C, Lin Y C. What Drives Live-Stream Usage Intention? The Perspectives of Flow, Entertainment, Social Interaction, And Endorsement[J]. Telematics & Informatics, 2018, 35(1): 293-303.

[98] Chronis A. Substantiating by Zantium: The Role of Artifacts in the Co-Construction of Narratives[J]. Journal of Consumer Behaviour, 2015, 14(3): 180-192.

[99] Cialdini R B, Borden R J, Thorne A, et al. Basking in Reflected Glory: Three (Football) Field Studies[J]. Journal of Personality and Social Psychology, 1976, 34(3): 366-375.

[100] Cialdini R B, Brown S L, Lewis B P, et al. Reinterpreting the Empathy-Altruism Relationship: When One Into One Equals Oneness[J]. Journal of Personality and Social Psychology, 1997, 73(3): 481-494.

[101] Cohen J. Defining Identification: A Theoretical Look at the Identification of Audiences with Media Characters[J]. Mass Communication and Society, 2001, 4(3): 245-264.

[102] Davis M H. A Multidimensional Approach to Individual Differences in Empathy[J]. JSAS Catalog of Selected Docments in Psychology, 1980, 10(85): 1-19.

[103] Davis M H. Measuring Individual Differences in Empathy: Evidence for a Multidimensional Approach[J]. Journal of Personality & Social Psychology, 1983, 44(1): 113-126.

[104] Davis M H, Conklin L, Smith A, et al. Effect of Perspective Taking on the Cognitive Representation of Persons: A Merging of Self and Other[J]. Journal of Personality and

Social Psychology, 1996, 70(4): 713-726.

[105] Decety J. The Functional Architecture of Human Empathy[J]. Behavioral and Cognitive Neuroscience Reviews, 2004, 3(2): 71-100.

[106] Denning S. The Springboard: How Storytelling Ignites Action in Knowledge-Era Organizations [M]. Boston, MA: Butterworth Heinemann, 2001.

[107] Diekman A B, McDonald M, Gardner W L. Love Means Never Having to Be Careful: The Relationship Between Reading Romance Novels and Safe Sex Behavior[J]. Psychology of Women Quarterly, 2000, 24(2): 179-188.

[108] End C M, Dietz-Uhler B, Harrick E A, et al. Identifying with Winners: A Reexamination of Sport Fans' Tendency to BIRG [J]. Journal of Applied Social Psychology, 2002, 32(5): 1017-1030.

[109] Eroglu S A, Machleit K A, Davis L M. Atmospheric Qualities of Online Retailing: A Conceptual Model and Implications[J]. Journal of Business Research, 2001, 54(2): 177-184.

[110] Escalas J E, Stern B B. Sympathy and Empathy: Emotional Response to Advertising Dramas[J]. Journal of Consumer Research, 2003, 29(4): 566-578.

[111] Escalas J E. Imagine Yourself in the Product: Mental Simulation, Narrative Transportation, and Persuasion [J]. Journal of Advertising, 2004, 33(2): 37-48.

[112] Fishbein M, Marco C Y. Using Theory to Design Effective Health Behavior Interventions[J]. Communication Theory,

2003, 13 (2): 164-183.

[113] Fisher R J, Vandenbosch M, Antia K. An Empathy-Helping Perspective on Consumers' Responses to Fund-Raising Appeals [J]. Journal of Consumer Research, 2008, 35(3): 519-531.

[114] Folger R, Kass E E. Social Comparison and Fairness: A Counterfactual Simulations Perspective [M]. New York: Plenum Press, 2000.

[115] Franey T. The Smart Story: The Challenge of Leadership in the Urban School [J]. School Leadership & Management, 2002, 22(1): 27-39.

[116] Freitas A L, Langsam K L, Clark S, et al. Seeing Oneself in One's Choices: Construal Level and Self-Pertinence of Electoral and Consumer Decisions [J]. Journal of Experimental Social Psychology, 2008, 44(4): 1174-1179.

[117] Fromkin H L, Snyder C R. Uniqueness, the Human Pursuit of Difference [M]. New York: Plwnum, 1980.

[118] Fujita K, Eyal T, Chaiken S, et al. Influencing Attitudes Toward Near and Distant Objects [J]. Journal of Experimental Social Psychology, 2008, 44(3):562-572.

[119] Gaesser B, Schacter D L. Episodic Simulation and Episodic Memory Can Increase Intentions to Help Others [J]. Proceedings of the National Academy of Sciences of the United States of America, 2014, 111(12): 4415-4420.

[120] Galinsky A D, Wang C S. Perspective-Taking and Self-Other Overlap: Fostering Social Bonds and Facilitating Social Coordination [J]. Group Processes & Intergroup Relations,

2005, 8(2), 109-124.

[121] Galinsky A D, Moskowitz G B. Perspective-Taking: Decreasing Stereotype Expression, Stereotype Accessibility, and In-Group Favoritism[J]. Journal of Personality and Social Psychology, 2000, 78(4): 708-724.

[122] Galinsky A D, Wang C S, Ku G. Perspective-Takers Behave More Stereotypically[J]. Journal of Personality and Social Psychology, 2008, 95(2): 404-419.

[123] Gilly M C, Graham J L, Wolfinbarger M F. A Dyadic Study of Interpersonal Information Search[J]. Journal of the Academy of Marketing Seience, 1998, 26(2): 83-100.

[124] Glaser B G, Strauss A L. The Discovery of Grounded Theory: Strategies for Qualitative Research [M]. New York: Aldine, 1967.

[125] Goethals G, Darley J M. Social Comparison Theory: An Attributional Approach[M]. Washington, DC: Hemisphere, 1977.

[126] Goldschmied N P, Vandello J A. The Future Is Bright: The Underdog Label, Availability, and Optimism[J]. Basic and Applied Social Psychology, 2012, 34(1): 34-43.

[127] Goldstein I, Noah J, Vezichs, et al. Perceived Perspective Taking: When Others Walk in Our Shoes[J]. Journal of Personality and Social Psychology, 2014, 106(6): 941-960.

[128] Gosline R R, Lee J, Urban G. The Power of Consumer Stories in Digital Marketing[J]. MIT Sloan Management Review, 2017, 58(4): 10-13.

[129] Graaf A D, Hoeken H, Sanders J, et al. Identification as a Mechanism of Narrative Persuasion[J]. Communication Research, 2012, 39(6): 802-823.

[130] Granitz N, Forman H. Building Self-Brand Connections: Exploring Brand Stories Tough a Transmedia Perspective[J]. Journal of Brand Management, 2015, 22(1): 38-59.

[131] Green M C, Brock T C. The Role of Transportation in the Persuasiveness of Public Narratives[J]. Journal of Personality and Social Psychology, 2000, 79(5): 701-721.

[132] Green M C, Donahue J K. Simulated Worlds: Transportation into Narratives[M]. New York, NY: Taylor & Francis, 2009.

[133] Green M C. Narratives and Cancer Communication[J]. Journal of Communication, 2006(56): 163-183.

[134] Green M C. Transportation Into Narrative Worlds: The Role of Prior Knowledge and Perceived Realism[J]. Discourse Processes, 2004, 38(2): 247-266.

[135] Gupta P B, Lord K R. Product Placement in Movies: The Effect of Prominence and Mode on Audience Recall[J]. Journal of Current Issues & Research in Advertising, 1998, 20(1): 47-59.

[136] Hayes A F, Preacher K J. Asymptotic and Resampling Strategies for Assessing and Comparing Indirect Effects in Multiple Mediator Models[J]. Behavior Research Methods, 2008, 40(3): 879-891.

[137] Henderson M D, Trope Y, Carnevale P J. Negotiation from a

Near and Distant Time Perspective[J]. Journal of Personality & Social Psychology, 2006, 91(4): 712-729.

[138] Hilvert-Bruce Z, Neill J T, Sjöblom M, et al. Social Motivations of Livestreaming Viewer Engagement on Twitch [J]. Computers in Human Behavior, 2018(84): 58-67.

[139] Hoeken H, Fikkers K M. Issue-Relevant Thinking and Identification as Mechanisms of Narrative Persuasion [J]. Poetics, 2014(44): 84-99.

[140] Hoeken H, Kolthoff M, Sanders J. Story Perspective and Character Similarity as Drivers of Identification and Narrative Persuasion[J]. Human Communication Research, 2016, 42(2): 292-311.

[141] Hoeken H, Sinkeldam J. The Role of Identification and Perception of Just Outcome in Evoking Emotions in Narrative Persuasion[J]. Journal of Communication, 2014, 64(5): 935-955.

[142] Hoffman M L. Empathy, Social Cognition, and Moral Action [M]. Hillsdale, NJ: Lawrence Erlbaum. 1991.

[143] Hoffman M L. Empathy and Moral Development: Implications for Caring and Justice[M]. Cambridge: Cambridge University Press, 2001.

[144] Hopkinson G C, Hogarth-Scott S. "What Happened Was." Broadening the Agenda for Storied Research[J]. Journal of Marketing Management, 2001, 17(1-2): 27-47.

[145] Hu M, Zhang M, Wang Y. Why do Audiences Choose to Keep Watching on Live Video Streaming Platforms? An Explanation

of Dual Identification Framework[J]. Computers in Human Behavior, 2017, 75(10): 594-606.

[146] Igartua J J. Identification with Characters and Narrative Persuasion Through Fictional Feature Films [J]. Communications: The European Journal of Communication Research, 2010, 35(4): 347-373.

[147] Jackson P L, Brunet E, Meltzoff A N, et al. Empathy Examined Through the Neural Mechanisms Involved in Imagining How I Feel Versus How You Feel Pain[J]. Neuropsychologia, 2006, 44(5): 752-761.

[148] Jacobs R N. The Narrative Integration of Personal and Collective Identity in Social Movements[M]. Mahwah, NJ: Lawrence Erlbaum, 2002.

[149] Igartua J J, Barrios I. Changing Real-World Beliefs with Controversial Movies: Processes and Mechanisms of Narrative Persuasion[J]. Journal of Communication, 2012, 62(3): 514-531.

[150] Kang S K, Hirsh J B, Chasteen A L. Your Mistakes Are Mine: Self-Other Overlap Predicts Neural Response to Observed Errors [J]. Journal of Experimental Social Psychology, 2010, 46(1): 229-232.

[151] Kao D T. Is Cinderella Resurging? The Impact of Consumers' Underdog Disposition on Brand Preferences: Underdog Brand Biography and Brand Status as Moderators[J]. Journal of Consumer Behavior, 2015, 14(5): 307-316.

[152] Kim E A, Ratneshwar S, Thorson E. Why Narrative Ads

Work: An Integrated Process Explanation[J]. Journal of Advertising, 2017, 46(2): 283-296.

[153] Kim J H, Allison S T, Eylon D, et al. Rooting for (and Then Abandoning) the Underdog[J]. Journal of Applied Social Psychology, 2008, 38(10): 2550-2573.

[154] Kim H K, Shapiro M A. When Bad Things Happen to A Protagonist Like You: The Role of Self in Resistance to Negatively Framed Health Narratives[J]. Journal of Health Communication, 2016, 21(12):1227-1235.

[155] Kim N, Kim H K, Wojcieszak M, et al. The Presence of the Protagonist: Explaining Narrative Perspective Effects Through Social Presence[J]. Media Psychology, 2019, 22(9): 1-24.

[156] Kirmani A, Hamilton R W, Thompson D V, et al. Doing Well Versus Doing Good: The Differential Effect of Underdog Positioning on Moral and Competent Service Providers[J]. Journal of Marketing, 2017, 81(1): 103-117.

[157] Klimmt C, Hefner D, Vorderer P. The Video Game Experience as "True" Identification: A Theory of Enjoyable Alterations of Players' Self-Perception[J]. Communication Theory, 2009, 19(4): 351-373.

[158] Kaufman G F, Libby L K. Changing Beliefs and Behavior Through Experience-Taking[J]. Journal of Personality and Social Psychology, 2012,103(1):1-19.

[159] Labov W, Waletzky J. Narrative Analysis: Oral Versions of Personal Experience[M]. Seattle: Univiersity of Washington Press, 1967.

[160] Labov W. Language in the Inner City: Studies in the Black English Vernacular[M]. Philadelphia, PA: University of Pennsylvania Press, 1972.

[161] Lastovicka J L. Questioning the Concept of Involvement Defined Product Classes[J]. Advances in Consumer Research, 1979, 6(1): 174-179.

[162] Li W, Han S. Perspective Taking Modulates Event-Related Potentials to Perceived Pain[J]. Neuroscience Letters, 2010, 469(3): 328-332.

[163] Liang T P, Turban E. Introduction to the Special Issue Social Commerce: A Research Framework for Social Commerce[J]. International Journal of Electronic Commerce, 2011, 16(2): 5-13.

[164] Liberman N, Trope Y. The Psychology of Transcending the Here and Now[J]. Science, 2008, 322(5905): 1201-1205.

[165] Lien N H, Chen Y L. Narrative Ads: The Effect of Argument Strength and Story Format[J]. Journal of Business Research, 2013, 66(4): 516-522.

[166] Liu S M, Liao J Q, Wei H. Authentic Leadership and Whistleblowing: Mediating Roles of Psychological Safety and Personal Identification[J]. Journal of Business Ethics, 2015, 131(1): 107-119.

[167] Lucas B J, Galinksy A D, Murnighan K J. An Intention-Based Account of Perspective-Taking: Why Perspective-Taking Can Both Decrease and Increase Moral Condemnation[J]. Personality and Social Psychology Bulletin, 2016, 42(11):

1-10.

[168] Lynn M, Snyder C R. Uniqueness Seeking[M]. London: Oxford University Press, 2002.

[169] Macrae C N, Bodenhausen G V, Milne A B, et al. Out of Mind but Back in Sight: Stereotypes on the Rebound[J]. Journal of Personality and Social Psychology, 1994, 67(5): 808-817.

[170] Mar R A, Oatley K. The Function of Fiction Is the Abstraction and Simulation of Social Experience [J]. Perspectives on Psychological Science, 2008, 3(3): 173-192.

[171] Mattila A S. The Role of Narratives in the Advertising of Experiential Services[J]. Journal of Service Research, 2000, 3(1): 35-45.

[172] Maxwell R, Dickman R. The Elements of Persuasion: Use Storytelling to Pitch Better, Sell Faster & Win More Business [M]. New York: Harper Business, 2007.

[173] McGinnis L P, Gentry J W. Underdog Consumption: An Exploration into Meanings and Motives[J]. Journal of Business Research, 2009, 62(2): 191-199.

[174] McKee R. Storytelling That Moves People: A Conversation with Screenwriting Coach Robert McKee [J]. Harvard Business Review, 2003, 81(6): 51-55.

[175] Mischel W, Shoda Y. A Cognitive-Afective System Theory of Personality: Reconceptualizing Situations, Dispositions, Dynamics, and Invariance in Personality Structure [J]. Psychological Review, 1995, 102(2): 246-268.

[176] Mitroff I I, Kilmann R H. Stories Managers Tell: A New Tool for Organizational Problem Solving[J]. Management Review, 1975, 64(7): 18-28.

[177] Mittal B L. Measuring Purchase Decision Involvement[J]. Psychology and Marketing, 1989, 6(2): 147-162.

[178] Morgan S E, Movius L, Cody M J. The Power of Narratives: The Effect of Entertainment Television Organ Donation Storylines on the Attitudes, Knowledge, and Behaviors of Donors and Nondonors[J]. Journal of Communication, 2009, 59(1): 135-151.

[179] Morgan-Thomas A, Veloutsou C. Beyond Technology Acceptance: Brand Relationships and Online Brand Experience [J]. Journal of Business Research, 2013, 66(1): 21-27.

[180] Moyer-Gusé E, Nabi R L. Explaining the Effects of Narrative in an Entertainment Television Program: Overcoming Resistance to Persuasion[J]. Human Communication Research, 2010, 36(1): 26-52.

[181] Moyer-Gusé E. Toward a Theory of Entertainment Persuasion: Explaining the Persuasive Effects of Entertainment-Education Messages[J]. Communication Theory, 2008, 18(3): 407-425.

[182] Nariswari A G A, Chen Q. Siding with the Underdog: Is Your Customer Voting Effort a Sweet Deal for Your Competitors? [J]. Marketing Letters, 2016, 27(4): 701-713.

[183] Nichols S. Mindreading and the Cognitive Architecture Underlying Altruistic Motivation[J]. Mind and Language,

2001, 16(4): 425-455.

[184] Oatley K. A Taxonomy of the Emotions in Literary Response and a Theory of Identification in Fictional Narrative [J]. Poetics, 1995, 23(1): 53-74.

[185] Oatley K. Meeting of Minds: Dialogue, Sympathy and Identification in Reading Fiction[J]. Poetics, 1999, 26(5): 493-454.

[186] Padgett D, Allen D. Communicating Experiences: A Narrative Approach to Creating Service Brand Image [J]. Journal of Advertising, 1997, 26(4): 49-62.

[187] Paharia N, Keinan A, Avery J, et al. The Underdog Effect: The Marketing of Disadvantage and Determination Through Brand Biography[J]. Journal of Consumer Research, 2011, 37(5): 775-790.

[188] Paharia N, Avery J, Keinan A. Positioning Brands Against Large Competitors to Increase Sales[J]. Journal of Marketing Research, 2014, 51(6): 647-656.

[189] Pandit N R. The Creation of Theory: A Recent Application of the Grounded Theory Method[J]. The Qualitative Report, 1996, 2(4): 1-15.

[190] Perrings C, Hannon B. An Introduction to Spatial Discounting [J]. Journal of Regional Science, 2001, 41(1): 23-38.

[191] Petty R E, Brinol P. Attitude Change [M]. New York: Oxford University Press, 2010.

[192] Petty R E, Cacioppo J T, Schumann D. Central and Peripheral Routes to Advertising Effectiveness: The Moderating Role of

Involvement[J]. Journal of Consumer Research, 1983, 10(2): 135-146.

[193] Petty R E, Cacioppo J T. The Effects of Involvement on Response to Argument Quantity and Quality: Central and Peripheral Routes to Persuasion[J]. Journal of Personality and Social Psychology, 1984, 46(1): 69-81.

[194] Petty R E, Cacioppo J T. The Elaboration Likelihood Model of Persuasion[J]. Advances in Experimental Social Psychology, 1986(19): 123-205.

[195] Petty R E, Priester J R, Briol P. Mass Media Attitude Change: Implications on the Elaboration Likelihood Model of Persuasion[M]. Hillsdale, N J: Lawrence Erlbaum Associates, 2002.

[196] Phillips B J, Mcquarrie E F. Narrative and Persuasion in Fashion Advertising [J]. Journal of Consumer Research, 2010, 37(3): 368-392.

[197] Polyorat K, Alden D L, Kim E S. Impact of Narrative Versus Factual Print Ad Copy on Product Evaluation: The Mediating Role of Ad Message Involvement [J]. Psychology & Marketing, 2007, 24(6): 539-554.

[198] Preacher K J, Rucker D D, Hayes A F. Addressing Moderated Mediation Hypotheses: Theory, Methods, and Prescriptions [J]. Multivariate Behavioral Research, 2007, 42(1): 185-227.

[199] Pronin E, Olivola C Y, Kennedy K A. Doing Unto Future Selves as You Would Do Unto Others: Psychological Distance and Decision Making[J]. Personality and Social Psychology

Bulletin, 2008, 34(2): 224-236.

[200] Propp V. Morphology of the Folk Tale[M]. Austin, TX: University of Texas Press, 1968.

[201] Putnam L, Van H S, Bullis C. The Role of Rituals and Fantasy Themes in Teachers Bargaining[J]. Western Journal of Speech Communications, 1991, 55(1): 85-103.

[202] Rachlin H. Notes on Discounting [J]. Journal of the Experimental Analysis of Behavior, 2006, 85(3): 425-435.

[203] Richins M L, Bloch P H. After the New Wears Off: The Temporal Context of Product Involvement [J]. Journal of Consumer Research,1986, 13(2): 280-285.

[204] Sarbin T R. Emotional Life, Rhetoric, and Roles[J]. Journal of Narrative & Life History, 1995, 5(3): 213-220.

[205] Sassenrath C, Hodges S, Pfattcheicher S. It's All About the Self: When Perspective Taking Backfires [J]. Current Directions in Psychological Science, 2016, 25(6): 405-410.

[206] Shamir B, Zakay E, Brainin E, et al. Correlates of Charismatic Leader Behavior in Military Units: Subordinates' Attitudes, Unit Characteristics, and Superiors' Appraisals of Leader Performance[J]. Academy of Management Journal, 1998, 41(4): 387-409.

[207] Shankar A, Elliott R, Goulding C. Understanding Consumption: Contributions from a Narrative Perspective[J]. Journal of Marketing Management, 2001, 17(3-4): 429-453.

[208] Shirai M. Underdog Effects: The Role of Consumption Domain and Retail Crowding [J]. Journal of Consumer

Marketing, 2017, 34(5): 384-392.

[209] Simmons B A. The Story Factor: Secrets of Influence from the Art of Storytelling[M]. Cambridge, MA: Perseus Publishing, 2001.

[210] Singer T, Frith C. The Painful Side of Empathy[J]. Nature Neuroscience, 2005, 8(7): 845-846.

[211] Singer T. The Neuronal Basis and Ontogeny of Empathy and Mind Reading: Review of Literature and Implications for Future Research[J]. Neuroscience & Biobehavioral Reviews, 2006, 30(6): 855-863.

[212] Slater M D, Rouner D. Entertainment-Education and Elaboration Likelihood: Understanding the Processing of Narrative Persuasion[J]. Communication Theory, 2002, 12(2): 173-191.

[213] Smith P. Why War? The Cultural Logic of Iraq, the Gulf War, and Suez[M]. Chicago, IL: The University of Chicago Press, 2005.

[214] Smith B H. Narrative Versions, Narrative Theories[J]. Critical Inquiry, 1980, 7(1): 216-219.

[215] Snyder C R, Lassegard M A, Ford C E. Distancing After Group Success and Failure: Basking in Reflected Glory and Cutting Off Reflected Failure[J]. Journal of Personality & Social Psychology, 1986, 51(2): 382-388.

[216] Stephan E, Liberman N, Trope Y. Politeness and Social Distance: A Construal Level Perspective[J]. Journal of Personality and Social Psychology, 2010, 98(2): 268-280.

[217] Straker D. Changing Minds: In Detail[M]. Crowthorne Syque Press, 2008.

[218] Sun Y, Shao X, Li X, et al. How Live Streaming Influences Purchase Intentions in Social Commerce: An IT Affordance Perspective[J]. Electronic Commerce Research and Applications, 2019(37): 1-12.

[219] Swap W, Leonard D, Shields M, et al. Using Mentoring and Storytelling to Transfer Knowledge in the Workplace[J]. Journal of Management Information Systems, 2001, 18(1): 95-114.

[220] Tajfel H, Turner J C. The Social Identity Theory of Inter-Group Behavior[M]. Chicago, IL: Nelson-Hall, 1986.

[221] Tan E S H. Film-Induced Affect as a Witness Emotion[J]. Poetics, 1995, 23(1): 7-32.

[222] Tian K T, Bearden W O, Hunter G L. Consumer's Need for Uniqueness: Scale Development and Validation[J]. Journal of Consumer Research, 2001, 28(1): 50-66.

[223] Till B, Vitouch P. Capital Punishment in Films: The Impact of Death Penalty Portrayals on Viewers' Mood and Attitude Toward Capital Punishment[J]. International Journal of Public Opinion Research, 2012, 24(3): 387-399.

[224] Trope Y, Liberman N, Wakslak C. Construal Levels and Psychological Distance: Effects on Representation, Prediction, Evaluation, and Behavior[J]. Journal of Consumer Psychology, 2007, 17(2): 83-95.

[225] Trope Y, Liberman N. Construal-Level Theory of Psychologi-

cal Distance[J]. Psychological Review, 2010, 117(2): 440-463.

[226] Turner J C, Brown R J, Tajfel H. Social Comparison and Group Interest in Ingroup Favouritism[J]. European Journal of Social Psychology, 1979, 9(2): 187-204.

[227] Underwood B, Moore B S, Rosenhan D L. Affect and Self-Gratification[J]. Developmental Psychology, 1973, 8(2): 209-214.

[228] Vandello J A, Nadav P, Goldschmied N, et al. The Appeal of the Underdog[J]. Personality & Social Psychology Bulletin, 2007, 33(12):1603-1616.

[229] Van Laer T, De Ruyter K, Visconti L M, et al. The Extended Transportation-Imagery Model: A Meta-Analysis of the Antecedents and Consequences of Consumers' Narrative Transportation[J]. Journal of Consumer Research, 2014, 40(5): 797-817.

[230] Vashist D. Effect of Product Involvement and Brand Prominence on Advergamers' Brand Recall and Brand Attitude in an Emerging Market Context[J]. Asia Pacific Journal of Marketing and Logistics, 2017, 30(4): 43-61.

[231] Vincent L. Legendary Brands: Unleashing the Power of Storytelling to Create a Winning Marketing Strategy[M]. Chicago, IL: Dearborn Trade Publishing, 2002.

[232] Wang W, He H, Sahadev S, et al. Consumers' Perceived Risk of Buying Products from Emerging Economies: A Moderated Mediation Model[J]. Journal of Consumer Behavior, 2018,17

(3): 326-339.

[233] Whyte G, Classen S. Using Storytelling to Elicit Tacit Knowledge from SMEs[J]. Journal of Knowledge Management, 2012, 16(6): 950-962.

[234] Wieseke J, Geigenmüller A, Kraus F. On the Role of Empathy in Customer-Employee Interactions[J]. Journal of Service Research, 2012, 15(3): 316-331.

[235] Williams L E, Bargh J A. Keeping One's Distance: The Influence of Spatial Distance Cues on Affect and Evaluation [J]. Psychological Science, 2010, 19(3): 302-308.

[236] Wohn D Y, Freeman G, McLaughlin C. Explaining Viewers' Emotional, Instrumental, and Financial Support Provision for Live Streamers[C] // Shanghai: the 2018 CHI Conference, 2018.

[237] Wongkitrungrueng A, Assarut N. The Role of Live Streaming in Building Consumer Trust and Engagement with Social Commerce Sellers[J]. Journal of Business Research, 2018 (117): 543-556.

[238] Woodilla J, Forray J M. Justice and the Political in Organizational Life: A Narrative Inquiry[J]. Journal of Management Inquiry, 2008, 17(1): 4-19.

[239] Wright P L. Analyzing Media Effects on Advertising Responses[J]. Public Opinion Quarterly, 1974, 38(2): 192-205.

[240] Wright P L. The Cognitive Processes Mediating Acceptance of Advertising[J]. Journal of Marketing Research, 1973, 10(1): 53-62.

[241] Xu A J, Rodas M A, Torelli C J. Generosity Without Borders: The Interactive Effect of Spatial Distance and Donation Goals on Charitable Giving[J]. Organizational Behavior and Human Decision Processes, 2020, 161(4): 65-78.

[242] Yin R K. Case Study Research, Design and Methods (2nd ed.)[M]. Beverly Hills, CA: Sage Publications, 1994.

[243] Yuan D H, Luo S M, Chun-Jiang F U, et al. Impact of Advertising Intervention on Consumer's Brand Attitude and Trust[J]. Acta Psychologica Sinica, 2010, 42(6): 715-726.

[244] Zaichkowsky J L. Conceptualizing Involvement[J]. Journal of Advertising, 1986, 15(2): 4-14.

[245] Zaichkowsky J L. The Personal Involvement Inventory: Reduction, Revision, and Application to Advertising[J]. Journal of Advertising, 1994, 23(4): 59-70.

[246] Zaichkowsky J L. Measuring Involvement Construct[J]. Journal of Consumer Research, 1985, 12(3): 341-352.

[247] Zhao X, Lynch J G, Chen Q. Reconsidering Baron and Kenny: Myths and Truths About Mediation Analysis[J]. Journal of Consumer Research, 2010, 37(2): 197-206.

[248] An Z, Meng J B, Mendiola-Smith L. The Role of Identification in Soliciting Social Support in Online Communities[J]. Computers in Human Behavior, 2020, 104(1): 1-10.

[249] Zillmann D. Empathy: Affective Reactivity to Other's Emotional Experiences[M]. New York, NY: Lawrence Erlbaum, 2006.

附 录

1 访谈提纲

访谈对象:有较丰富的助农直播购物经历的消费者

访谈方式:个人深度访谈

访谈时间:30~40分钟

访谈背景:助农直播通过网络或者直播平台销售农副产品,是一种推动乡村振兴、实现脱贫致富的新方式。目前诸多电商平台和软件平台都已开辟了电商直播的功能,例如淘宝直播、京东直播、抖音、快手等。

请回忆您最近一次通过助农直播购买农副产品的经历或浏览经历。

访谈问题:

问题1:在您的"助农直播"购物体验中,您关注主播的哪些方面呢?请您具体说一说。

问题2:在您的"助农直播"购物体验中,主播讲述什么内容会影响您的购买意愿呢?请您具体说一说。

问题3:您听了主播的讲述之后,都产生了哪些感受呢?请您重点说明产生以上感受的原因。

问题4:在您的"助农直播"购物体验中,哪些因素会影响您去购买产品?为什么?

个人信息(访问对象):

姓名:_____ 年龄:_____ 职业:_____

性别:_____ 学历:_____ 地域:_____

2 访谈对象基本情况

附表1 访谈对象基本情况

编号	性别	职业	年龄/岁	地域	学历
P1	男	企业员工	34	上海	硕士
P2	女	家庭主妇	49	安徽	本科
P3	女	企业员工	32	浙江	本科
P4	男	企业员工	30	云南	硕士
P5	女	企业员工	25	浙江	本科
P6	女	家庭主妇	28	湖北	硕士
P7	男	企业员工	35	浙江	本科
P8	女	企业员工	31	浙江	本科
P9	男	企业员工	36	河北	硕士
P10	女	企业员工	27	浙江	本科
P11	女	企业员工	30	海南	本科
P12	男	医生	29	浙江	硕士
P13	女	护士	28	浙江	本科
P14	女	企业员工	29	北京	本科
P15	女	企业员工	28	北京	本科
P16	女	企业员工	34	浙江	本科
P17	女	高校教师	34	浙江	博士
P18	男	高校教师	38	浙江	博士
P19	女	在读博士	26	浙江	博士
P20	女	在读博士	28	安徽	博士
P21	男	企业员工	23	浙江	本科
P22	女	护士	31	浙江	本科
P23	女	在校学生	21	浙江	本科

续表

编号	性别	职业	年龄/岁	地域	学历
P24	女	小学教师	30	福建	本科
P25	女	企业员工	28	河南	硕士
P26	女	公务员	27	安徽	硕士
P27	女	企业员工	25	浙江	本科
P28	女	在读硕士	24	江苏	硕士
P29	男	在读硕士	23	江西	硕士
P30	女	企业员工	28	浙江	本科
P31	女	企业员工	33	上海	本科
P32	女	企业员工	43	浙江	初中
P33	女	企业员工	26	四川	本科
P34	男	在校学生	22	浙江	本科
P35	女	在校学生	23	浙江	本科
P36	女	在读硕士	23	浙江	硕士
P37	女	企业员工	33	海南	本科
P38	女	企业员工	28	四川	本科
P39	女	企业员工	41	浙江	中专
P40	女	在校学生	21	四川	本科
P41	男	企业员工	25	江苏	本科
P42	女	个体经营者	43	浙江	小学
P43	女	企业员工	33	辽宁	本科
P44	男	企业员工	35	新疆	本科
P45	女	企业员工	28	浙江	本科
P46	女	企业员工	29	浙江	本科
P47	女	企业员工	24	浙江	本科
P48	女	企业员工	23	浙江	大专
P49	男	在读硕士	26	四川	硕士
P50	女	企业员工	33	浙江	本科

续表

编号	性别	职业	年龄/岁	地域	学历
P51	女	在读硕士	25	浙江	硕士
P52	男	在读博士	29	四川	博士
P53	女	个体经营者	33	福建	高中
P54	女	家庭主妇	40	广州	初中
P55	女	家庭主妇	38	浙江	初中
P56	女	在校学生	22	广州	本科
P57	男	在校学生	24	江苏	本科
P58	女	在读硕士	24	江西	硕士

3 实验问卷和主播口述资料

问卷一：主播的叙事身份对消费者购买意愿的影响研究

尊敬的先生/女士：

您好！非常感谢您抽出宝贵的时间参加本次调研。这是一份学术调查问卷，采取不记名方式，您只需要按照自己的实际情况和感受填写即可。每题选择一个答案，无对错之分。所获数据仅用于学术研究，不会对您造成任何不利影响，请放心填写。您的回答将会给我们的调查研究带来极大帮助，谢谢您的积极参与！

祝您身体健康、生活愉快！

请仔细阅读材料后全屏观看视频，并想象自己在观看助农直播。看完助农直播视频后回答问题。

旁观者身份：

大家好，我是本场助农直播的主播小云，欢迎来到我的直播间。接下来要上架一款笋干，这款笋干来自临垚县。今年因为灾情的影响，临垚县的笋干销路受阻。目前农户收获了1万多吨笋干。今年笋干的价格只是往年的一半！所以呢今天我们就通过助农直播的方式来帮助农户销售笋干。

笋干一年四季都不会坏，看看，这笋干是从农户手里拿来的（展示笋干）。很多粉丝拿到笋干可能不知道怎么做，做法很多的。买回家后把笋干放到锅里用小火焖煮6~8分钟或者用温水把笋干泡在水里。我最喜欢的做法是加一点肉片炒着吃。

今天我们的活动是买三斤送一斤哦。

不过因为是从农户家里直接寄的,他们才刚开始在线上售卖笋干,所以包装和物流上可能有做的不够专业的地方,请大家多多包涵。

非常感谢各位!

好,接下来,上链接。

当局者身份:

大家好,我是本场助农直播的主播小云,欢迎来到我的直播间。接下来要上架一款笋干,这款笋干来自我的家乡临垚县。今年因为灾情的影响,我们县的笋干销路受阻。目前农户收获了1万多吨笋干。今年笋干的价格只是往年的一半!所以呢今天我们就通过助农直播的方式来帮助农户销售笋干。

笋干一年四季都不会坏,看看,这笋干是从我的老乡手里拿来的(展示笋干)。很多粉丝拿到笋干可能不知道怎么做,做法很多的。买回家后把笋干放到锅里用小火焖煮6—8分钟或者用温水把笋干泡在水里。我最喜欢的做法是加一点肉片炒着吃。

今天我们的活动是买三斤送一斤哦。

不过因为是从农户家里直接寄的,他们才刚开始在线上售卖笋干,所以包装和物流上可能有做的不够专业的地方,请大家多多包涵。

非常感谢各位!

好,接下来,上链接。

请用数字1~7表明自己的感受,其中1表示的是非常不赞同,4表示一般,7表示非常赞同(数字越大表明越赞同)。

(1) 如果我要购买笋干,我会考虑直播中的这款笋干

1 2 3 4 5 6 7

(2) 我有意愿购买这款笋干

1 2 3 4 5 6 7

(3) 我愿意将这款笋干推荐给他人

1 2 3 4 5 6 7

(4) 如果我要购买笋干,我不会考虑直播中的这款笋干(反向问题)

1 2 3 4 5 6 7

(5) 直播想要唤起我对农户提供帮助或保护的渴望

1 2 3 4 5 6 7

个人资料:

性别:男/女

年龄/岁:18以下 /18～22/23～26/27～30/31～35/36～40/41以上

受教育程度:高中及以下/大专/本科/硕士及以上

个人月支出/元:500以下/501～1000/1001～2000/2001～3000/3001～5000/5001以上

所在省市?

问卷二:共情和主播认同的中介作用

尊敬的先生/女士:

您好!非常感谢您抽出宝贵的时间参加本次调研。这是一份学术调查问卷,采取不记名方式,您只需要按照自己的实际情况和感受填写即可,每题选择一个答案,无对错之分。所获数据仅用于学术研究,不会对您造成任何不利影响,请放心填写。您的回答将会给我们的调查研究带来极大帮助,谢谢您的积极参与!

祝您身体健康、生活愉快!

请仔细阅读材料后全屏观看视频,并想象自己在观看助农直播。看完助农直播视频后回答问题。

旁观者身份:

大家好,我是本场助农直播的主播小云,欢迎来到我的直播间。接下来要上架一款干百合,这款干百合来自临垚县。今年因为灾情的影响,临垚县的百合销路受阻。目前农户收获1万多吨干百合。今年干百合的价格只是往年的一半!所以呢今天我们就通过助农直播的方式来帮助农户销售百合。

干百合一年四季都不会坏,看看,这百合是从农户手里拿来的(展示百合)。很多粉丝拿到干百合可能不知道怎么做。我最喜欢的做法是拿来炖百合莲子汤。做法很简单的,买回家后呢,就把百合和莲子用清水淘洗干净,然后放到锅里加水烧开,转小火煮十分钟以后再加入冰糖,待冰糖全部溶化后关火就可以啦。类似的还可以做绿豆百合粥、百合桂圆甜汤、百合莲子银耳羹,等等。大家可以买回去试试看呢。

今天我们的活动是买三斤送一斤哦。

不过因为是从农户家里直接寄的,他们才刚刚开始在线上售卖百合,所以包装和物流上可能有做的不够专业的地方,请大家多多包涵。

非常感谢各位!

好,接下来,上链接。

当局者身份:

大家好,我是本场助农直播的主播小云,欢迎来到我的直播间。接下来要上架一款干百合,这款干百合来自我的家乡临垚县。今年因为灾情的影响,我们县的百合销路受阻。目前农户收获了 1 万多吨干百合。今年干百合的价格只是往年的一半!所以呢今天我们就通过助农直播的方式来帮助农户销售百合。

干百合一年四季都不会坏,看看,这百合是从我的老乡手里拿来的(展示百合)。很多粉丝拿到干百合可能不知道怎么做。我最喜欢的做法是拿来炖百合莲子汤。做法很简单的,买回家后呢,就把百合和莲子用清水淘洗干净,然后放到锅里加水烧开,转小火煮十分钟以后再加入冰糖,待冰糖全部溶化后关火就可以啦。类似的还可以做绿豆百合粥、百合桂圆甜汤、百合莲子银耳羹,等等。大家可以买回去试试看呢。

今天我们的活动是买三斤送一斤哦。

不过因为是从农户家里直接寄的,他们才刚刚开始在线上售卖百合,所以包装和物流上可能有做的不够专业的地方,请大家多多包涵。

非常感谢各位!

好,接下来,上链接。

请用数字 1~7 表明自己的感受,其中 1 表示的是非常不赞同,4 表示一般,7 表示非常赞同(数字越大表明越赞同)。

(1) 我对直播中农户们的情况感到同情

1 2 3 4 5 6 7

(2) 我能理解直播中所描述的农户的销售困境

1 2 3 4 5 6 7

（3）看着这个直播，我似乎能想象到农产品滞销的场景

1 2 3 4 5 6 7

（4）对于农产品滞销，我感受到了和农户一样的焦虑

1 2 3 4 5 6 7

（5）直播想要唤起我对农户提供帮助或保护的渴望

1 2 3 4 5 6 7

（6）这场直播使我对农户们产生了关怀

1 2 3 4 5 6 7

（7）我的个性与该主播的个性相似

1 2 3 4 5 6 7

（8）主播传达给我的信息是有用的

1 2 3 4 5 6 7

（9）主播的价值观与我的很类似

1 2 3 4 5 6 7

（10）如果我要购买百合，我会考虑直播中的这款百合

1 2 3 4 5 6 7

（11）我有意愿购买这款百合

1 2 3 4 5 6 7

（12）我愿意将这款百合推荐给他人

1 2 3 4 5 6 7

（13）如果我要购买百合，我不会考虑直播中的这款百合（反向问题）

1 2 3 4 5 6 7

（14）直播想要唤起我对农户提供帮助或保护的渴望（这道题选"一般"）

1 2 3 4 5 6 7

问卷三：空间距离的调节作用

尊敬的先生/女士：

您好！非常感谢您抽出宝贵的时间参加本次调研。这是一份学术调查问卷，采取不记名方式，您只需要按照自己的实际情况和感受填写即可，每题选择一个答案，无对错之分。所获数据仅用于学术研究，不会对您造成任何不利影响，请放心填写。您的回答将会给我们的调查研究带来极大帮助，谢谢您的积极参与！

祝您身体健康、生活愉快！

视频材料为浙江或新疆临垚县（实验组别不同则显示信息不同。空间距离远组，呈现信息为新疆临垚县；空间距离近组呈现浙江）的助农直播专场。请仔细阅读材料后全屏观看视频，并想象自己在观看助农直播。看完助农直播视频后回答问题。

空间距离远——新疆、叙事身份——当局者：

大家好，我是本场助农直播的主播小云，欢迎来到我的直播间。接下来要上架一款蜂蜜，这款蜂蜜来自我的家乡新疆临垚县。今年因为灾情的影响，我们县的蜂蜜销路受阻。目前农户已经收获了 1 万多斤蜂蜜。今年蜂蜜的价格只是往年的一半！所以呢今天我们就通过助农直播的方式来帮助我家乡的蜂农销售蜂蜜。

看看，这蜂蜜是从我老乡手里拿来的（展示蜂蜜），这是老乡自己养的蜜蜂所采集的蜜。现在冬天来了，天气干燥，在冬天的早晨泡一杯蜂蜜水，暖胃又能护肺。蜂蜜也有多种用法。可以炒菜（像蜂蜜排骨啊这样的菜都是可以的），可以做百香果蜂蜜茶，也可以拿来敷面膜。

今天我们的活动是买一斤送一斤哦。

不过因为是从农户家里直接寄的,他们才刚刚开始在线上卖蜂蜜,所以包装和物流上可能有做的不够专业的地方,请大家多多包涵。

非常感谢各位!

好,接下来,上链接。

空间距离近——浙江省、叙事身份——当局者:

大家好,我是本场助农直播的主播小云,欢迎来到我的直播间。接下来要上架一款蜂蜜,这款蜂蜜来自我的家乡浙江省临垚县。今年因为灾情的影响,我们县的蜂蜜销路受阻。目前农户已经收获了1万多斤蜂蜜。今年蜂蜜的价格只是往年的一半!所以呢今天我们就通过助农直播的方式来帮助我的老乡销售蜂蜜。

看看,这蜂蜜是从我老乡手里拿来的(展示蜂蜜),这是老乡自己养的蜜蜂所采集的蜜。现在冬天来了,天气干燥,在冬天的早晨泡一杯蜂蜜水,暖胃又能护肺。蜂蜜也有多种用法。可以炒菜(像蜂蜜排骨啊这样的菜都是可以的),也可以做百香果蜂蜜茶,也可以拿来敷面膜。

今天我们的活动是买一斤送一斤哦。

不过因为是从农户家里直接寄的,他们才刚刚开始在线上卖蜂蜜,所以包装和物流上可能有做的不够专业的地方,请大家多多包涵。

非常感谢各位!

好,接下来,上链接。

空间距离远——新疆、叙事身份——旁观者:

大家好,我是本场助农直播的主播小云,欢迎来到我的直播间。接下来要上架一款蜂蜜,这款蜂蜜来自新疆临垚县。今年因为灾情的影响,临垚县的蜂蜜销路受阻。目前农户已经收获了1万多斤蜂蜜。今年蜂蜜的价格只是往年的一半!所以呢今天我们就通过助农直播的方式来帮助蜂农们销售蜂蜜。

看看,这蜂蜜是从蜂农们手里拿来的(展示蜂蜜),这是农户自己养的蜜蜂所采集的蜜。现在冬天来了,天气干燥,在冬天的早晨泡一杯蜂蜜水,暖胃又能护肺。蜂蜜也有多种用法。可以炒菜(像蜂蜜排骨啊这样的菜都是可以的),可以做百香果蜂蜜茶,也可以拿来敷面膜。

今天我们的活动是买一斤送一斤哦。

不过因为是从农户家里直接寄的,他们才刚刚开始在线上卖蜂蜜,所以包装和物流上可能有做的不够专业的地方,请大家多多包涵。

非常感谢各位!

好,接下来,上链接。

空间距离近——浙江省、叙事身份——旁观者:

大家好,我是本场助农直播的主播小云,欢迎来到我的直播间。接下来要上架一款蜂蜜,这款蜂蜜来自浙江省。今年因为灾情的影响,临垚县的蜂蜜销路受阻。目前农户已经收获了1万多斤蜂蜜。今年蜂蜜的价格只是往年的一半!所以呢今天我们就通过助农直播的方式来帮助蜂农们销售蜂蜜。

看看蜂蜜是从蜂农们手里拿来的(展示蜂蜜),这是农户自己养的蜜蜂所采集的蜜。现在冬天来了,天气干燥,在冬天的早晨泡一杯蜂蜜水,暖胃又能护肺。蜂蜜也有多种用法。可以炒菜(像蜂蜜排骨啊这样的菜都是可以的)、可以做百香果蜂蜜茶、也可以拿来敷面膜。

今天我们的活动是买一斤送一斤哦。

不过因为是从农户家里直接寄的,他们才刚刚开始在线上卖蜂蜜,所以包装和物流上可能有做的不够专业的地方,请大家多多包涵。

非常感谢各位!

好,接下来,上链接。

请用数字 1~7 表明自己的感受,其中 1 表示的是非常不赞同,4 表示一般,7 表示非常赞同(数字越大表明越赞同)。

(1) 我对直播中蜂农的情况感到同情

1 2 3 4 5 6 7

(2) 我能理解直播中所描述的蜂农的销售困境

1 2 3 4 5 6 7

(3) 看着这个直播,我似乎能想象到蜂蜜滞销的场景

1 2 3 4 5 6 7

(4) 对于蜂蜜滞销,我感受到了和蜂农一样的焦虑

1 2 3 4 5 6 7

(5) 直播想要唤起我对蜂农提供帮助或保护的渴望

1 2 3 4 5 6 7

(6) 这场直播使我对蜂农产生了关怀

1 2 3 4 5 6 7

(7) 我的个性与该主播的个性相似

1 2 3 4 5 6 7

(8) 主播传达给我的信息是有用的

1 2 3 4 5 6 7

(9) 主播的价值观与我的很类似

1 2 3 4 5 6 7

(10) 如果我要购买蜂蜜,我会考虑直播中的这款蜂蜜

1　2　3　4　5　6　7

(11) 我有意愿购买这款蜂蜜

1　2　3　4　5　6　7

(12) 我愿意将这款蜂蜜推荐给他人

1　2　3　4　5　6　7

(13) 如果我要购买蜂蜜,我不会考虑直播中的这款蜂蜜(反向问题)

1　2　3　4　5　6　7

问卷四:产品涉入度的调节作用

尊敬的先生/女士:

您好!非常感谢您抽出宝贵的时间参加本次调研。这是一份学术调查问卷,采取不记名方式,您只需要按照自己的实际情况和感受填写即可,每题选择一个答案,无对错之分。所获数据仅用于学术研究,不会对您造成任何不利影响,请放心填写。您的回答将会给我们的调查研究带来极大帮助,谢谢您的积极参与!

祝您身体健康、生活愉快!

请仔细阅读材料后全屏观看视频,并想象自己在观看助农直播。看完助农直播视频后回答问题。

产品涉入度高、旁观者身份:

大家好,我是本场助农直播的主播小云,欢迎来到我的直播间。接下来要上架一款茶叶,这款茶叶来自临垚县。今年因为灾情的影响,临垚县的茶叶销路受阻。目前农户大丰收,已经收获了1万斤茶叶。今年茶叶的价格只是往年的一半!所以呢今天我们

就通过助农直播的方式来帮助茶农销售茶叶。

等会儿讲解完,我会抽5名粉丝送每个人一份这款茶叶。后续这款茶叶也会在在线商城上架,感兴趣的粉丝以后也可以自己在线购买。(参与实验的被试抽五个人各送一份茶叶样品,让其留下自己的地址,后期寄茶叶样品)。

看看,这茶叶是从茶农手里拿来的(展示茶叶)。这款茶是典型的木质香(主播闻茶叶)。它的特点是比较耐泡。它的口感比较醇厚。我泡了一杯给大家看一下,它的茶汤是比较清澈的。

粉丝们可以多喝喝茶,我很喜欢下午的时候喝茶,感觉喝完茶身体暖暖的很舒服。

今天我们的活动是买2送2。拍2发4的。

不过因为是从茶农家里直接寄的,他们才刚刚开始在线上售卖茶叶,所以包装和物流上可能有做的不够专业的地方,请大家多多包涵。

非常感谢各位!

好,接下来,上链接。

产品涉入度高、当局者身份:

大家好,我是本场助农直播的主播小云,欢迎来到我的直播间。接下来要上架一款茶叶,这款茶叶来自我的家乡临垕县。今年因为灾情的影响,我家乡的茶叶销路受阻。目前农户大丰收,已经收获了1万斤茶叶。今年茶叶的价格只是往年的一半!所以呢今天我们就通过助农直播的方式来帮助我们当地茶农销售茶叶。

等会儿讲解完,我会抽5名粉丝送每个人一份这款茶叶。后续这款茶叶也会在在线商城上架,感兴趣的粉丝以后也可以自己在线购买。(参与实验的被试抽五个人各送一份茶叶样品,让其留下自己的地址,后期寄茶叶样品)。

看看，这茶叶是从茶农手里拿来的（展示茶叶）。这款茶是典型的木质香（主播闻茶叶）。它的特点是比较耐泡。它的口感比较醇厚。我泡了一杯给大家看一下，它的茶汤是比较清澈的。

粉丝们可以多喝喝茶，我很喜欢下午的时候喝茶，感觉喝完茶身体暖暖的很舒服。

今天我们的活动是买2送2。拍2发4的。

不过因为是从茶农家里直接寄的，他们刚刚才开始在线上售卖茶叶，所以包装和物流上可能有做的不够专业的地方，请大家多多包涵。

非常感谢各位！

好，接下来，上链接。

产品涉入度低、旁观者身份：

大家好，我是本场助农直播的主播小云，欢迎来到我的直播间。接下来要上架一款茶叶，这款茶叶来自临垚县。今年因为灾情的影响，临垚县的茶叶销路受阻。目前农户大丰收，已经收获了1万斤茶叶。今年茶叶的价格只是往年的一半！所以呢今天我们就通过助农直播的方式来帮助茶农销售茶叶。

等会儿讲解完，我会抽5名粉丝送每个人一份随机礼品。由于还没开在线商店，该随机礼品近期不会在线上渠道销售。（参与实验的被试抽五个人各送一份随机助农产品，让其留下自己的地址，后期寄随机礼品）。

看看，这茶叶是从茶农手里拿来的（展示茶叶）。这款茶是典型的木质香（主播闻茶叶）。它的特点是比较耐泡。它的口感比较醇厚。我泡了一杯给大家看一下，它的茶汤是比较清澈的。

粉丝们可以多喝喝茶，我很喜欢下午的时候喝茶，感觉喝完茶身体暖暖的很舒服。

今天我们的活动是买2送2。拍2发4的。

不过因为是从茶农家里直接寄的,他们才刚刚开始在线上售卖茶叶,所以包装和物流上可能有做的不够专业的地方,请大家多多包涵。

非常感谢各位!

好,接下来,上链接。

产品涉入度低、当局者身份:

大家好,我是本场助农直播的主播小云,欢迎来到我的直播间。接下来要上架一款茶叶,这款茶叶来自我的家乡临垚县。今年因为灾情的影响,我家乡的茶叶销路受阻。目前农户大丰收,已经收获了1万斤茶叶。今年茶叶的价格只是往年的一半!所以呢今天我们就通过助农直播的方式来帮助我们当地茶农销售茶叶。

等会儿讲解完,我会抽5名粉丝送每个人一份随机礼品。由于还没开在线商店,该随机礼品近期不会在线上渠道销售。(参与实验的被试抽五个人各送一份随机助农产品,让其留下自己的地址,后期寄随机礼品)。

看看,这茶叶是从茶农手里拿来的(展示茶叶)。这款茶是典型的木质香(主播闻茶叶)。它的特点是比较耐泡。它的口感比较醇厚。我泡了一杯给大家看一下,它的茶汤是比较清澈的。

粉丝们可以多喝喝茶,我很喜欢下午的时候喝茶,感觉喝完茶身体暖暖的很舒服。

今天我们的活动是买2送2。拍2发4的。

不过因为是从茶农家里直接寄的,他们才刚刚开始在线上售卖茶叶,所以包装和物流上可能有做的不够专业的地方,请大家多多包涵。

非常感谢各位!

好,接下来,上链接。

请用数字1~7表明自己的感受,其中1表示的是非常不赞同,4表示一般,7表示非常赞同(数字越大表明越赞同)。

(1) 我对直播中茶农们的情况感到同情

1 2 3 4 5 6 7

(2) 我能理解直播中所描述的茶农的销售困境

1 2 3 4 5 6 7

(3) 看着这个直播,我似乎能想象到茶叶滞销的场景

1 2 3 4 5 6 7

(4) 对于农产品滞销,我感受到了和茶农一样的焦虑

1 2 3 4 5 6 7

(5) 直播想要唤起我对茶农提供帮助或保护的渴望

1 2 3 4 5 6 7

(6) 这场直播使我对茶农们产生了关怀

1 2 3 4 5 6 7

(7) 我的个性与该主播的个性相似

1 2 3 4 5 6 7

(8) 主播传达给我的信息是有用的

1 2 3 4 5 6 7

(9) 主播的价值观与我的很类似

1 2 3 4 5 6 7

(10) 如果我要购买茶叶,我会考虑直播中的这款茶叶

1 2 3 4 5 6 7

(11) 我有意愿购买这款茶叶

1 2 3 4 5 6 7

（12）我愿意将这款茶叶推荐给他人

1　2　3　4　5　6　7

（13）如果我要购买茶叶,我不会考虑直播中的这款茶叶(反向问题)

1　2　3　4　5　6　7

收件人联系方式仅用于寄助农茶叶或随机助农礼品(实验组别不同则显示信息不同,例如:产品涉入度高组,呈现信息为助农茶叶;产品涉入度低组呈现随机助农礼品)。

问卷五:共情和主播认同的中介作用

尊敬的先生/女士:

您好!非常感谢您抽出宝贵的时间参加本次调研。这是一份学术调查问卷,采取不记名方式,您只需要按照自己的实际情况和感受填写即可。每题选择一个答案,无对错之分。所获数据仅用于学术研究,不会对您造成任何不利影响,请放心填写。您的回答将会给我们的调查研究带来极大帮助,谢谢您的积极参与!

祝您身体健康、生活愉快!

请仔细阅读材料后全屏观看视频,并想象自己在观看助农直播。看完助农直播视频后回答问题。

示弱叙事策略:

接下来要上架的是临垚县笋干。

今年因为灾情的影响,临垚县的笋干销路受阻。目前农户已收获了1万多吨笋干。今年笋干的价格只是往年的一半!所以呢今天我们就通过助农直播的方式来帮助农户销售笋干。

临垚县地处山区,县内没有什么大企业,经济发展落后,大多数居民都是以务农为主。为了脱贫,当地农户通过种植竹笋增加家庭收入,并做了很多努力,他们还主动邀请农科院专家一起改良竹笋品种。

竹笋晒干以后呢就会变成笋干,笋干一年四季都不会坏哦,看看,这笋干是从农户手里拿来的(展示笋干)。很多粉丝拿到笋干可能不知道怎么做,做法很多的。买回家后把笋干放到锅里用小火焖煮6~8分钟或者用温水把笋干泡在水里。我最喜欢的做法是加一点肉片炒着吃。

今天我们的活动是买三斤送一斤哦。

不过因为是从农户家里直接寄的,他们才刚刚开始在线上售卖笋干,所以包装和物流上可能有做的不够专业的地方,请大家多多包涵。

非常感谢各位!

好,接下来,上链接。

示强叙事策略:

接下来要上架的是临垚县笋干。

今年因为灾情的影响,临垚县的笋干销路受阻。目前农户已收获了1万多吨笋干。今年笋干的价格只是往年的一半!所以呢今天我们就通过助农直播的方式来帮助农户销售笋干。

作为养生福地,临垚县有大大小小的村五十几个、数十万人口。临垚县地处山区,县内没有大型重污染企业,生态环境优越,家庭收入来源主要依靠优质农作物。优渥的自然环境非常适合种植竹笋。这里的竹笋经过农科院专家的改良,口感更好。

竹笋晒干以后呢就会变成笋干,笋干一年四季都不会坏,看看,这笋干是从农户手里拿来的(展示笋干)。很多粉丝拿到笋干可能不知道怎么做,做法很多的。买回家后把笋干放到锅里用小火焖煮6~8分钟或者用温水把笋干泡在水里。我最喜欢的做法是加一点肉片炒着吃。

今天我们的活动是买三斤送一斤哦。

不过因为是从农户家里直接寄的,他们才刚刚开始在线上售卖笋干,所以包装和物流上可能有做的不够专业的地方,请大家多多包涵。

非常感谢各位!

好,接下来,上链接。

请用数字1~7表明自己的感受,其中1表示的是非常不赞同,4表示一般,7表示非常赞同(数字越大表明越赞同)。

(1) 如果我要购买笋干,我会考虑直播中的这款笋干

1 2 3 4 5 6 7

(2) 我有意愿购买这款笋干

1 2 3 4 5 6 7

(3) 我愿意将这款笋干推荐给他人

1 2 3 4 5 6 7

(4) 如果我要购买笋干,我不会考虑直播中的这款笋干(反向问题)

1 2 3 4 5 6 7

(5) 直播想要唤起我对农户提供帮助或保护的渴望

1 2 3 4 5 6 7

个人资料:

性别:男/女

年龄/岁:18以下/18~22/23~26/27~30/31~35/36~40/41以上

受教育程度：高中及以下/大专/本科/硕士及以上

个人月支出/元：500 以下/501~1000/1001~2000/2001~3000/3001~5000/5001 以上

所在省市？

问卷六：主播的叙事策略对消费者购买意愿的影响研究

示弱叙事策略：

今年因为灾情的影响，临垚县的干百合销路受阻。目前农户收获了 1 万多吨干百合。今年干百合的价格只是往年的一半！所以呢今天我们就通过助农直播的方式来帮助农户销售百合。

临垚县地处山区，县内没有什么大企业，经济发展落后，大多数居民都是以务农为主。为了脱贫，当地农户通过种植百合增加家庭收入，并做了很多努力，他们还主动邀请农科院专家一起改良百合品种。

干百合一年四季都不会坏，看看，这百合是从农户手里拿来的（展示百合）。很多粉丝拿到百合可能不知道怎么做。我最喜欢的做法是拿来炖百合莲子汤。做法很简单的，买回家后呢，就把百合和莲子用清水淘洗干净，然后放到锅里加水烧开，转小火煮十分钟以后再加入冰糖，待冰糖全部溶化后关火就可以啦。类似的还可以做绿豆百合粥、百合桂圆甜汤、百合莲子银耳羹，等等。大家可以买回去试试看呢。

今天我们的活动是买三斤送一斤哦。

不过因为是从农户家里直接寄的,他们才刚刚开始在线上售卖百合,所以包装和物流上可能有做的不够专业的地方,请大家多多包涵。

非常感谢各位!

好,接下来,上链接。

示强叙事策略:

今年因为灾情的影响,临垚县的干百合销路受阻。目前农户收获了1万多吨干百合。今年干百合的价格只是往年的一半呢!所以呢今天我们就通过助农直播的方式来帮助农户销售百合。

作为养生福地,临垚县有大大小小的村五十几个、数十万人口。临垚县地处山区,县内没有大型重污染企业,生态环境优越,家庭收入来源主要依靠优质农作物。优渥的自然环境非常适合种植百合。这里的百合经过农科院专家的改良,口感更好。

干百合一年四季都不会坏,看看,这百合是从农户手里拿来的(展示百合)。很多粉丝拿到百合可能不知道怎么做。我最喜欢的做法是拿来炖百合莲子汤。做法很简单的,买回家后呢,就把百合和莲子用清水淘洗干净,然后放到锅里加水烧开,转小火煮十分钟以后再加入冰糖,待冰糖全部溶化后关火就可以啦。类似的还可以做绿豆百合粥、百合桂圆甜汤、百合莲子银耳羹,等等。大家可以买回去试试看呢。

今天我们的活动是买三斤送一斤哦。

不过因为是从农户家里直接寄的,他们才刚刚开始在线上售卖百合,所以包装和物流上可能有做的不够专业的地方,请大家多多包涵。

非常感谢各位!

好,接下来,上链接。

请用数字1~7表明自己的感受,其中1表示的是非常不赞同,4表示一般,7表示非常赞同(数字越大表明越赞同)。

(1) 我对直播中农户们的情况感到同情

1 2 3 4 5 6 7

(2) 我能理解直播中所描述的农户的销售困境

1 2 3 4 5 6 7

(3) 看着这个直播,我似乎能想象到农产品滞销的场景

1 2 3 4 5 6 7

(4) 对于农产品滞销,我感受到了和农户一样的焦虑

1 2 3 4 5 6 7

(5) 直播想要唤起我对农户提供帮助或保护的渴望

1 2 3 4 5 6 7

(6) 这场直播使我对农户们产生了关怀

1 2 3 4 5 6 7

(7) 我的个性与该主播的个性相似

1 2 3 4 5 6 7

(8) 主播传达给我的信息是有用的

1 2 3 4 5 6 7

(9) 主播的价值观与我的很类似

1 2 3 4 5 6 7

(10) 如果我要购买百合,我会考虑直播中的这款百合

1 2 3 4 5 6 7

(11) 我有意愿购买这款百合

1 2 3 4 5 6 7

（12）我愿意将这款百合推荐给他人
1 2 3 4 5 6 7
（13）如果我要购买百合,我不会考虑直播中的这款百合(反向问题)
1 2 3 4 5 6 7

后　记

本科到博士再到工作，十年时间一晃而过。这本书的绝大部分内容都是博士期间的研究成果。非常开心能有这个机会整理这些成果并将其出版。十分幸运，这一路都有无数的人帮助我和支持我，十分幸运地获得保研和硕博连读的资格；也十分幸运地能成为范钧老师的研究生，也非常幸运能到现在的单位就职。

感谢我的导师范钧老师。范老师不仅是我学术上的导师还是我的人生导师。在学术指导上，从硕士到博士阶段，范老师给予我极其用心的指导。论文从选题到发表，老师都层层把关。有时候我犯了极其不应该的错误，老师都会非常耐心、仔细地指正我。在人生规划上，范老师在硕士阶段就鼓励我继续学业，帮我分析利弊，让我对职业生涯有了更清晰的规划。范老师是一位十分博学、严谨、幽默的老师。即使是跟着范老师学习了五年，我和老师之间的知识势差还是巨大的，这也鼓励我不断地学习新知识。范老师严谨治学，对待研究一丝不苟，讲究尽善尽美。同时，范老师还非常幽默风趣，在讨论学术问题时，老师总能用幽默的例子化解我的疑惑。

范老师带领的研究生团队是我在学校的家，老师像是我的家长，团队成员就是我的家人。每个人都是那样的亲切和温暖，我很感恩能在这样的团队当中，我要感谢高孟立师兄、葛米娜师姐、王镇师兄、焦娟妮师姐、周望月师姐、范晓微师姐、林东圣师兄、张情师姐、关潇汇师兄、赵明科（同级）、李绛露（同级）、何佳瑜师妹、郑冠亚师妹、吴丽萍师妹、张元强师弟、边眺师妹、袁甜梦师妹、郑龙师弟、蔡德义师弟、廖放师弟、陈东师弟、吴丹妮师妹、陈明明师弟、焦瑞师弟、叶炜思师妹、吴瑶师妹、余瑶师妹等对我的帮助。

感谢读博期间所有的任课老师对我的悉心指导。感谢郝云宏老师、吕筱萍老师、顾春梅老师、吴波老师、朱良杰老师、李靖华老师、楼天阳老师、李颖灏老师、王晓辰老师、曲亮老师、肖迪老师、朱玥老师、孙元老师、王永跃老师、贾爱武老师等在课程上对我的指导，各位老师精心设计课程，耐心解答问题，开启了我的学术研究之路。同时，感谢辅导员毕老师和方老师对我学习生活上的帮助和支持。

感谢我的班级同学，还有研究所的师兄师姐和师弟师妹，是你们构成了我丰富而又多彩的学习生活。读博的路是相对孤独和茫然的，这一路上同学间的相互鼓励一直温暖和激励着我，感谢你们陪我度过这段难忘的时光。

我的成长也离不开家人的支持。首先，非常感谢我的父母在我的学习生涯当中尊重和支持我。父亲是个不善言辞的人，对我说的最多的一句话就是"要好好学习"。这也潜移默化地督促我完成学业。母亲从小就让我自己做决定，她总说"妈妈相信你的选择"，鼓励我做出我人生当中几乎所有的重要决定。其次，非常感谢我的外公外婆、爷爷奶奶、弟弟、阿姨、舅舅等的支持，是他们对我的理解与帮助让我充满能量。最后，感谢我的先生，他在我极其灰暗的时期给予了我陪伴与支持。没有家人经济上和心理上的支持，我也许无法顺利完成学业。

再次衷心感谢所有老师、同学、家人。这一段旅程收获满满，感谢你们一路相伴。虽然这段旅程即将结束，但我将怀着感恩之心，砥砺前行。祝愿各位老师、同学、家人都身体健康，诸事顺利！

陈婷婷
2025 年 1 月